自我超越

傅登顺特级教师工作室学员成果集萃

傅登顺　主编

浙江工商大学出版社
ZHEJIANG GONGSHANG UNIVERSITY PRESS

图书在版编目(CIP)数据

自我超越：傅登顺特级教师工作室学员成果集萃 /
傅登顺主编. — 杭州：浙江工商大学出版社, 2018.1

ISBN 978-7-5178-2561-6

Ⅰ.①自… Ⅱ.①傅… Ⅲ.①语文课－教学研究－中
小学 Ⅳ.①G633.302

中国版本图书馆CIP数据核字(2017)第321947号

自我超越

——傅登顺特级教师工作室学员成果集萃

傅登顺 主编

责任编辑 厉　勇　周敏燕

封面设计 侯雅晴

出版发行 浙江工商大学出版社

（杭州市教工路198号　邮政编码310012）

（E-mail：zjgsupress@163.com）

（网址：http://www.zjgsupress.com）

电话：0571-88904980, 88831806（传真）

排　　版 杭州朝曦图文设计有限公司

印　　刷 杭州五象印务有限公司

开　　本 710mm×1000mm　1/16

印　　张 20.5

字　　数 315千

版 印 次 2018年1月第1版　2018年1月第1次印刷

书　　号 ISBN 978-7-5178-2561-6

定　　价 45.00元

主　编:傅登顺

副主编:陈伟平　余晓玮

编　委(按姓氏笔画排列):马小燕　王　华　朱月红

余晓玮　张　琪　陈伟平

黄雪梅　蒋雅斐　潘　君

日改月化，便是长进

　　2013年12月12日，傅登顺特级教师工作室成立。这是建德市教育局为培养名优教师而实施的人才培养计划之一。

　　1位导师，9名学员。工作室以非常传统但又不失效度的"现代学徒制"结对形式展开培训，手把手、面对面地传授一些只能意会、不能言传的隐性知识和技能。导师傅登顺是浙江省特级教师，为人低调，潜心研究，学养深厚，笔耕不辍，主持工作室3年来致力于"习作知识教学"和"'语用'阅读教学"的研究，赴全国各地讲座70余场，在国家级、省级核心期刊发表论文40余篇，其中5篇被中国人民大学复印报刊资料全文转载，研究成果在省内外享有一定知名度。工作室选定的学员城区、农村各占一半，皆是建德市小学语文界的年轻骨干，教学研究具有一定的基础与知名度。3年来，学员们跟随导师啃读不下20本专业书籍，夯实教学理论功底；先后赴绍兴、湖州、宁波、上虞、句容、吴江、广州、东莞、深圳等省内外各地拜访大师、开拓视野，领略不同地域不同风格的小学语文教育名家风采；开展课堂教学研讨，与名师同台献艺，参加各种送教活动；多次接受论文撰写专业指导并尝试发表……3年来，导师兢兢业业，悉心教导；学员孜孜以求，虚心学习。1000多个日子的耳濡目染，数不清次数的促膝而谈，学员们在导师的指点下成长。9名学员中，有6人被评为中学高级教师,4人担任校级领导,1人被评为浙江省教坛新秀,8人为建德市学科带头人(大组成员),30余篇论文在省市县级获奖(发表),有6人次获得优质课省、市、县级一等奖。

《自我超越——傅登顺特级教师工作室学员成果集萃》是自2013年那个冬天"傅登顺特级教师工作室"成立以来的成长历程与结晶。书中记录了工作室学员在导师的带领下外出学习、课堂展示、下乡支教等学习活动的照片;汇集了学员的近20篇发表、获奖论文(成果);展示了工作室学员近20节代表性教学设计、课堂实录;分享了学员们近20篇教学随笔、读书心得。成长的印记一如此书。初读虽显稚嫩,细品却不乏余味。

《朱子语类》讲得好:"为学须觉今是而昨非,日改月化,便是长进。"的确,名优教师的培育,虽非一朝一夕可至,但也须珍视日新月异,不断吸引新成果,用不断变化的社会实践来衡量自己的认识是否正确,脑子里须有"今是而昨非"的观念,这样才能有长足进步。

是为序。

建德市教育局党委书记、局长
包海洋
2017年10月

◀ 2014年4月25日,工作室学员赴绍兴柯桥拜访小学语文大师周一贯。

▲ 2014年4月25日,工作室学员赴绍兴柯桥实验小学学习,聆听校长、特级教师金明东的专题讲座。

▲ 2015年5月8日,工作室学员赴湖州市吴兴区"盛新凤特级教师工作室"交流学习,近距离感受"和美语文"。

▲ 2015年5月22日,导师傅登顺、学员余晓玮赴金华婺城区塔石乡中心小学参加省教育厅组织的"百人千场"送教下乡活动。

◀ 2015年10月16日,导师傅登顺赴建德市大同第二小学,做讲座《习作教学研究》。

◄2015年12月3日，工作室学员赴江苏盛泽实验小学，与全国著名特级教师薛法根交流。

▲2016年3月25日，工作室学员赴建德市李家中心小学送教。图为黄雪梅老师执教《幸运的一天》。

▲2016年5月7日，傅登顺特级教师工作室学员赴青田讲学，导师傅登顺做了《"盘活"教材文本，畅通习作教学渠道》的专题讲座。

▲2016年5月7日，工作室学员赴青田讲学，陈伟平老师执教示范课《跑进家来的松鼠》。

◄2016年5月7日，工作室学员赴青田讲学，余晓玮老师执教示范课《鹬蚌相争》。

◀▼ 2016年5月21日，工作室学员赴宁波张敏华特级教师工作室学习交流。

◀2016年11月11日，温州乐清"百人千场"送教下乡活动，导师傅登顺做作文专题讲座

傅登顺

▶2016年11月11日，温州乐清"百人千场"送教下乡活动，工作室学员余晓玮执教《七月的天山》。

▶2016年12月12日，工作室学员赴广东东莞与易志军名师工作室进行交流，导师傅登顺做《习作知识教学》的专题讲座。

◀2016年12月12日，工作室学员余晓玮在广东东莞莞城中心小学执教交流课。

▶2016年12月13日，工作室学员赴广东宝城小学传经送宝。

◀2016年12月13日，工作室学员赴广东宝城小学交流。

目录

课 堂 教 学 篇

研 究 成 果 篇

感 悟 成 长 篇

课堂教学篇

读写交融，意言兼得

——《鹬蚌相争》课堂实录及评析

执教：浙江省建德市大慈岩中心小学　余晓玮

评析：浙江省建德市教师进修学校　傅登顺

【课前谈话】

师：爱看书的小朋友头脑里一定积累了不少故事。上课之前，咱们先来做个游戏——看图猜故事。

（相继出示坐井观天、拔苗助长、南辕北辙、亡羊补牢寓言故事画面，学生说故事名）

师：这些故事有个共同的名字叫——

生（齐声）：寓言。

师：小小的故事蕴含着大大的道理。看来，还真难不倒同学们。为了奖励你们，上课之前余老师给大家讲个故事吧。

师：（出示战国形势图）两千多年前，我们中国曾分为很多个小国，有秦、楚、韩、魏、赵、燕、齐七国。其中秦国的势力是最强大的，他一直野心勃勃，想征服其他六国，统一天下。可是秦王又担心这些小国之间联合起来，不好对付，所以就一直在等待时机。嘿，机会终于来了！有一回，赵国和燕国闹了点矛盾。赵王大怒，决定攻打燕国，出出心里的这口恶气。眼看一场激烈的战争就要爆发了，就在这时，燕国大夫苏代求见赵王，给他讲了一个故事。赵王听了这个故事后就打消了攻打燕国的念头。究竟是什么故事有这么神奇的魔力呢？（学生迫切想知道）不急，相信通过接下来这节课的学习，你一定会找到答案。

【点评】寓言都有背景与出处,了解寓言的背景与出处有利于加深对寓意的理解。教者通过"看图猜故事"把学生带入寓言文体的语境,通过寓言背景介绍,设置悬念,激发学生阅读期待,促进学生思维的向心性,从而提高课堂效率。

一、直接揭题,导入新课

1.师:(板书"鹬"字,边书写边说各部件名称)你们有什么好方法来记住这个字吗?

生1:用加一加的办法记,矛+罒+鸟,就是鹬。

师:这个字的左边"矞"也读yù,"鸟"是它的形旁。

生2:"橘子"的"橘"木字旁换成鸟字旁,就是"鹬"。

师:换一换的办法也不错。

生3:一只鸟含着半个橘子。

师:你真会想象! 不管笔画多么复杂的汉字,掌握了构字规律,记住它就不难了。(出示"鹬"图)看,这就是鹬,长嘴,长腿,常在水边捕食鱼虾和贝类。

2.师:夹住鹬嘴的是谁?

生:河蚌。

师:(写"蚌"字,指图片)你看这蚌,两片硬壳,中间长肉,生活在水中。

3.师:(将课题补写完整)齐读课题。

生:鹬蚌相争。

师:这也是一则寓言。

【点评】寓言的题目是寓意的物象所指,也是我国成语的主要来源之一。熟悉理解寓言题目是语言教学的第一要素。教者采用图文并茂,书写和读音并举的方法,如"鹬"的字形,"蚌"的读音,使学生物象清晰,文字印象深刻。

二、初讲故事,了解起点

1.师:大家课前都预习过课文了,难读吗?

生:不难。

师:不难读,那咱们就不读了。谁来讲讲这个故事?

生1:一只蚌张开壳在河滩上晒太阳。一只鹬看见了,就去啄蚌的肉。蚌合上壳夹住鹬的嘴不放。鹬和蚌谁也不让谁。结果,渔翁把它们两个一齐捉住了。(学生将"夹"读成了jiá)

师:(板书:夹)这个字在这儿读什么?

生2:夹jiā。

师:对,当它表示从两旁钳住的意思时,读jiā。

师:故事有没有讲清楚?

生(齐声):讲清楚了。

师:有没有讲准确?

生(齐声):准确。

师:跟课文有点不一样,有没有关系?

生(齐声):没关系。

师:故事就是讲的。爷爷讲给——

生3:爸爸听。

师:爸爸讲给——

生4:我听。

师:你讲给谁听?

生5:(哈哈大笑)儿子听。

2. 师:班长是谁?

(班长站起)

师:不用紧张,不是叫你讲故事。请你推荐一名你认为讲这个故事有困难的同学。

(班长指一生站起)

生1:河蚌张开壳儿晒太阳。一只鹬走过来,要吃蚌的肉,蚌夹住鹬的嘴不肯放。它们两个吵来吵去,谁也不让谁。最后,一个渔翁走过来,把它们两个都捉了。

师:人吃食叫"吃",是把东西送进口中咽下;鸟吃食叫——

生:啄。

师:对,指鸟类用嘴取食或叩击东西。

师:故事完不完整?

生(齐声):完整。

3. 师:两名同学讲下来,故事内容有没有了解?

生:了解了。

师:都讲到了故事的主角,谁?

生1:河蚌、鹬、渔翁。

师:(板书:人物)光有人物还不行,还有开头、结尾、起因、经过、结果。这叫故事的什么?

生2:主要内容。

师:准确地说,是——(板书:情节)情节。刚才两名同学都抓住了人物、情节,把故事讲完整、讲清楚了。可故事光讲清楚还不行,要让别人觉得好听、想听,还得讲生动。怎么才能讲生动呢?

生1:要注意人物说话的不同语气。

生2:要注意人物的表情和动作。

生3:还可以加上一些自己的想象,给故事补充。

【点评】寓言除了具备人物鲜明、情节生动、寓意深刻的特点外,还有一个鲜明特点就是语言通俗易懂,口语化,适宜口口相传。引领学生讲寓言符合寓言文体的言语特点,也是教学的要点之一。说寓言有一个从整体到细节的循序渐进的过程。该环节教师只要求学生说过程,其目的是便于学生从整体上把握,为下一步集中说重点、说细节、说得生动做铺垫。

三、角色扮演,讲好"相争"

1. 找出故事的"关键话语"。

师:一句话,讲好故事中的关键话语,这个故事肯定就生动了。这个故事的关键话语是什么呢?(学生一时没反应过来)这样吧,给个提示:故事中有两句话不能省,省掉就不是《鹬蚌相争》这个故事了。请问是哪两句?

生(顿悟):哦——

生1:"你不松开壳儿,就等着瞧吧。今天不下雨,明天不下雨,没有了水,你就会干死在这河滩上!""我就这样夹住你的嘴不放。今天拔不出来,明天拔不出来,吃不到东西,你也会饿死在这河滩上!"

师:这两句话就是故事中的关键话语。(出示第2、3自然段,板书:关键话语)

2. 在鹬、蚌的角色扮演中讲好故事。

师:这样吧,这两组当鹬(指一、二组),那两组(指三、四组)当蚌。在练习之前,我想先问问鹬和蚌:你们觉得怎么才能讲好这两句话?

生1:注意人物的表情。

生2:配上动作。

生3:想象当时的情景。

3. 自由练习。

师:好,各自练习自己说的话,注意提示语,抓住了提示语就能更好地走进人物内心,讲好人物说的话。

4. 在指导鹬的话语中理解"威胁"。

(1)师:先请一只"鹬"来讲:先想一想鹬是怎么说的,看看提示语,想象一下它的语气、语调、神情、动作。

师:(对生1)鹬用尽力气,还是拔不出嘴来,便威胁蚌说——

生1(语气较为平淡):你不松开壳儿,就等着瞧吧。今天不下雨,明天不下雨,没有了水,你就会干死在这河滩上!

(2)师:你觉得他讲得怎么样?

生2:我觉得他读得一般般,鹬那种威胁的语气不明显。

师:那请你来试试。

生2(得意,又带着威胁的语气):你不松开壳儿,就等着瞧吧。今天不下雨,明天不下雨,没有了水,你就会干死在这河滩上!

师:怎么样?

生3:我觉得他读得特别有感情。

师:"就等着瞧吧""会干死",听听,这一重一轻的语气、语调,有点味儿了。再请一位同学读。

生4(威胁语气明显,表情不错):你不松开壳儿,就等着瞧吧。今天不下雨,明天不下雨,没有了水,你就会干死在这河滩上!

师:呵,这神情,咱们一起来瞧一瞧。(请生4上台)就刚才那个表情,最好加上动作,示范一遍。

生4(表情、动作、语气都很到位):你不松开壳儿,就等着瞧吧。今天不下雨,明天不下雨,没有了水,你就会干死在这河滩上!

(全场鼓起热烈的掌声)

(3)师:所有的"鹬"一起来。

(学生齐读鹬说的话。)

(4)师:我想采访下"鹬",鹬啊,你现在被蚌牢牢地夹住了,怎么就敢威胁蚌呢?

生1:我被蚌夹住不放,只有威胁它,才有可能放开。

生2:因为蚌生活在水里的,他离开水的时间久了就会干死。

师:哦,你是抓住蚌的弱点来威胁它的。

(5)师小结:像这样,抓住对方的弱点来胁迫对方,使之屈服,就叫威胁。(板书:威胁)

5.师(面向三、四组学生):河蚌,面对鹬的威胁,你怕不怕他?

扮演河蚌的学生:不怕!

师:那好,你来争一争。

生1(朗读):我就这样夹住你的嘴不放。今天拔不出来,明天拔不出来,吃不到东西,你也会饿死在这河滩上!

师:"我就这样夹住你不放",你看,这样的神情就是"得意洋洋"。

师:我们看——鹬说(指鹬读)——

一、二组学生:你等着瞧吧。

师:蚌说(指蚌读)——

三、四组学生:我就这样夹住你不放。

师:鹬说——

一、二组学生:今天不下雨,明天不下雨。

师:蚌说——

三、四组学生:今天拔不出来,明天拔不出来。

师:鹬说——

一、二组学生:没有了水,你就会干死在这河滩上!

师:蚌说——

三、四组学生:吃不到东西,你也会饿死在这河滩上!

师:鹬说一句,蚌对一句。鹬威胁一句,蚌还击一句,一点也没表现出软弱的样子来。这叫什么?

生(齐声):毫不示弱。

师:(板书:毫不示弱)这样你来我往的争斗,就是——

生(齐声):相争。

6. 师:同学们有没有发现鹬和蚌的对话很有意思?(出示,学生发言后点红:今天……明天……你就会……   今天……明天……你也会……)

生1:鹬和蚌说的话很相似,都是今天怎么怎么样,明天怎么怎么样,你就会怎么怎么样。

生2:我发现它们说话时的语气都相同。

生3:鹬和蚌你一句我一句,说的话针锋相对。

师:是呀,鹬蚌相争,不仅在行为上,而且在说话语义上、语气上、句式上都针锋相对,互不相让。

师:可是,老师觉得这话有点啰嗦了。我想这么说(出示):"不下雨,没有了水,你就会干死在这河滩上。"你喜欢我说的,还是课文中说的?

生(纷纷):课文中说的。

师(追问):课文中这样写想表达什么意思?

生4:课文中用了"今天""明天",是想告诉对方天总是不下雨。

师:原来"今天""明天"并不单指这两天,还有后天,大后天,大大后天……代表的是一天又一天。看来,用这样的句式——

生5:更能威胁对方,让它知道继续这样做会很惨。

师(顺势小结):用这样的句式,强调这样的行为会产生严重的后果。

7. 同桌对演,于多次"相争"中理解"相持"。

师:鹬蚌为什么非得争个你死我活呢？现在,我们一起来体验一下鹬和蚌相争的情景。同桌一个演鹬一个演蚌,注意这些词语:威胁、得意洋洋、毫不示弱,想象一下相争时的语气、语调、神态、动作。

(1)同桌自由练习演读。

(2)指一对同桌展示。

(上台展示的一对同桌讲述得绘声绘色)

师(对鹬):你威胁他,他威胁你,要不,咱别争了吧?

生1(一脸怒气):你不松开壳儿……河滩上!

师(对蚌):他不罢休,要不你松口了吧?

生2(得意洋洋):我就这样夹住……河滩上!

师(对鹬):俗话说,得饶人处且饶人,还是饶了他吧?

生1(满含威胁地):你不松开壳儿……河滩上!

师(对蚌):他不饶人,咱和解吧?

生2(毫不示弱地):我就这样夹住……河滩上!

师顺势小结:就这样没完没了地争斗下去,用第4自然段中的一个词来说,叫——

生(齐声):相持。

(师板书:相持)

【点评】鹬和蚌之间的两段对话是寓意的核心部分,是寓意的集中点,也是课文教学的重点。理解两段文字的关键是让学生走入课文语境,进入文本角色。为此,教者采用了角色表演的方法,让学生通过自由练习表演、分组集中表演、代表展示表演等多形式把教学一步步推向高潮,同时采用层层剥笋的方法从语气、表情、动作、词义、语义和句式等集中凸显"鹬蚌相争",并从对话中提炼出对话描写的知识,使学生在表演过程和语境中体悟对话的魅力,习得对话描写的要领。

四、续写故事,理解寓意

1.师:这样相持争斗的结果是什么呢?我们一起来看一看。(播放动画)

2.师:渔翁笑什么?

生1:渔翁在笑他的运气好。

生2:笑他白白捡了个便宜。

生3:笑一下子抓住了两个家伙。

师:除了笑他得到的意外收获外,还笑什么?

生4:笑鹬和蚌只顾相争,不知道大难临头。

生5:笑鹬和蚌相持不下的愚蠢结果。

师:此时,鹬和蚌将面临被渔翁宰杀的处境,他们又会怎么想、怎么说呢? 请你以对话的形式续写故事,注意不同人物说话时的神情、动作。注意:括号里写人物说话时的神情或动作,横线上写人物说的话。

"哈哈哈!"渔翁(   ),"你们这两个傻瓜啊,_____

_____。"

"哎,_____。"鹬(   )。

蚌(   ):"哎,_____。"

(学生续写故事中)

师:都写得差不多了,我们来交流一下。三分文章七分读。请你借助提示语有感情地读一读续写的对话。谁先来?

生1:"哈哈哈!"渔翁得意洋洋,"你们这两个傻瓜啊,争来斗去,谁都没有得到好处,反而让我捡了个便宜。""哎,我为什么要威胁蚌呢,好好说可能就不会有今天了。"鹬后悔极了。蚌悲哀地说:"哎,有今天这样的悲惨结局真是活该,明明知道毫不相让对谁都没有好处,却都要死撑着。"

师:你觉得他写得怎么样?

生2:我觉得他写人物说话时的神情特别准确,不同人物神情也都不一样。

生3:而且人物说的话也写得很生动,跟人物的心情特别配。

师:的确不错! 除了"得意洋洋",渔翁还可能是什么神情?

生4:高兴。

生5:喜笑颜开。

师:除了写渔翁、鹬和蚌说话时的神情,还可以写什么?

生6:还可以配上人物的动作。

师(对生6):请你来读续写的故事。

生6:"哈哈哈!"渔翁一把捉住了它们,"你们这两个傻瓜啊,争来斗去,结果还不是两败俱伤?""哎,早知道我就放开蚌了,给它活路,也是给我自己活路啊!"鹬边摇头边叹气。蚌一脸懊悔:"哎,忍一时风平浪静,退一步海阔天空啊! 互让一步,不至于此。"

(全场掌声响起)

师:这位同学的续写,不仅人物说话时的神情、动作准确丰富,而且人物说的话里边还用上了成语、名言呢! 真能干!

3. 师:我们常说,鹬蚌相争,最后常常是——

生(齐声):渔翁得利。(板书:渔翁得利)

【点评】"鹬蚌相争"结果自然是"渔翁得利",对结果课文点到为止,但学生却兴致未尽,关心鹬蚌接下去的命运而浮想联翩。教师恰到好处地抓住这一时机,利用文本语境延续练笔——故事续写。一是化用鹬蚌对话中学生已掌握的要素练习对话描写,二是延续文本语境进行准确表达的练习。这样做既巩固、活用习得的对话描写知识,又为学生创设准确表达的训练实践。这种适时的练笔,能获得意想不到的读写相得益彰的教学效果。

五、回应故事,拓展阅读

1. 师:让我们回到课前的那个故事。讲的是什么故事?

生1:赵王因为一点矛盾要攻打燕国的故事。

师:在这个故事里谁是鹬?

生(齐声):赵国。

师:谁是蚌?

生(齐声):燕国。

师:谁又是渔翁呢?

生(齐声):秦国。

师:正因为赵王听了故事,懂得了"鹬蚌相争,渔翁得利"的道理,所以才放弃了攻打燕国的念头。

生(齐读):鹬蚌相争,渔翁得利。

2.师:一个故事化解了一场纷争,平息了干戈,可见寓言的力量之大。课后同学们多去读一读这些寓言故事,让自己变得更加睿智和聪慧。

【点评】有了阅读理解和随堂练笔的交融,学生对"鹬蚌相争"故事本身理解应该是没有问题了,然而学习寓言的重要作用之一就是能在现实生活中灵活运用。寓言运用的关键是找到与寓言相对应的对象,这是学习寓言或成语运用的难点。教者这一环节设置把学生思维重新拉回课前对话,使寓言与故事相对接,体会寓言在现实运用中的方法与威力,同时也做到整堂课前后照应,浑然一体。

【总评】

读写结合的语文教学要求已有不短的历史,而现实的效果不及想象的那么理想。其原因是没有找到契合点。一要通过阅读提炼出隐藏在语言背后的适宜于学情和目标要求的写作知识,使学生练笔时有知识可鉴、有方法可用、有据可依。二要设法把学生带入文本语境,使学生的随堂练笔有话想说、有话可说、有话能说。三要在不断地练笔积累中形成写作知识体系群,运用于学生具体写作中。如本节课写作知识的点,就是对话描写,教学中要理清提示语与对话内容的联系,比如,提示语中表情、动作等词语与对话内容、语气、语义、句式之间的有机融合与匹配运用。

《怀念母亲》第一课时教学设计

浙江省建德市大慈岩中心小学 余晓玮

【设计理念】

《怀念母亲》是人教版六（上）第二单元的一篇课文，选自季羡林老先生的回忆录《留德十年》，属名家名篇。这篇课文与我们的学生有三大差距：年龄差距，80多岁的季老先生与12岁的小学生；时代差距，季羡林那个艰苦的时代与现在小学生衣食无忧的生活；生命（经历）差距，离开母亲、离开祖国的特殊经历，这也是现在的小学生不曾有的。由于课文在选入教材时有所改动，语言具有一定的跳跃性，对学生的理解造成了一定的困难。对于这样离学生生活比较遥远，又较难读懂的名家名篇，怎么教呢？教给阅读的方法，引导学生先读作者，再读作品。引用课外资料，开展"互文阅读"，包括阅读作者的其他作品，如《一双长满老茧的手》《我的母亲》《赋得永久的悔》《寻梦》《我这一生》；还包括阅读同一主题的其他作家的文字，如梁晓声的《慈母情深》。

体会关键词句在表情达意方面的作用是本单元的学习重点。"食不下咽，寝不安席"这两个词语是最能表达季羡林内心的不舍、悲痛、自责与遗恨的，这两个词的意思可以用"寝食难安"这一个词来表示，但季羡林为什么不选用"寝食难安"这一个词呢？通过课文与资料的穿插品读，体会到"食不下咽，寝不安席"放慢节奏，放慢镜头，更好地表达季老先生内心情感的效果。

【教学目标】

1. 准确认读课文中的生字词，借助资料、在语言环境中理解"食不下咽、寝不安席、抱终天之恨"等词语的意思。

2.通过背景资料补充、咀嚼关键词句、想象感悟等方法体会作者对生母的怀念,并能有感情地朗读课文。

3.初步掌握阅读名家名篇的方法。

【教学重难点】

重点:体会关键词句在表情达意方面的作用,初步掌握阅读名家名篇的方法。

难点:体会关键词句在表情达意方面的作用。

【教学过程】

一、揭题,了解作者

1.今天我们一起来学习一篇课文(板书课题),齐读课题。

2.作者是谁? 关于季羡林,你对他有多少了解? 你是通过什么方式了解到的?(随机板书:查找资料、阅读作品)

随机点评:(1)你是通过上网百度搜索来查找资料的。(2)你是通过阅读相关工具书来查找资料的。

预设一:五年级时曾学过关于他的两篇课文,一篇是采访季羡林的《小苗与大树的对话》,还有一篇是季羡林写的《自己的花是让别人看的》。通过这两篇课文,你对季羡林又有了哪些了解?

《自己的花是让别人看的》:季羡林曾在德国留学十年,这篇课文写的就是他眼中德国的奇特风情。

《小苗与大树的对话》让你认识了一位怎样的季羡林? 对啊,季羡林是一位大作家,他发表了很多作品,而且特别善于表达自己的真情实感。

(板书:联系旧知)

3.跟同学们一样,为了更全面、更深入地了解一代大师、"国宝"季羡林,我也上网查了文字资料和与他相关的访谈节目,还读了他的两本书,一本是《我这一生》,一本是《留德十年》,还摘录了两条与今天学习有关的信息。(出示,指读):

季羡林,1911年出生于山东临清县一个极端贫困的村庄里。由于家境贫寒,6

岁的季羡林离开母亲,被过继给济南的叔叔,在那里开始读私塾。

1935年,24岁的季羡林离开祖国远赴德国留学,在那儿一待就是10年。这中间他获得哥廷根大学哲学博士学位。1946年季羡林回国任北京大学教授。

留德十年的经历,不仅让季羡林倍加怀念生身母亲,而且让他对祖国母亲有了特殊的情感。

4. 小结:同学们,为了更好地读懂课文,很多时候我们有必要去读读作者,了解他的生平简历,尤其是有名的作家。(板书并出示:读作者)

二、初读,梳理主线

1. 了解作者之后,请大家打开课文,快速浏览,看看这篇课文中怀念的"母亲"与我们平常意义上说的"母亲"有什么不一样?

2. 交流:这篇课文中怀念的"母亲"与我们平常意义上说的"母亲"有什么不一样? 文中哪个自然段其实已经很明白地告诉我们?

3. 我请一位同学来读一读:季羡林怀念的是几个母亲?

一个是——生身母亲,通过前面的资料我们知道他6岁就离开了生身母亲。

另一个是——祖国母亲,季羡林24岁离开祖国后在德国留学10年,在欧洲待了11年。他对这两个母亲的情感一样吗? 请你用朗读来告诉大家。我们一起来读一读。

4. 这节课我们重点学习季羡林对生身母亲的怀念。

三、品读,体悟悔痛

过渡:1931年,在季羡林20岁的时候,他的母亲去世了,对生身母亲的怀念伴随着他的一生。

1. 请同学们默读课文第2自然段(出示要求):你从哪些句子感受到季羡林对生身母亲的深切怀念? 用"——"画出,并选择一处做一做批注。

2. 交流:好,在交流之前我先请一位同学读一读第2自然段。

你从哪个句子感受到季羡林对生身母亲的深切怀念?

我痛哭了几天,食不下咽,寝不安席。我真想随母亲于地下。

(1)什么是"食不下咽"?(板书:食不下咽)"寝不安席"又是什么意思?(板书:寝不安席)这两个词的意思合起来可以用一个什么词语来表示?(板书:寝食难安)

(2)我再请一位同学来读这个句子:我痛哭了几天,食不下咽,寝不安席。我真想随母亲于地下。

(3)是啊,最亲最爱的母亲的离去,让季羡林内心承受着巨大的痛苦。谁能联系上下文说说为什么季羡林会痛苦到"食不下咽,寝不安席"?

预设一:因爱不舍(陪伴时间太少、感情很深)

A. 你从哪些词语感受到的?(6岁离开,两次奔丧,只待几天,中年弃养,只活了40多岁。)

B. 6岁离开,20岁母亲离世,14年中只回过两次故乡,只见过母亲两面,用得着这么悲痛吗?(稍停)在读这段文字的时候,我跟你们一样很疑惑。但是余老师在读了他的作品《一双长满老茧的手》《赋得永久的悔》之后,明白了(出示)——

我出生在鲁西一个极端贫困的村庄里,幼年时我大部分时间是和母亲形影不离。母亲走到哪里,我就跟到哪里。母亲到地里摘绿豆荚,我便跟到地里,在母亲身后跑来跑去,不停地问这问那。捉到一只蚱蜢,要给她看一看;掐到一朵野花,也要拿给她看一看。棒子上长了乌霉,我一定要问母亲这是什么。母亲总是一边摘着豆荚一边耐心地回答我的问题,脸上露出慈祥的笑容。她总是把家中罕见的白面饼子给我吃,而自己一生都以难以下咽的高粱饼子为伴。

——季羡林《一双长满老茧的手》

师讲述:幼年时和母亲的形影不离,母亲那慈祥的笑容,还有那啃高粱饼子的画面,深深地印在季羡林的记忆里。

到了中秋节——农民嘴里叫"八月十五"——母亲不知从哪里弄了点月饼,给我掰了一块,我就蹲在一块石头旁边,大吃起来。在当时,对我来说,月饼可真是神奇的东西,龙肝凤髓也难以比得上的,我难得吃一次。我当时并没有注意,母亲是否也在吃。现在回想起来,她根本一口也没有尝过,都留给我吃了。她大概是毕生就与红色的高粱饼子为伍。到了歉年,连这个也吃不上,那就只有吃野菜了。……有一次我回家听对面的宁大婶子告诉我说:"你娘经常说:'早知道送出去回不来,我无论如何也不会放他走的!'"简短的一句话里面含着多少辛酸,多少悲伤啊! 母亲不知有多少日日夜夜,眼望远方,盼望自己的儿子回来啊! 然而这个儿子却始终没有归去,一直到母亲离开这个世界。

——季羡林《赋得永久的悔》

C. 这是存留在季羡林脑海中关于母亲最深刻的记忆了,因此当母亲突然去世,季羡林内心深处又怎能接受? 他吃得下饭吗?(食不下咽)他睡得着觉吗?(寝不安席)吃也吃不下,为什么? 想母亲啊! 睡也睡不着,为什么? 还是在想母亲啊! 好,把这份情感放到句子里,自己读读看。谁来读?

(点评:爱之深,悲之切啊!)(这份浓浓的亲情又怎能割舍啊!)一起读。

过渡:既然这么爱,14年里季羡林为什么不多回来呢? 他又在干什么?

(过早地离去啊! 母亲去世的时候,季羡林在她的身边吗? 季羡林怎么就没有守护在母亲身边呢? 他都去哪儿了? 又都在干什么呢?)

预设二:过早离去(悲痛)

A. 余老师读了季羡林的《我这一生》这本书,了解到(出示)——

6岁的季羡林离开母亲,被过继给济南的叔叔,在那里开始读私塾。

9岁学英语。

12岁读《左传》《战国策》《史记》。

15岁学德语。

17岁开始发表小说。

18岁考入清华大学。

19岁发表翻译作品。

——季羡林《我这一生》

交流:季羡林在干什么?(过继给叔叔,在外求学)

B. 母亲不爱他吗? 要把他过继给济南的叔叔?(母亲也想孩子天天待在自己身边。可正因为爱孩子,想让他有更好的学习环境,母亲才无奈地选择了送走孩子。)

C. 可她哪知这孩子送出去就回不来了呢? 40多岁,只活了40多岁啊! 母亲带着遗憾、带着不舍,离开了这个世界,也离开了自己的孩子。一想起这些,季羡林真是吃也吃不下,睡也睡不着啊!请你读读这句话(生读画线句子)。

随机:"弃养"是什么意思?这里可以将"弃养"换成"去世"吗?("弃养"是婉辞,更好地表达了季羡林是极不愿相信,也极不舍母亲的离去。用词的精准,不愧是一代大师啊!)

预设三:不能尽孝(遗恨)

过渡:除了自责,除了悲痛,还有什么原因让季羡林"食不下咽,寝不安席"?请你再读读这段话。

A."抱终天之恨"是什么意思?

B. 季羡林所说的终身的遗恨是什么?(让学生先说)余老师在他的另一篇文章里看到了这么一段文字,可能会帮助我们更好地理解(出示,教师深情朗读)——

我暗暗地下定了决心,立下了誓愿:一旦大学毕业,自己找到工作,立即迎养母亲,然而没有等到我大学毕业,母亲就离开我走了,永远永远地走了。古人说:"树欲静而风不止,子欲养而亲不待。"这话正应到我身上。我不忍想象母亲临终思念爱子的情况;一想到,我就会心肝俱裂,眼泪盈眶。当我从北平赶回济南,又从济南赶回清平奔丧的时候,看到了母亲的棺材,看到那简陋的屋子,我真想一头撞死在棺材上,随母亲于地下。我后悔,我真后悔,我千不该万不该离开了母亲。世界上无论什么名誉,什么地位,什么幸福,什么尊荣,都比不上待在母亲身边,即使她一个字也不识,即使整天吃"红的"。

——季羡林《赋得永久的悔》

交流:季羡林终身的遗恨是什么?

C."树欲静而风不止,子欲养而亲不待",这话正应到"我"身上,"我"——(读画线句子)师接:这就是我的"永久的悔"。

D. 难怪季羡林是吃也吃不下,睡也睡不着啊。一起读:我痛哭了几天……地下。

(4)对比"食不下咽,寝不安席"与"寝食难安"。

A. 我们来看,"食不下咽,寝不安席"这两个词的意思与"寝食难安"这个词的意思是——一样的,但表达的情感一样吗?我请一位同学来读,大家认真听(出示,对比读)。

B. 表达的感情一样吗?

C. 小结:用两个词,放慢节奏,放慢镜头,更好地表达了此时季羡林内心的痛苦、不舍、自责与遗恨。其实类似这种写法,我们曾经也接触过,比如梁晓声的《慈母情深》中——(出示,齐读)。

3. **总结学法**:同学们,《怀念母亲》这篇课文离我们的生活比较遥远,而且季羡林对母亲的不舍、与母亲的深情、还有他的遗恨,在课文中也都没有具体事例的说明,所以我们一下很难理解。借助阅读与它相关的作品,能帮助我们更好地读懂课文,体会情感。(出示,板书:读作品)

4. 对生身母亲的怀念伴随着我的一生。难怪后来我到德国留学——(指读第3自然段第1句)

后来我到德国留学,住在一座叫哥廷根的孤寂的小城,不知道为什么,母亲频来入梦。

又难怪——(引读文中《寻梦》两个片段、《我的母亲》一个片段)

夜里梦到母亲,我哭着醒来。醒来再想捉住这梦的时候,梦却早不知道飞到什么地方去了。 ——季羡林《寻梦》

于是,我大声哭喊着——

天哪! 连一个清清楚楚的梦都不给我吗? 我怅望灰天,在泪光里,幻出母亲的面影。 ——季羡林《寻梦》

"这样的梦"——

这样的梦,我生平不知已有多少次。直到耄耋之年,我仍然频频梦到面目不清的母亲,总是老泪纵横,哭着醒来。 ——季羡林《我的母亲》

5. 让我们一起带着对母亲的爱慕,带着失去母亲的痛苦,也带着永远无法实现愿望的遗憾,再次走进这段文字,齐读第2自然段(配乐齐读)。

四、呼应,设疑结课

1. 季羡林说——(出示第1自然段,齐读)。

2. 1935年,24岁的季羡林离开祖国到德国留学。远在异国他乡,除了怀念生身母亲,在他的怀念中更增添了——祖国母亲。季羡林又是怎样来表达对祖国母亲的深深怀念的? 下节课我们继续学习。

【板书设计】

怀念母亲

读作者　搜集资料
　　　　联系旧知

　　　　　　　　　　食不下咽

读作品　　　　　　　　　　　寝不安席

　　　　寝不安席　思母之痛

特级教师黄吉鸿点评：

今天下午，我们听了新安江第一小学余晓玮老师的一节课——《怀念母亲》。就这一节课，我想谈三点：

一、既要教课文，也要教语文

我想说的第一点是，我们语文老师既要教课文，也要教语文。教课文是就内容而言，教语文是就策略而言。余晓玮老师的课再一次向我们证明：课文无非是个例子。《怀念母亲》这节课上，余晓玮老师在带领学生学懂课文内容的同时，教给了学生阅读的策略。读作者、读作品，这是阅读策略。怎么读作者？查找资料、联系旧知。怎么读作品？引进资料，借助作者相关作品的阅读。在这节课上，我们还看到余晓玮老师紧紧围绕"抓关键词句"来读懂课文。

吴忠豪教授说，课文有四大价值：一是文化价值，二是知识方法，三是表达形式，四是积累语言。本节课中，我们看到余老师很好地挖掘并有机地融合了课文的四大价值。所以说，余晓玮老师既是在教课文，也是在教语文。

二、既要做大事，也要做小事

我想说的第二点是，我们语文老师既要做大事，也要做小事。什么是做大事呢？《怀念母亲》这篇课文比较简短，我们的余老师怎么做的呢？读了两本书，季羡林的《我这一生》和《留德十年》，厚厚的两本书。在语文教学里边，有一种"作者中心"的说法，知人论事。《怀念母亲》这篇课文与我们的学生有三大差距：年龄差距，80多岁的季老先生与12岁的小学生；时代差距，季羡林那个艰苦的时代与现在小学生衣食无忧的生活；生命（经历）差距，离开母亲、离开祖国的特殊经历，这也是我们的小学生不曾有的。怎么缩小这些差距？余老师大量引用课外资料，一类是季羡林的作品，有这么几个作品：《一双长满老茧的手》《我的母亲》《赋得永久的悔》《寻梦》《我这一生》；一类是梁晓声的作品——《慈母情深》。我以为梁晓声《慈母情深》的引入，是很巧妙，也是很合适的。这种阅读，其实就是我们所说的"互文阅读"，包括阅读作者的其他作品，阅读同一主题的其他作家的文字，阅读其他作家对课文作者的语言风格的点评。我们语文老师都要向余晓玮老师学习，学习做大事。什么大事？大阅读、大积累。

光做大事还不行，我们还要做小事。夏丏尊先生指出，"语感"指的是"对于文字的灵敏的感觉"。我们语文老师就应当培养学生的语感。这节课上，我们看到余老师带领学生抓住关键词句品读，也就是"咬文嚼字"。语文课堂上就需要这样推敲字词，"咬定课文不放松，立根原在语言中"。"食不下咽，寝不安席"，整节课，余老师牢牢地抓住这一语言点展开教学。其实在很多课堂上，我们很多语文老师也会抓"食不下咽，寝不安席"品读，但只限于此。余老师的高明之处在于进一步提出"食不下咽，寝不安席"可以用"寝食难安"这一个词表示，然后通过课文与资料的穿插品读，体会到"食不下咽，寝不安席"放慢节奏，放慢镜头，更好地表达了季羡林内心的不舍、悲痛、自责与遗恨。

一大一小方显英雄本色。

三、既需要感性，又需要理性

我想说的第三点是，语文老师既需要感性，又需要理性。

巴金说："文学让人变得更加美好。"语文是感性的，甚至是诗性的。余老师的课堂上，音乐、深情朗读，这些都是感性的。

语文也需要理性。资料拓展有目的，阅读策略运用有选择，我们看到的又是余晓玮老师理性的一面。

我相信，学生长期在余老师的课堂中学习，对语言文字的理解与运用能力的提升是显而易见的。

我相信余老师接下去在《怀念母亲》的第二课时，肯定会继续从形式上把握，将季羡林的《怀念母亲》与梁晓声的《慈母情深》进行比较阅读：这两篇文章情感基调相似，情感相似，但表达方式有怎样不同？

《怀念母亲》有何独特的表达方式？关键词的反复。全文似乎给人一种"喃喃自语"的感觉，给人一种反复念叨的感觉。而恰恰是这种言语风格，强烈地表现了作者对母亲那种魂牵梦萦、刻骨铭心的深深怀念之情。

将"彩色"进行到底

——《彩色的非洲》教学设计

浙江省建德市大慈岩中心小学　余晓玮

【教材简析】

《彩色的非洲》是人教版五(下)册第八单元"异域风情"主题的一篇略读课文。作者以饱满的热情,从自然景观、日常生活和艺术三方面描述了非洲的自然风光和异域文化,展现了一个色彩斑斓的世界。课文开头和结尾照应,又与课题呼应,直接抒发了作者的赞美之情。层次分明,过渡自然,是本文一个明显的结构特点。课文运用丰富的描写色彩的词语、进行简单列举的表达方法,语言表达特色鲜明。

【教学目标】

1. 认读"湛蓝、充沛、色彩斑斓、多姿多彩"等词语,理解新词,积累优美词句。

2. 借助关键词句梳理文章脉络,了解非洲独特的自然景观与风土人情。

3. 通过画划、朗读、对比等方式,学习并运用文章采用丰富的描写色彩的词、进行简单列举的表达方法,感受非洲的多姿多彩。

【教学重点】

领悟文章的表达方法,并试着运用。

【教学难点】

理解"彩色"背后所蕴含的精神意义。

【教学过程】

一、初感"彩色",梳理脉络

1. 揭示课题,引导学生在朗读中聚焦"彩色"一词。

2. 聚焦首尾,引导学生在关键词句中感受"彩色"。

课文哪两句话直接写出非洲是彩色的? 快速浏览课文,找一找。

根据学生回答出示:(1)非洲真是一个色彩斑斓的世界啊!(2)啊,非洲,好一个多姿多彩的世界!

(1)这两句话里哪两个词也表示"彩色"的意思?(色彩斑斓、多姿多彩)引导学生发现:同种意思可以用不同词语来表达。

(2)读这两句话,了解其总起、总结全文的作用。

(3)小结:抓住关键句子有助于我们更好地理解课题、理解课文。

3. 梳理脉络,引导学生在课文结构中了解"彩色"。

(1)"彩色的非洲"主要表现在哪些方面? 快速默读课文,找一找,用"———"画出关键句。

(2)交流后出示三个关键句(过渡句):我们发现"彩色的非洲"主要表现在哪些方面?(板书:自然景观 日常生活 艺术)

(3)呈现五个关键句(开头、结尾、三个过渡句),引导学生从五个句子中梳理课文脉络,发现总分总的结构。

(4)小结:抓住关键句有助于我们更好地梳理文章的脉络。

【设计意图】紧扣"彩色"一词,从课题到首尾的中心句,渗透抓住关键词句理解课题的方法。高年级的阅读教学要关注篇章布局,初读后引导学生借助文中的总起句、三个过渡句、总结句,梳理文章脉络,了解总分总的结构特点,利于学生整体把握课文。

二、细品"彩色",体悟写法

(一)整体感知日常生活的"彩色"

1. 非洲是一个色彩斑斓的世界,那就让我们跟随作者的脚步走进这个彩色世界,走进非洲的日常生活。(出示第6自然段)自由读一读第6自然段,想一想,这段话写了日常生活的哪些方面?(学生交流后点击穿衣服、食物、住房三个色块的段落)

2. 交流:你最感兴趣的是什么?

【设计意图】此环节直接聚焦到"日常生活"段落的学习,在重点品读"食物"之前,先从整体上对本自然段所写内容进行梳理,有机渗透本段并列结构的写法。

(二)品读"色彩斑斓"式遣词

1. "彩色"的食物

出示:在富裕人家的餐桌上,牛排上有殷红的血,水果沙拉五光十色,各种饮料像是流动的颜色;在不太宽裕的人家,木薯是粉红的,香蕉是金黄的,西瓜是红沙瓤的,取之不尽的芒果则黄中透红。

(1)自由读,概括这段话大意。

(2)从哪些词语感受到了餐桌上的"彩色"? 圈出表示色彩的词。

(3)师生合作朗读,谈感受:

师:在富裕人家的餐桌上,牛排上有——　　　　生:殷红的血。

师:水果沙拉——　　　　　　　　　　　　　　生:五光十色。

师:各种饮料像是——　　　　　　　　　　　　生:流动的颜色。

师:在不太宽裕的人家,木薯是——　　　　　　生:粉红的。

师:香蕉是——　　　　　　　　　　　　　　　生:金黄的。

师:西瓜是——　　　　　　　　　　　　　　　生:红沙瓤的。

师:取之不尽的芒果则——　　　　　　　　　　生:黄中透红。

(4)填空式积累词句:

在富裕人家的餐桌上,牛排上有(　　　　)的血,水果沙拉(　　　),各种饮料像是(　　　);在不太宽裕的人家,木薯是(　　　),香蕉是(　　　),西瓜是(　　　),取之不尽的芒果则(　　　)。

(5)回读:非洲真是一个色彩斑斓的世界啊!

2. "彩色"的衣服、住房

(1)到"衣服"和"住房"中去圈一圈表示色彩的词。

(2)引导有规律地积累词语,在快节奏的朗读中感受色彩的丰富。

(3)小结(板书:丰富的色彩词),回读:非洲真是一个色彩斑斓的世界啊!

【设计意图】关注语言表达,破解文本言说的秘妙,是"学习语言文字运用"的关键。运用丰富的表示色彩的词是本文语言表达的特色。采用师生合作朗读、变速接读、填空式补读等形式,能有效引导学生发现、感受、积累丰富的"色彩词",形象感受非洲的色彩斑斓,从而提升学生的语感品质。从"食物"到"衣服""住房"感受色彩之绚烂,有机渗透了积累词语的方法。

(三)品悟简单列举

1. 出示教师自改的段落,与原文进行比较,质疑:一段话写得越具体越好,越生动越好,作者是语言大师,不可能写不具体、写不生动啊,为什么他选择简单列举的写法呢?

在富裕人家的餐桌上,殷红的牛排配着黑椒汁,浓郁的肉香萦绕四周;水果沙拉品种齐全,香甜可口,五光十色;各种饮料铺满餐桌,高脚杯、矮脚杯里装满流动的颜色。在不太宽裕的家庭,粉红色的木薯被切成一小块一小块,均匀地平铺在餐盘中;金黄的香蕉在阳光的照耀下,格外耀眼;红沙瓤的西瓜渗着浓浓的汁水,让人馋涎欲滴;黄中透红的芒果则散发着淡淡清香,分外诱人。

2. 学生讨论后小结:原来采用哪种写法是要根据表达主题的需要确定,不是每次越具体越好。这里抓住色彩简单列举事物,(板书:简单列举)是紧扣了课文"彩色"这个主题。

3. 朗读课文原句,体会精妙。

4. 到文中再找采用简单列举写法的句子,朗读体会。

5. 小结,回读:非洲真是一个色彩斑斓的世界啊!

【设计意图】对比,是一种有效的品鉴词句表达效果的方式。在学习"简单列举"这一写法时,教师通过引进改编后的具体、生动的语段,与原文进行对比,引发冲突:写文章不是越具体越好吗,此处为何简单列举?在质疑、对比中体悟:采用哪种写法是要根据表达主题的需要确定,此处非简单列举不可。而以点带面的学法,关注的是学生学习方法的迁移,强调的是自主学习能力的培养。

(四)迁移运用写法

1. 播放非洲五彩的矿石、多彩的一天的图片,再次感受彩色的世界,体悟色彩之丰富,作者不能一下写完,只能抓住色彩进行简单列举。

2. 选择一幅或几幅图片,试着采用简单列举的方法,用上丰富的颜色词写一写非洲这个彩色的世界。

3. 交流,讲评。

【设计意图】播放图片,创设与课文一致的语境,迁移运用写法,是"学习语言文字运用"的良径,也有利于学生体验文章意境。

三、领悟"彩色",感受激情

1. 质疑:还有什么彩色,我们是不能用眼睛看到的,是难以理解的呢?

2. 讨论,破解:怎么会说连音乐、舞蹈也是彩色的?

(1)讨论,交流。

(2)播放非洲音乐与热舞的视频,学生在欣赏中感受"非洲人的_____"。

3. 总结课堂,发出感叹:啊,非洲,好一个_____的世界!

再次回读:啊,非洲,好一个多姿多彩的世界!

【设计意图】音乐、舞蹈的彩色是学生理解上的难点。通过播放视频,给学生强烈的视觉、听觉冲击,直观感受到非洲艺术所体现出来的热情、豪放、粗犷,在异域风情中破解难点。

四、推介阅读,走进非洲

推荐阅读《非洲之旅》,走进非洲这一个全新的世界。

【设计意图】一篇课文学习的结束是一次阅读之旅的开始。从"彩色"扩散开去,走进《非洲之旅》,也就走进了更广阔的语文学习天地。

《凡卡》第一课时教学设计

浙江省建德市寿昌第二小学 陈伟平

【教材分析】

《凡卡》是人教版六(下)第四组"外国名篇名著"专题的精读课文。学习本组课文要把握主要内容,体会作品中人物的思想感情,关心人物的命运。本文主要写了凡卡给乡下的爷爷写信,祈求爷爷带他离开鞋铺,逃脱苦难生活的事。本文表达上主要有两个特点,一是在叙述凡卡悲惨遭遇时,作者的叙述、凡卡的信和他在写信过程中的回忆三部分内容穿插起来,互相映衬;二是采用了对比、反衬、暗示的表达方法,使读者更加感受到凡卡的"悲痛"。

【教材目标】

1.借助预习,自主学会本课15个生字,12个词语,联系上下文理解8个重点词语的意思,并能借助于"六要素"概括本课主要内容。

2.了解本课"书信"(第一人称叙述)和插叙相互补充的表达方式,体会插叙的作用。

3.学习"凡卡遭受苦难"内容,围绕"我的生活没有指望了,连狗都不如"这句中心句,真切感受凡卡的悲惨生活。

【教学重难点】

重点:感受凡卡的苦难,了解文章"插叙"的写法及作用。

难点:了解插叙的作用,体验凡卡的悲惨。

【课前准备】

1. 课件准备

2. 布置前置性预习作业

(1)了解本课作者契诃夫;

(2)自主学会生字词;

(3)用"六要素"概括课文主要内容。

【教学过程】

一、检测引入,把握起点

(一)揭题引入

同学们,上节课我们学习了《卖火柴的小女孩》。今天这节课,我们继续走进那个生活在黑暗世界的9岁小男孩——凡卡。板书课题:15.凡卡。

(二)预习检测

1. 生字词检测(组块出示)

摩平 揉皱 蘸墨水 撇嘴 抽噎 搓手 匣子 一声不吭 暖炕

圣诞节 毒打 楦头 直戳 祷告 指望

第一组:重点是读音。

第二组:指向课文内容。

2. 概括主要内容

主要写了"圣诞节前夜,凡卡在鞋铺里给爷爷写信,告诉爷爷他在鞋铺里受到的苦难,祈求爷爷带他回家"。板书:写信。

【设计意图】在前一课《卖火柴的小女孩》的基础之上,以"我们继续走进那个黑暗的世界"引入新课,让学生在特定历史背景之下,在已有情感体验基础之上展开学习。同时,通过前置性作业,让学生熟读文章,在理解生字词、把握文章内容的基础上展开学习,在学生已有学习起点之上展开教学,有效提升教学的实效性。

二、认识插叙,了解作用

1. 快速默读,找出具体写凡卡写信的内容。(3—15自然段)

2. 快速默读,找出哪几个自然段不是写信的内容。(4、5、6自然段和13、14自然段)

3. 快速默读"非写信"的两部分内容,简要说说这两部分内容分别写了什么。(和爷爷一起守夜;和爷爷砍圣诞树)

4. 认识插叙,了解作用:这两部分内容,凡卡回忆了在乡下和爷爷在一起的生活情景,穿插在写信的内容之中,这样的写法叫作插叙。文章用了插叙这一写法,有什么作用呢?(对比,衬托出凡卡的悲惨)

板书:

回忆:守夜

插叙　对比

砍圣诞树

【设计意图】"新课标"指出要"初步领悟文章的基本表达方法"。插叙是本文表达的一大特点,也是小学阶段第一次完整出现。引导学生认识插叙,并进而体会其作用,有效实现"言意兼得"。

三、梳理结构,整体把握

1. 概括内容,整体把握:《凡卡》这篇课文主要写了"凡卡写信"和"回忆乡下生活"两部分内容。

2. 依据板书,梳理结构:

15.凡卡

写信

回忆　乡下生活　插叙　守夜

对比

砍圣诞树

【设计意图】第3学段要求"在阅读中了解文章的表达顺序"。本环节意在通过内容的概括与结构的梳理,从整体上把握课文的表达顺序,注重的是篇章结构的学习。板书设计也正是着眼于文章结构的清晰呈现,有助于学生快速、准确地把握文章内容。

四、指向中心,聚焦"苦难"

1.聚焦"文眼":凡卡写信是为了告诉爷爷,他在鞋铺里遭受的苦难生活,祈求爷爷带他回家。他在鞋铺里的生活,到底是怎样的生活,在凡卡的信中,有一句话直接告诉了我们,快速读一读凡卡的信,找出来。

"我的生活没有指望了,连狗都不如!……"(大屏幕出示)

板书:连狗都不如

2.连狗都不如的生活,那究竟是怎样的生活呢?请同学们读一读凡卡写的信,想想他是从哪几个方面来写自己"连狗都不如的生活"?

3.梳理"苦难"。

板书:

挨打
写信:连狗都不如　　挨饿
挨困
受人欺侮

4.体验"苦难"。

读着描写凡卡挨打、挨饿、挨困的这些文字,我们会不由自主地浮现出画面,有很多细节会深深地刺痛我们的心!抓住这些细节,用笔把你的感受以批注的形式写下来。

板块一:挨打

"昨天晚上我挨了一顿毒打,因为我给他们的小崽子摇摇篮的时候,不知不觉睡着了。老板揪着我的头发,把我拖到院子里,拿皮带揍了我一顿。"

(1)抓动词"揪""拖""揍"体会悲惨。

(2)指导朗读。

(3)回读:面对着老板这样的毒打,此时,凡卡要和爷爷说的:

"我的生活没有指望了,连狗都不如!……"

(4)凡卡经受老板的毒打仅仅是这一次吗?仅仅是经受了"揪着头发,拖到院

子里,用皮带揍了一顿"的毒打吗?(朗读体会悲惨)

"这儿的人都打我。我饿得要命,又孤零零的,难受得没法说。有一天,老板拿楦头打我的脑袋,我昏倒了,好容易才醒过来。"(被老板打昏倒了,不但老板打我,这儿的人都打我)

"这个礼拜,老板娘叫我收拾一条青鱼,我从尾巴上弄起,她就捞起那条青鱼,拿鱼嘴直戳我的脸。"

(5)回读:凡卡在鞋铺里遭受老板的毒打,甚至遭受着所有人的毒打,面对着这样的苦难,他要告诉爷爷:

"我的生活没有指望了,连狗都不如!……"

板块二:挨饿

"吃的呢,简直没有。早晨吃一点面包,午饭是稀粥,晚上又是一点儿面包;至于菜了,茶了,只有老板自己才大吃大喝。"

(1)抓住"简直没有"一词以及每天不停工作,体会"苦难"。

(2)指导朗读。

(3)回读:所以,他要告诉爷爷:"我的生活没有指望了,连狗都不如!……"

板块三:挨困

"他们叫我睡在过道里,他们的小崽子一哭,我就别想睡觉,只好摇那个摇篮。"晚上连觉都睡不好,也刺痛了我的心。

(1)抓住"睡在过道里""一……就"体会"苦难"。

(2)如果,此时我不去摇那个摇篮会怎样?(毒打)每个晚上连觉都不能睡好,这日子怎么过呀?

(3)回读:对于凡卡来说,连觉都不能睡好,这是人过的生活吗? 所以他对爷爷说:"我的生活没有指望了,连狗都不如!……"

【设计意图】第3学段阅读叙事性作品,能简单描述自己印象最深的场景、人物、细节,说出自己的喜爱、憎恶、崇敬、向往、同情等感受。本环节抓住"我的生活没有指望了,连狗都不如"这一中心句,抓住自己印象最深的画面,通过想画面、写批注、感情朗读和反复回读的形式,体会凡卡的悲惨生活,激发学生善良的同情之心。

五、读写结合,练笔提升

1. 对凡卡来说,连狗都不如的生活,何止挨打、挨饿、挨困这样几个画面。读着他给爷爷写的信,我们的眼前仿佛再次出现了这样的悲惨画面——

(大屏幕出示,音乐响起)

凡卡在鞋铺里过着连狗都不如的生活,我还看到,有一次——

2. 学生练笔。

3. 全班交流。

4. 小结,引读"祈求"内容:是的,这不是人过的生活,甚至连狗都不如的生活! 可,凡卡是人啊,还只是一个9岁的孩子啊,他每天都是这样度过的! 所以,他对爷爷说:

"亲爱的爷爷,发发慈悲吧,带我离开这儿回家,回到我们村子里去吧! 我再也受不住了! ……我给您跪下了,我会永远为您祷告上帝。带我离开这儿吧,要不,我就要死了! ……"

【设计意图】学习语言文字运用,培养听说读写能力,落脚点就是运用。这样的读写有机结合的练习重在训练根据文本的语境练笔的能力,既得意又得言,且能保证人人参与语文实践。

【板书设计】

15. 凡卡

				挨打
	写信	连狗都不如		挨饿
				挨困
				受人欺侮
悲惨				……
				守夜
	回忆	乡下生活		插叙 对比
				砍圣诞树

《跑进家来的松鼠》教学设计

浙江省建德市寿昌第二小学 陈伟平

【教材分析】

《跑进家来的松鼠》是人教版六(上)第七组"人与动物"专题的一篇略读课文。学习本组课文,要继续练习用较快的速度阅读课文,注意体会课文表达的情感,并揣摩作者是如何把人与动物、动物与动物之间的感情写真实、写具体的。本文主要写了一只小松鼠跑进"我"家,在我家接二连三地做了一些让人哭笑不得的趣事。本文属于叙事类文章,言语风趣幽默,表达层次清晰,通过三件具体的事情表现出松鼠的可爱,表达了对松鼠的喜爱之情。"快乐的麻烦事"的写法,是本文语言表达的最大特点。

【教学目标】

1. 能继续练习用较快的速度阅读课文,能用"谁干什么"的四字短句给三件事情拟小标题,并能借助小标题概括课文主要内容。

2. 体会文章"快乐的麻烦事"的写法,感受对松鼠的喜爱之情及小松鼠给我们带来的快乐,懂得应尊重动物天性,和谐相处。

3. 能仿照课文,用课文的表现方法续写小松鼠跑进我家做的"坏事"。

【教学重难点】

重点:概括具体事例与主要内容,体会文章的写作方法,并能仿照运用,感受小松鼠给我们带来的快乐。

难点:体会文章的写作方法,并能仿照续写。

【课前准备】

1.布置课前预习,课文主要写了松鼠跑进我家,做了哪几件事情?

2.五(上)课文10《松鼠》材料准备。

【学习过程预设】

一、谈话引入,揭示课题

1.谈话激趣:同学们,都喜欢小动物吧。今天我们先来聊一聊"松鼠"这个小动物(板书:松鼠,学生介绍)。

2.引入新课:其实同学们有关松鼠的很多知识都来自五(上)的《松鼠》这篇课文。这是一篇说明文,从几个方面向我们介绍了松鼠这种小动物。今天我们学习的新课还是写松鼠的。(揭示课题,把课题板书完整)这是一篇动物小说(板书:动物小说)

【设计意图】以"松鼠"为话题,激发学生学习兴趣。通过回顾《松鼠》体会说明文写法,同时明确新学内容为"动物小说",文体不同,写法不同,为后面引导学生从不同文体视角审视两篇文章的内容与写法,做了很好的铺垫。文体意识渗透潜移默化。

二、检测预习,梳理文脉

1.预习检查:这篇课文写了松鼠跑进我家,做了几件事情?

2.拟小标题。

这篇文章主要写了小松鼠跑进我家做的三件事,可以这样说,小松鼠做的每一件事都是一个生动的画面,请同学们找到写这个画面的段落快速读一读,给这个画面拟一个小标题。

(1)明确要求:一、简洁明了;二、点明事件,按"谁干什么"结构拟标题。

(2)默读拟题。

3.汇报交流。

引导学生用"谁干什么"的结构,简洁拟小标题。

第一件事：松鼠贮存冬粮。

第二件事：松鼠晾晒蘑菇。

第三件事：松鼠铺垫暖窝。

【设计意图】关注学生学习的起点，在学生预习的基础之上，借助于拟小标题的方式梳理文章脉络，整体把握文章结构。

三、概括内容，感悟写法

1. 借助小标题概括课文主要内容。

> 22. 跑进家来的小松鼠（动物小说）
>   松鼠贮存冬粮
>   松鼠晾晒蘑菇
>   松鼠铺垫暖窝

这篇课文主要写了小松鼠跑进我家，做了三件事。这三件事，每一件都是一幅会动、会蹦、会跳、灵动的画面。

2. 概括课文写法：这篇课文通过了三件具体的事情，让我们看到了一只调皮可爱的松鼠。这样的写法，是动物小说常用的写法。

【设计意图】借助小标题简洁地概括了课文的主要内容，同时也体会到文章的写法，强化了学生的文体意识。

四、体验情感，感悟写法

（一）创设情境

同学们，一只小松鼠跑进我家，满屋乱跑，一会儿在橱柜上跳来跳去，一会儿在架子上跳来跳去，一会儿跳到大鹿角上蹲着，满屋留下的都是脚印。这只小松鼠经常把方糖、纸包糖、面包皮、小骨头叼到大衣柜顶上储藏起来。甚至有一次，它还把我们辛辛苦苦了一整天从森林里采来的蘑菇晾在鹿角上，挂在毛巾的架子上，油画上，整个屋子都晾满了蘑菇。更让人费解的是，它还把哥哥的手套和奶奶过节时才舍得戴的头巾叼到烟囱里垫窝，把烟囱堵塞，弄得我们生炉子的时候，满屋子都是烟……

(二)聚焦感受

同学们,睁开眼睛,此时,你觉得,这只小松鼠跑到我家,给我们一家人带来的是什么?(笑声,快乐,麻烦,痛苦……)

(三)整理感受

刚才同学们说了这只小松鼠跑进我家,给我们家带来的感受,我们进行分类,可以分为两类,快乐和麻烦。这只小松鼠跑进我家,到底带来的是乐还是烦呢?(板书:乐?烦?)

```
    22. 跑进家来的小松鼠
                              动物小说

        松鼠贮存冬粮

乐?     松鼠晾晒蘑菇      烦?

        松鼠铺垫暖窝
```

(四) 体会写法

1. PPT出示第一件事:松鼠贮存冬粮 前半部分内容:从"有一天……马上叼走藏起来"。

2. 体会写法。

读完后,你觉得这只小松鼠给我们带来的是什么?(麻烦)这部分直接写小松鼠做的"坏事",读了不禁会让我们产生"麻烦"的感觉。

我们再来读读这件事的后半部分内容,此时你觉得,这只小松鼠给我们带来的是什么呢? 明明是"麻烦的事情",为什么到后来反倒带来了"快乐"?

3. 小结写法:因为我们懂得,这些所谓的"坏事",真实再现了小松鼠的个性,是松鼠的天性,所以小松鼠即使做了很多"麻烦"的事,我们也没有责怪;相反,反而觉得有趣,快乐。我们把这样叙述事情的方法,暂且叫"麻烦的快乐事"。

【设计意图】利用"麻烦"与"快乐"的矛盾点激发学生学习的"疑惑",在"疑惑"

解开的刹那间,让学生懂得了文章的写法秘妙所在。

五、方法迁移,练笔习得

1.引入:同学们,这只小松鼠跑进我家,在我们家做的"乐事"仅仅是这几件吗? 是的,还有好多好多(因为表达的需要,作者选取了三件最具典型的事例来写而已)小松鼠在我们家待了这么长时间,做的"坏事""乐事"多了去了。

2.提供语境,练笔交流。

它整天满屋乱跑,在橱柜和架子上跳来跳去,动作灵活得惊人,从来没有碰掉过一样东西,有一次……

爸爸的书屋里,挂着一副从森林里捡来的大鹿角。松鼠常常跳到上面去蹲着,就像蹲在树枝上似的。有一次……

哥哥的书桌前,挂着一副小松鼠的画。小松鼠常常蹲在书桌上,仔细看着画上的小松鼠,有时候,还会对着她跳跃。有一次……

还有一次……

3.请按照课文"麻烦的快乐事"的写法,来补充小松鼠在我们家做的"乐事"。

4.学生动手练笔。

5.交流评议。

【设计意图】学习语言文字运用,培养听说读写能力,落脚点就是运用。让学生用习得的方法实现读写有机结合,重在训练习作表达能力,得意又得言。

六、推荐阅读,拓展延伸

知道这篇课文的作者是谁吗?(斯克列比茨基)了解这位伟大的作者吗? 老师和你们说说他的另一个名字,你们一定知道,高尔基。他是苏联无产阶级作家,社会主义现实主义文学的奠基人,无产阶级革命文学导师,苏联文学的创始人。列宁说他是"无产阶级文学最杰出代表"。他的作品有很多,老师向大家推荐他的两部作品——《童年》《母亲》。

【设计意图】课堂的结束并不是一篇课文学习的结束,恰恰相反,课文的学习正是作家系列作品或是同主题作品阅读的开启。课的尾声,将阅读视角引向高尔基的两部作品,为学生打开了广阔的阅读空间,这是利于学生更好地品悟作家的语言风格。

年段、文本、言语相融的语文课堂
——人教版二(下)《数星星的孩子》教学实录及评析

浙江省建德市新安江第二小学 朱月红

一、课题导入,初识张衡

(一)读准课题,认写生字

师:同学们,朱老师今天能认识大家,并能与同学们一起学习课文第29课很高兴。谁先来读课题?(教师板书:数星星的孩子)

生:数星星的孩子。

师:"数"是个多音字,这里念第三声,"星"是后鼻音,第二个"星"要读轻声,你读得很准确! 我们大家照他的读法一起读读课题。

(师:点击课件出示"数"的音节,"星"轻声标志)

生(齐读课题):《数星星的孩子》。

师:课题中的"数"是要认识并能写好的生字,请小朋友们拿出手,跟老师一起写:左上部分是一个"米",左下部分是一个"女",右边是一个反文旁。

生:拿出手跟着老师书写"数"字,然后在书上"田"字格中把"数"照样子写两遍。

(二)初识张衡,认写生字

师:数星星的孩子是谁呢?

生:张衡。

师:你是怎么知道的?

生:我是从课文的最后一个自然段中知道的。

(师:随即出示课文第5自然段,请小朋友们自由读一读,接着指名读第5自然段)

师："衡"是个生字,请同学们想一想用什么办法很快地记住它?

生:把"行"字左右分开,中间加一个"鱼",鱼下面的一横变成"大",大的一捺变成点。

师:你的方法很好,你能给"衡"字组个词吗?

生:平衡、均衡、衡量(其他同学补充)。

师:读了这段话,你知道了些什么?

生1:我知道了张衡是汉朝人。

生2:我知道了张衡是著名的天文学家。

生3:我知道了张衡长大后刻苦钻研天文,成了著名的天文学家。

师:除了课文中告诉你的,你还知道张衡的哪些情况?

生:我知道地动仪是张衡发明的。

师:你从哪儿知道的?

生:是我从课文后面"我知道"栏目中学到的。

(师:随即出示课文后面"我知道"的栏目,请小朋友们完整地说说从中还了解了哪些张衡的信息。)

师:小朋友真能干,从语文书中,我们知道了_____

生:张衡是汉朝人;张衡长大以后刻苦钻研天文,成了著名的天文学家;张衡发明了地动仪;张衡还是杰出的文学家。

评析:整体—部分—整体,是阅读教学必须遵循的基本规律,如何利用教材,选准资源点,使学生在短时间内对文本建立起整体概念是一种教学艺术。该环节设计抓住课题点明内容,第5自然段点明人物成就的特点,先从课题导入,然后过渡到第5自然段,又通过"我知道"的补充,整合后搞清楚了数星星的孩子是谁,以及张衡的作用与地位,给学生留下了张衡的整体概念。其次,识字写字是小学第一学段的语文教学重点,并且分"会认"与"会写"的不同要求。因此,"数"不仅会认还要会写,"衡"会认即可,教学中还做到随文识字、随文写字,既不脱离语境,又能做到及时强化。

二、初读课文,学习字词

(一)通读课文,读准生字词

师:张衡是怎么成为著名的天文学家的呢? 让我们一起来读读他小时候的故事。

（出示阅读小提示：1.自由大声地读课文，遇到不会读的生字借助拼音多拼读几遍。2.读完，给课文标上自然段序号。）

师：同学们都读完了课文，接下来我们先来交流交流课文共有几个自然段，检查检查生字词是不是都会读。

生：全文有5个自然段。

师（教师分类出示词语）：请一位学生读，并提醒大家该注意什么；开火车读带拼音的词语；读去掉拼音的词语；读（教师出示句子）句子"晚上，满天的星星像无数珍珠撒在碧玉盘里"。（其中"数""撒""玉""珍珠"为生字，"数"为多音字，要求读正确。）

（二）书写指导，反馈纠正

师：同学们，"珍珠"是我们要学会写的两个生字。小朋友，你们见过珍珠吗？

生：珍珠白白的，圆圆的，亮亮的，很漂亮……

师：是啊，珍珠很美，接下来我们来练习写"珍珠"两个字，要求把"珍珠"两个字写得像"珍珠"一样美好吗？请小朋友们先仔细观察"珍珠"两个字在"田"字格中的摆放位置，并说说书写时要注意什么。

生：两个字都是左右结构，左窄右宽，左高右低；王字旁的中间一笔写在横中线上，珍的三撇位置一定要摆好……

师：请小朋友看着老师写"珍珠"，并把每个字各书写两遍，然后在抄写本上把每个字抄写两遍。

生：学生在抄写本上把每个字各写两遍（教师巡视，随机指导）。

师：抽两位学生的抄写本投影评价，并纠正写法。

生：在听取教师评价后，继续在抄写本上把每个字再抄写两遍。

评析：读通读顺课文，检查生字词语读音是阅读教学最基础、最必要的环节。此环节设计有对所有词语的整体的多形式检查，有联系句子的生字认读检查，有"珍珠"一词的书写指导和练习，这样既保证生字词认读检查、掌握到位，又确保了重点词语书写任务的落实，这很符合第一学段阅读教学的要求。

三、细读课文,领悟文意

(一)句子对比,感受比喻写法

1. 找出句子,读好句子。

师:小朋友把珍珠这两个字写得越来越漂亮了,那"珍珠"这个词藏在课文中的哪句话中呢? 请小朋友在课文中用"_____"画出来,并认真地读一读。

生:找句子,画句子,读句子。

师:你们找到了吗? 请一位同学读给大家听一听!

2. 句子比较,体会写法。

生:读句子,读正确。

(出示句子:晚上,满天的星星像无数珍珠撒在碧玉盘里。)

师:老师这里也有一个描写星星的句子(出示句子:晚上,天空中有许多星星。)请读一读这两个句子,告诉大家他们想表达的相同意思是什么。

生:天上的星星多。

师:老师给小朋友的句子写星星多,用的是哪个词?

生:许多。

师:课文中的句子写星星多,用的又是什么词呢?

生:漫天、无数。

(教师趁机点拨:"数"是个多音字,在课题中读 shǔ,在"无数"这个词中读 shù。)

师:用上这两个词,你觉得怎样?

生:星星很多很多,数也数不清。

师:那你来读读这个句子,让人听了有很多很多的感觉。

生读句子,师表扬读得好的地方。

师:比较这两个句子,表达上还有什么不同的地方?

生:课文中的句子是个比喻句。

师:说得真好,你们连比喻句都知道了,你能把它补充完整吗?

(出示作业本上的填空作业,学生口头练习。)

师:作者用上了比喻句,把什么写得更美了? 星星写得——

生:把星星写得更美了!

师:还有呢? 把_____

生:还有把夜空写得更美了。

师:那么,句子中的"珍珠""碧玉盘"具体指什么?

生:星星、夜空。

师:学到这里,我们都知道课文中用上比喻的写法,不仅写出了星星的多,还写出了星星的美,夜空的美。这就是比喻句用法的好处。

3. 出示图片,体验读句。

师:小朋友们学得真不错,老师奖励大家看美丽的星空图的机会!

(师出示美丽的星空图,学生发出赞叹:真美呀!)

师:来对照星空图片,再来美美地读读句子!

(二)找出动词,感化语言

1. 圈动作,明晰写法。

师:小朋友读得真棒,珍珠般的星星撒在碧玉盘般的夜空中,真美! 在这美丽的星空下,张衡正在院子里数星星呢! 请小朋友圈出张衡数星星的一连串表示动作的词。

生:圈出表示张衡数星星动作的词,并读句子。

2. 填动作,学习写法。

(圈好动词后指名读;接着出示打乱的动词,请小朋友填入句子中相应的位置;然后去掉动词,请小朋友自己填入括号中表示动作的词。)

3. 做动作,感受品质。

师:让我们学着张衡的动作,一边读一边数星星吧! 一颗,两颗……接着数,接着数! 呀,你怎么不数了呀? 你怎么也不数了?

生1:手都数酸了。

生2:眼都看花了。

师:哦,那张衡手会酸吗? 眼会花吗?

生:会。

师:那张衡有没有向你们一样停下来?

生:没有。

师:你是怎么知道的?

生:我从"一直"这个词知道的。

师:那请你们来读读这个句子,并想想你觉得张衡是个怎样的孩子。

生1:张衡是个有耐心的孩子。

生2:张衡是个会坚持的孩子。

生3:张衡是个细心的孩子。

生4:张衡是个爱好天文的孩子……

师:是啊,张衡就是一个有耐心、会坚持、很细心、爱天文……的孩子。

评析:细读文本,领悟文意是阅读教学必要环节,第一学段的学生细读文本的重点主要在对重点句子感悟和语境的体悟。此环节设计,紧紧抓住课文写得最美的一个比喻句,展开对比喻句初步认识、写法、作用的教学,从中让学生感受到语言表达的魅力,接着又抓住"数星星"的重要情节,从中找出表示动作的词,并进行角色表演,然后谈对人物品质的感受,从而起到对主题认识的感悟。这样的设计符合第一学段学生的特点与目标要求。杜绝了按部就班的泛泛而谈,而是抓住两个点展开,起到了提纲挈领的引领作用。

四、落实句式,升华启发

(一)句式转换,学会表达

师:张衡数星星一直数到了几百颗,奶奶笑着说:"傻孩子,又在数星星了。那么多星星,一闪一闪地乱动,眼都看花了,你能数得清吗?"奶奶觉得张衡能数得清星星吗?

生:数不清。

师:对奶奶所说的话意思基本不变,请问小朋友能换一种说法吗?

出示:奶奶笑着说:"傻孩子,又在数星星了。那么多星星,一闪一闪地乱动,眼都看花了,你_____。"

师:奶奶说的话,请小朋友能用上感叹号说一说,好吗?

出示:奶奶笑着说:"傻孩子,又在数星星了。那么多星星,一闪一闪地乱动,眼都看花了,你_____!"

(二)迁移练习,主题升华

(出示:满天的星星,不就像无数的珍珠吗?

满天的星星,＿＿＿＿＿＿ 。

满天的星星,＿＿＿＿＿＿＿呀!)

师:小朋友真能干,能够照着刚才说法把句子换一种说法了。下面的句子是不是也能说?

(出示:张衡长大以后成为天文学家,

不就是从小善于观察、勤于思考吗?

张衡长大以后成为天文学家,

＿＿＿＿＿＿＿＿＿＿＿。

张衡长大以后成为天文学家,

＿＿＿＿＿＿＿＿＿＿＿呀!)

师:同学们,这节课大家都学得很认真很投入,不仅学到了知识,还学会了本领。老师相信我们班的所有小朋友,只要能像张衡一样从小善于观察、勤于思考,长大以后也能成为一名对国家、社会有杰出贡献的人!

评析: 读写结合,是语文阅读必须坚守的一项原则,第一学段"写作"要求定位在"写话",写话的方法和技能要在阅读中习得。此环节的设计,紧紧抓住课文中的反问句进行句式的变换练习,既复习已学过的陈述句、感叹句,又巩固了反问句的写法与运用,同时通过句式变换深化了主题的认识,起到了一举多得的效益。

【总评】

落实年段目标,加强语言文字运用,是语文教学改革追求,落实年段目标,加强语言文字运用是以文本为载体,以文本中的语文元素为教学资源。因此,阅读教学一定要以落实年段目标,加强语言文字运用为原则,以文本(文体)为资源三者融为一体。该课文是一篇情境描写与总结叙述为一体的叙事性课文,整个设计做到了从文本出发,落实年段目标,强化语言文字运用。如第一个环节,从文体出发,以课题和结尾段为点,使学生很快初识张衡。第二、三环节,从第一学段学生以识字写字、学句为重点的要求出发,做到字不离词,词不离句、句不离篇的原则,抓住重点、穿插进行,同时还起到了深化主题认识的作用。第四环节,抓住设问句这个学生首次遇到的句式进行变换练习,不仅随文学习设问句这个语文知识,同时还很好地贯彻了"读写结合"的语文教学要求。

紧扣题目，一咏三叹

——《农业的变化真大》第二课时教学设计

浙江省建德市新安江第二小学　朱月红

【教材分析】

《农业的变化真大》是义务教育课程标准实验教科书二（上）第8组教材的课文。本组教材就是以爱科学为专题编排的，编排的意图就是要在识字、读书的同时，吸引学生关注科学、爱科学，引发学生研究、探索的欲望，既动口又动手，走出教室、走出校园扩展自己的视野。《农业的变化真大》一文主要介绍了我国近年来在杂交水稻、大棚模型、无土栽培和彩色棉花等几方面发生的巨大变化，让学生了解农业科技知识，感受农业的变化，进一步增强热爱科学的情感。

本课采用连环画的编排形式，把图文紧密结合起来，充分利用图画指导学生识字、读书，并渗透观察、想象能力的培养。

【学情分析】

经过三个学期的学习，学生已经熟悉了很多字，已经初步具备了自主识字的本领，写字水平和阅读能力也有了提高。因此，在教学时要留意多让学生自主学习、探究发现。认字方面：引导学生制作字卡，在阅读中认读，合作学习，加强交流，使所学生字多次复现。写字方面：整体指导，发现规律，重视示范。现在的孩子逐渐远离农村和农业，对农业的了解微乎其微，对农业技术的认识就更微不足道了。

【教学目标】

1. 认识14个生字，会写8个生字，写好"绞丝旁"和两个"撇折"，积累"兴致勃勃"等四字词语。

2.借助插图、录像了解一些农业知识,学习课文,感受农业技术给农业带来的巨大变化。

3.培养学生搜集材料和积累语言的能力,通过交流学习,培养学生口语表达能力。

【教学重难点】

对一些农业知识的了解,让学生对农业产生兴趣,真切地感受到农业技术给农业带来的巨大变化。

【教学准备】

通过课件、查阅资料,了解有关农业常识、生字卡片。

【设计特点】

特点一:课题是文章的眼睛,本设计紧扣课题"农业的变化真大"导入课文的学习,抓住重点词句品读、提供课外知识链接,让孩子真切地感受到农业的变化之大,巧妙地把字词的教学、语言的积累、阅读的教学、课外知识的延伸及朗读感悟整合在一起。

特点二:本设计紧扣课题"农业的变化真大",在课文等2—5自然段的学习之后,让孩子情不自禁地发出感叹,对课题进行标点、感叹词的添加,改变成四句语气逐渐加强的感叹句:农业的变化真大! 农业的变化真大呀! 哇,农业的变化真大呀! 哇,农业的变化实在是太大了! 让孩子的情感随之不知不觉地加强,也让这4个感叹句成为本节课的一条清晰的线,串联着整堂课的教学。

【教学过程】

一、紧扣题目,导入新课

1.齐读课题,引导学生质疑课题:农业的变化在哪里呢? 为什么会有这么大的变化?

2.这节课我们要走进课文感受农业的变化之大。

【设计意图】激发学生的学习愿望和参与动机是引导学生主动学习的前提,因此,新课的导入在于激发学生的学习兴趣,就课题引发质疑,让学生带着新奇感与强烈的探究欲开启学习之旅,收到事半功倍的效果。

二、初读课文,整体感知

1. 请大家用自己喜欢的方式读全文,边读边思考:从哪看出农业的变化真大?
2. 全班交流。

【设计意图】这一环节主要是给予充分的时间让学生读通、读顺课文,围绕中心问题"从哪看出农业的变化真大"整体感知课文,为接下去的细读慢品打好基础。

三、细读慢品,感受变化

(一)重点聚焦品读:你从哪里看出农业的变化真大?

出示句子:我们用世界上百分之七的耕地,养活了全世界百分之二十二的人口,袁爷爷立了大功。

1. 抓住"百分之七"和"百分之二十二"这两个数字,理解中国耕地很少和中国人口很多。
2. 我们中国耕地很少,人口却很多,会出现什么现象呀?(很多人会饿肚子)
3. 那是谁帮助我们解决了这个问题的呢?(袁隆平爷爷)播放录像资料了解"杂交水稻"。
4. 交流感受。(袁隆平爷爷真了不起!农业的变化真大!)
5. 指导朗读,读出赞叹、自豪的语气,指导可以给题目加上感叹号。
我们不禁和作者一起发出赞叹:农业的变化真大!

【设计意图】第一学段要求"结合上下文和生活实际了解课文中词句的意思",教师引导学生抓住两个数字理解中国农业面临的问题,形象而可感。录像资料的适时介入,使得学生对遥远的科学家有了近距离的了解。

(二)你还从哪里看出农业的变化真大?

出示句子:这种大棚能准确控制温度、湿度和光照,在寒冷的冬季也能让百花盛开、瓜果飘香。

1. 抓住"百花盛开、瓜果飘香"提问:一般什么季节才能"百花盛开"? 什么季节才能"瓜果飘香"?(温暖的春天和凉爽的秋天)

2. 现在寒冷的冬季也能"百花盛开、瓜果飘香"？这是为什么呢？(是大棚帮的忙)

3. 出示大棚的图片,理解大棚能准确控制温度、湿度、光照。让温暖的春天在大棚里永驻。

4. 所以,

寒冷的冬天,我们可以看到美丽的鲜花;

寒冷的冬天,我们可以吃到甜甜的西瓜;

寒冷的冬天,我们可以(　　　　)。

　　……

5. 这时,我们不禁从心底里发出赞叹:<u>农业的变化真大呀!</u>

(三)课外链接,播放彩色棉花的介绍和无土栽培的技术。

1. 学生观看棉花吐絮、彩色棉花的介绍和无土栽培的技术的录像以及图片。

2. 看完录象再次读课文4、5自然段。

3. 说说这时自己的心情。

4. 这时,我们不由得发出赞叹:<u>哇,农业的变化真大呀!</u>

(四)再次链接,对比农民种地和农业现代化的情景。

1. 学生看录像,深刻感受过去和现在的农业技术翻天覆地的变化。

2. 看完录像,再次由衷地发出赞叹:<u>哇,农业的变化实在是太大了!</u>

(五)用四句逐渐加强的赞叹句串读课文,师生配合读,一咏三叹,真切地感受农业的变化之大。

师:<u>农业的变化真大!</u>(加在第2自然段之后)

<u>农业的变化真大呀!</u>(加在第3自然段之后)

<u>哇,农业的变化真大呀!</u>(加在第4自然段之后)

<u>哇,农业的变化实在是太大了!</u>(加在第5自然段之后)

【设计意图】紧扣课题"农业的变化真大",在学习课文2—5自然段之后,让孩子情不自禁地发出感叹,对课题进行标点、感叹词的添加,改变成四句语气逐渐加强的感叹句:农业的变化真大! 农业的变化真大呀! 哇,农业的变化真大呀! 哇,农业的变化实在是太大了! 让孩子的情感随之不知不觉地加强,也让这四个感叹

句成为本节课一条清晰的线，串联着整堂课的教学。

四、指导书写，展示交流

1. 利用媒体资源中的写一写部分，指导书写。

2. 范写"纺""织"，指导写好"绞丝旁"，写好两个"撇折"。

3. 学生描红，临写，教师巡视指导。

4. 展示，评议，学习别人的优点。

【设计说明】集体评议，可以增强学生写好字的自信心。

五、拓展延伸，鼓励想象

1. 小朋友们，通过本课的学习，你有哪些收获？除了课文中写到的，你还知道哪些？把你知道的说给大家听。指名学生回答。

2. 假如你是农业科学家，你将会怎样做？把你想象到的内容先画下来，然后说给大家听听。

【设计意图】鼓励学生大胆想象，可以发展学生的创新思维，培养学生热爱科学的思想感情。

【教学反思】

本课是以爱科学为专题编排的。在识字、读书的同时，吸引学生关注科学，爱科学，学科学，引发孩子们研究、探索的欲望，既动口又动手，走出教室，走出校门，扩展自己的视野。寒冷的冬季，百花盛开、瓜果飘香；彩色的棉花，纺出五彩线、织出五彩带；无土的水中，栽培出苗壮的植物；只占世界百分之七的耕地却养活了世界百分之二十二以上的人口……先进的科学技术，给农业带来如此大的变化，令人惊叹。本课和第17课《酸的和甜的》一样，采用连环画的编排形式。教学中把图文紧密结合起来，充分利用图画指导学生识字、读书，并渗透观察、想象能力的培养。课题是文章的眼睛，教学中紧扣课题"农业的变化真大"导入课文的学习，抓住重点词句品读、恰当链接课外知识，让孩子真切地感受到农业的变化之大，巧妙地把字词的教学、语言的积累、阅读的教学、课外知识的延伸及朗读感悟整合在一起。一点遗憾，我想：如果我们真正把学生带到大棚中去参观认识蔬菜和蔬菜的培植技术，或者去苗圃观看盆景花卉，学生更会全身心地投入学习中的。

《孔明智退司马懿》教学设计

浙江省建德市乾潭第二小学　马小燕

【文本解读】

《孔明智退司马懿》选自《三国演义》第九十五回,是人教版五(下)选读课文。此节选片段记叙诸葛亮第一次北伐魏国,被马谡丢失街亭后,魏国统帅司马懿亲率大军十五万,想趁机拿下蜀军屯粮重地西城县,两军兵力悬殊,诸葛亮情急之下使出空城计,吓退司马懿,得以全身而退。

故事结构简单清晰,人物形象丰满,文字均以古白话的方式出现,读来有滋有味。编者选编这个片段,目标指向明显,即与《草船借箭》《景阳冈》《猴王出世》等课文一起,引领学生步入"古典小说之旅"。

【学情分析】

学生已经接触过古典白话小说类课文,但之前接触的课文都在原文上有所改动,语言浅显易懂,而本文是从《三国演义》原文截取的两个段落,其语言表达方式与现代文不同,跟学生的语言习惯有一定的距离。另一方面,此类课文作为小说文体,其体裁新特点鲜明。为此,学生可在原有基础上得到更深切的感受,激发阅读古典白话小说的兴趣。

【教学目标】

1. 感受古白话文的情味,掌握阅读此类文体的基本方法。

2. 通过说书引入、诵读感悟、角色体验等手段走进文本,品味作者语言,感受人物形象。

3.初步感受《三国演义》的魅力,激发阅读古典名著的兴趣。

【教学重难点】

重点:品味作者语言,感受人物形象。

难点:古白话文语言的理解。

【教学预设】

课前活动:教师说书——失街亭。

【设计理念】采用说书的形式揭示故事背景,主要有三个目的:一是在认知上搭建桥梁,引导学生更快进入文本;二是渗透古典白话小说特征——章回体,全书分章回叙事,每一回都有"回目";三是激发学生的学习兴趣。

一、紧扣课题,初识人物

(一)走近人物:司马懿 诸葛亮

1.却说魏军统帅司马懿趁蜀汉街亭失守损失惨重,亲率十五万大军往蜀军屯粮之地西城县蜂拥而来。司马懿,是何许人也? 学生说后,出示司马懿"名片"。

2.司马懿大军直逼诸葛亮,(出示诸葛亮空白"名片")学生口头填空。教师说明:古人的称呼多种多样,可直呼其名——诸葛亮、司马懿,可称对方的字表示尊敬或友善——孔明、仲达,可称对方的官职——丞相、大都督……

(二)揭示课题

大军逼近,不知孔明将如何应对。出示课题:孔明智退司马懿,学生读题。

(三)识题释题

1.自古文章重题眼,《孔明智退司马懿》题眼着落何处? 为何智退,如何智退,退的结果如何,请以列小标题的方式梳理一下。

2.再读课题。

【设计意图】巧妙地导入能先声夺人,拨动学生心弦,激发学生兴趣。此板块先以"名片"形式引导学生初识人物,形成初步印象;再围绕课题,梳理情节,整体把握全文,同时渗透小说情节曲折的特点。

二、走进文本,体味人物

(一)品读"传令"

1.且说那司马懿大军压境,孔明却道"吾自有计",他有何妙计? 这史上著名的空城计是如何布局的? 请画出相关句子,用简洁的批注写下你的理解。

2.学生汇报交流空城计的布局。

3.孔明先传军令,精心布局,传的何令?

(1)学生自由读句子。

(2)课件出示:孔明传令,教"将旌旗尽皆隐匿;诸军各守城铺,如有妄行出入及高言大语者,斩之。大开四门,每一门用二十军士,扮作百姓,洒扫街道。如魏兵到时,不可擅动,吾自有计"。

(3)军令如山,孔明该如何传?(指名朗读)

(4)一令:……二令:……三令:……四令:……条条军令,清清楚楚。(分别指名读)

(5)书读百遍,其义自见。孔明如此下令,究竟有何意图?(学生谈理解)把你的理解放回句子,再传军令。

(6)这正是"一种人,便还他一种语言,更还他一种品味!"。

(二)品读"操琴"

军令下达至此,城内布局已定。且说那司马懿马不停蹄,兵临城下,孔明该亲自上场了。

1.自由读句子。

2.课件出示:孔明乃披鹤氅,戴纶巾,引二小童携琴一张,于城上敌楼前,凭栏而坐,焚香操琴。

3.以多种形式读通、读顺。

丞相您为何作此打扮啊? 把你的理解送回句子。

西城众文官,你等已吓得尽皆失色,且看那丞相如何?(指名读)

西城之军士,虽兵临城下,还请休要惊慌,且仰望城楼。(指名读)

西城众百姓,你等仰望城楼。(指名读)

4.司马大都督,您自飞马远观孔明:(课件出示:果见孔明坐于城楼之上,笑容可掬,焚香操琴。左有一童子,手捧宝剑;右有一童子,手执麈尾。)

(1)孔明笑容可掬,焚香操琴,琴声隐隐传来。(播放《卧龙吟》)

(2)看到这般情形,司马懿你会怎样想?

(3)好个"虚而实之,实而虚之",司马懿真是沉吟良久、反复斟酌啊!把你的理解放回句子。(配乐朗读)

(4)司马懿是一望再望。(指名读)

(5)司马懿一面观望,一面揣度。(指名读)

(三)品味"烘托"

1.孔明的空城计离不开他的对手司马懿。如若魏军主帅换作他人,局势会如何发展?

2.司马懿是如何一步步"成全"空城计的?请画画句子、写写批注。

3.学生汇报,课件逐句出示。

4.司马懿起初如何?(指名读)

正见孔明凭栏而坐,焚香操琴。(指名读)

莫非诸葛亮无军,故作此态?父亲何故便退兵?(指名读)

(1)司马将军,您起初不信,之后何故大疑?(指名读)

(2)孔明已失街亭,唯剩空城一座,您何故退兵?(指名读)

(3)阅读至此,你看到一个怎样的司马懿?(指名读)

5.仲达啊仲达,你可知晓,正是你之谨慎多疑才上了孔明的当哪。(课件出示退兵之后孔明的话:亮曰:"此人料吾平生谨慎,必不弄险,见此规模,疑有伏兵,故退去也。")看来司马懿乃"成全"空城计之关键"帮手"也!

6.阅读至此,你有何发现?

7.品味手法。

(1)你真是慧眼识妙笔啊!你知道它是什么手法吗?(了解"烘托")

(2)本文为表现主人公孔明的智慧,采用"烘托"之法的可不止一处。

(3)学生汇报、朗读。

(4)小结：本文还有更多表现手法等你发现，课后可再次细细阅读品味。原来，读三国不仅是读故事，更要在读中品味手法。

【设计意图】第三学段阅读能力的构成要素是理解感悟、朗读、默读、略读和评价欣赏能力，是对第一、第二学段形成的阅读能力进行系统归纳、总结、运用与提升的过程。此板块围绕孔明的"吾自有计"展开教学，引导学生充分朗读感受，适时批注，并以角色体验、情境再现等手段引领学生走进文本，品读语言，感悟手法，体味人物。

三、延伸课外，拓展人物

1. 可怜聪明一世的司马仲达此番竟落入孔明圈套，成就了他的空城计。当司马懿后来得知事情真相时，会有如何反应？请学着作者的表达方式试着写一写。

2. 我们看作者罗贯中是如何描写的？（课件出示：懿悔之不及，仰天长叹曰："吾不如孔明也！"）寥寥数字，表现出仲达后悔莫及，对孔明是又恨又敬哪！

3. 滚滚长江东逝水，浪花淘尽英雄。今天我们走入《孔明智退司马懿》这一小小章回，孔明仲达棋逢对手，空城之计，孔明是技高一筹，但日后又将怎样？欲知后事如何，且读《三国演义》，坐看风云变幻，领略英雄人生。

【设计意图】古典白话小说类课文独特的文学性使其具有很大的拓展空间，教师要利用好这类文本的特点，创造性地设计拓展内容，让学生在具体的语言实践活动中提升语言表达能力。此板块先让学生尝试运用作者的表达方式续写内容，在练笔中加深感悟，提升语言能力。再出示原文对司马懿得知真相后懊悔之情的描写，引导学生进一步深化对人物形象的感悟，也再一次感受烘托手法对刻画人物形象的作用。课堂最后以《三国演义》开篇词结课，从课内走向课外，将学生的视线引向全书，引向更广泛的阅读。

【板书设计】

孔明智退司马懿

计

烘托

智 ← 疑

《蒙娜丽莎之约》课堂实录

浙江省建德市乾潭第二小学　马小燕

【文本解读】

《蒙娜丽莎之约》是人教版六(上)第八组的一篇略读课文。本组教材的主题是"感受艺术的魅力"。《蒙娜丽莎之约》这篇文章用生动的语言、丰富的想象,惟妙惟肖地展现了达·芬奇精湛的画技和天才的想象力。作者先描述了大家在纽约大都会博物馆前排队等候欣赏《蒙娜丽莎》的心情和此画来纽约展出的曲折经历;接着用细腻的笔触、传神的语言介绍了《蒙娜丽莎》画像,特别详细地描写了蒙娜丽莎的面部表情和神秘的微笑,以及她优雅的坐姿、交叠的双手和幽深的背景;最后用精炼而饱含激情的语言赞叹蒙娜丽莎给人们带来的心灵的震撼。整篇文章文笔洗练,文字浅显流畅,刻画精妙,是介绍艺术品的传神之作。

【教学目标】

1. 读记"探访、交涉、风采、赴约、淡雅、捉摸、衬托、幻觉、深远、有朝一日、大洋彼岸"等词语,能有感情地朗读课文。

2. 学会用作批注和制作读书卡的方法处理信息。

3. 图文对照,通过阅读、感悟、想象,感受世界名画的魅力,受到美的熏陶,培养热爱艺术的情操。

【教学重难点】

重点:通过阅读、感悟、想象,感受世界名画的魅力。

难点:用作批注和制作读书卡的方法处理信息。

【教学过程】

一、激发兴趣,导入揭题

师:有一幅肖像画,被珍藏于世界最大的博物馆,数百年来,引得无数人为之倾倒。那就是意大利著名画家达·芬奇的代表作(板书"蒙娜丽莎")。让我们共赴蒙娜丽莎这美丽的约会吧(板书"之约")。

生齐读课题。

【设计意图】从《蒙娜丽莎》在艺术界的地位导入,激发学生的学习兴趣;画名与"之约"依次出现,既避免学生将课题与画名混淆,又适时理解"之"的意思。

二、检查预习,初识魅力

师:同学们已经预习了课文,相信这些词语一定难不倒大家。(课件出示词语)

生1:探访 交涉 风采 赴约

生2:淡雅 捉摸 衬托 幻觉

生3:深远 有朝一日 大洋彼岸

师:请选择一行词语联系文章内容说说话。

生1:经过美法两国多次交涉,我们才得以探访蒙娜丽莎,领略她动人的风采,所以前来赴约的人真是数不胜数。

师:多不容易呀!

生2:蒙娜丽莎的微笑恬静淡雅、耐人寻味、难以捉摸,令人产生一种幻觉般的神秘感。

师:你预习得真透彻!

【设计意图】这些词语是教材中要求读记的。让学生运用词语联系课文内容说话,既加深了对词语的理解,又促进了对课文的了解,可谓一举两得。

师:大家预习时还利用读书卡了解了文章内容,我们一起来看看。

(投影交流读书卡部分内容:画名、画家、国家、年代、收藏地、大小、主色调、价值)

课件出示资料链接:

(1)卢浮宫,是世界上最古老、最大、最著名的博物馆之一,位于法国巴黎市中心,藏品中有被誉为"世界三宝"的《维纳斯》雕像、《蒙娜丽莎》油画和《胜利女神》石雕。

（2）达·芬奇（1452—1519），是意大利文艺复兴时期的一位画家，也是整个欧洲文艺复兴时期最杰出的代表人物之一。他是一位学识渊博、多才多艺的艺术大师、科学巨匠、文艺理论家、大哲学家、诗人、音乐家、工程师和发明家。《蒙娜丽莎》和《最后的晚餐》这两件誉满全球的作品，使达·芬奇的名字永垂青史。

师：通过读书卡，《蒙娜丽莎》的魅力已经可见一斑。谁能说说？

生1：这幅画完成于1505年，到现在已经有500多年了，还吸引着众多参观者，说明她富有魅力。

师：你真能把握关键信息。

生2：这幅画珍藏于卢浮宫，被称为世界三宝之一，真了不起！

师：无价之宝啊！

生3：这幅画尺寸并不大，跟一张书桌差不多，而且色调并不鲜艳，却成为流传千古的名画，可见画像本身一定有过人之处。

师：是啊，《蒙娜丽莎》被珍藏在世界艺术殿堂卢浮宫，几百年来让人们百看不厌。她的魅力究竟何在呢？让我们细读课文，寻找答案。

【设计意图】引导学生运用读书卡提取重要信息，初步感知《蒙娜丽莎》的价值和魅力，为进一步学习做好铺垫。

三、自读重点，感知魅力

师：文中具体描写画像的是哪几个自然段？

生：第5、6、7自然段。

师：让我们细读这几个自然段，边读边作批注，感受蒙娜丽莎的魅力所在。

【设计意图】略读课文的教学要善于取舍。如果面面俱到，就只能是走马观花，蜻蜓点水。而精挑细选、有所侧重，便能以一代十，点石成金。求精的部分必是文章的重点内容。本环节重点引导学生阅读作者具体描写画像的部分，即文章第5、6、7自然段。

（出示第5自然段，师圈出"奇异""真人""走近""面对面"，旁写"逼真"）

师：如果是你作批注，还会圈哪些词语说明画得逼真？

生1："轻松""垂落""柔和""明亮"也说明画得逼真。

师(圈词语):你真会读书,找的词很准。

生2:"不像是涂抹""真的血肉""真的在流动"也让我感觉画得逼真。

师(圈词语):简直是栩栩如生哪!

师:请大家用这样的方法阅读第5、6、7自然段,看看这幅画还有哪些魅力。

(学生边读边作批注)

【设计意图】学生虽然不是第一次接触批注,但小学语文中描写画像的课文不多,还是需要指导自学方法。教师先示范批注,指导学生捕捉重要信息,感知画像魅力。然后让学生自学课文,符合认知发展的规律。

师:一起来交流我们发现的魅力。

(投影生1批注)

生1:我从"真人""走近""轻松""垂落""柔和""明亮""不像是涂抹""真的血肉""真的在流动"等词语感到画像栩栩如生。

师:你找到了比"逼真"更形象的词语来概括特点,老师奖励你到黑板上写下这个词。

(投影生2批注)

生2:我从"好像有话""恬静""淡雅""舒畅温柔""略含哀伤""亲切""矜持""耐人寻味""难以捉摸"等词语感受到了蒙娜丽莎充满神秘感。

师:你能透过文句抓住要点,也奖励你把概括的魅力写上黑板。

(投影生3批注)

生3:我从"大方""端庄""沐浴在阳光里""明亮""生命的活力""空旷""深远"等词语读出了蒙娜丽莎十分美丽动人。

师:你对文字的感觉很敏锐。把你的感受写上黑板吧!

师:同学们,在你的读书卡上记录下蒙娜丽莎独特的魅力吧!

(课件出示范例:逼真:像真人走近 脸颊泛着红光 黑发轻松垂落 眼神柔和明亮 嘴唇像真的血肉 怀疑血液在流动)

(学生完善读书卡)

师:通过读书卡的记录,我们对蒙娜丽莎的魅力有了较全面的了解。

【设计意图】运用读书卡整理信息,需要对语言进行提取和整理,这是语言训练的过程,是实现阅读能力提升的有效途径。

四、图文对照，感悟魅力

师：对于这幅世界名画的种种魅力，你最佩服的是哪一点？为什么？

生：我最佩服的是达·芬奇把蒙娜丽莎的微笑画得很神秘。这一个简单的微笑里竟然含有丰富的情感。

师：这微笑里含有哪些情感？

生：舒畅温柔、略含哀伤、亲切、矜持。

师：你从画面上看到蒙娜丽莎内心的这些情感了吗？

生：没有。

师：那作者是怎么写出来的？

生：作者是观看画像产生了想象。

师：我们也来跟着达·芬奇的画笔张开想象的翅膀吧！

（学生练习：那微笑，有时_____，有时_____，有时_____，有时_____。）

生1：那微笑，有时欢乐，有时幽怨，有时大方，有时害羞。

师：经过你的想象，平面的画灵动起来了。

生2：那微笑，有时让人觉得温柔慈爱，有时让人觉得微微哀怨，有时让人觉得是讥讽嘲笑，有时又让人觉得是喜上心头。

师：好美的想象，让我更欣赏这神秘的微笑了！谁能通过朗读再现那"神秘的微笑"？

（指名读具体描写微笑的句子）

【设计意图】在体会画像魅力的同时，要引导学生注意感受作者语言文字的魅力。教师在此环节重点指导学生跟随作者的描写与想象，观察蒙娜丽莎淡雅神秘的微笑，学习作者介绍画像的表达方法，通过仿说和有感情的朗读，积累语言、内化语言。

师：你还佩服《蒙娜丽莎》的哪点魅力？

生：我佩服达·芬奇把蒙娜丽莎画得栩栩如生。

师：请读一读。

（生1读）

师:我有点感觉了。谁能读得更"逼真"些?

(生2读)

师:蒙娜丽莎走近我们了。

(生3读)

师:我仿佛看见蒙娜丽莎就站在面前,绽放着她神秘的微笑。

师:你还佩服《蒙娜丽莎》画像的什么魅力?四人小组说一说,读一读。

(学生小组读议)

【设计意图】文中有许多描写反映了《蒙娜丽莎》画像的魅力,课堂时间有限,无法进行全员交流,此环节给学生更大的交流空间,鼓励上课没有机会交流的同学充分发言。学生运用刚才全班交流的方法,在合作交流中取长补短,共同提高,取得更高的效率。

五、小结完善,拓展延伸

师:今天我们是怎么阅读《蒙娜丽莎之约》这篇文章的?

生1:用读书卡摘录重要信息。

生2:边读边做批注,感悟《蒙娜丽莎》的魅力。

生3:我们还在朗读中加深对课文的感悟。

师:是呀,不动笔墨不读书,同学们以后学习课文或看课外书时,也可以圈圈画画,写写批注,或制作读书卡。当然如果是借来的书可不能随便圈写哦,可以把信息记录在读书卡或读书笔记上。

【设计意图】授人以鱼,不如授人以渔,阅读能力的养成并不是一蹴而就的,关键是教给学生方法,让他们学会自己走路。课内的学习是为了掌握良好的学习方法用于课外。学生得"渔",便可以较好地阅读,从而得到事半功倍的效果。指导学生学会使用良好的读书方法,养成良好的读书习惯,能让他们在课外广阔的语文世界自由翱翔。

(出示《最后的晚餐》)

师:这是达·芬奇另一幅代表作,是世界上最著名的宗教画。关于这幅画还有一个非常有趣的故事呢,请同学们课后去查找有关的资料。

【设计意图】紧扣本单元"感受艺术的魅力"这一训练重点,引导学生感受绘画艺术的魅力,接受艺术的熏陶。

《七律·长征》教学设计

浙江省建德市梅城中心小学　张　琪

【教学目标】

1. 正确理解下列词语：逶迤、磅礴、岷山、只等闲、腾细浪、走泥丸、云崖暖、铁索寒等词语。

2. 有感情地朗读全诗，感受诗的节奏和韵律，背诵课文。

3. 理解诗意，充分感受红军战士革命英雄主义的大无畏精神和乐观主义精神，在情感上受到感染和熏陶。

【过程预设】

课前谈话：

我们的祖国，是诗的国度。上下五千年，祖先留下了无数灿烂的诗篇，怎么样，我们来背几首？(学生自由背诗)在学生背诗的同时，指导学生分清律诗(五律、七律)、绝句(五绝、七绝)。

【设计意图】语言积累是语文学习的重要内容。在不断的回顾中，将积累化为学生内在的语言因素，提高学生的语言运用能力。分清绝句和律诗，为课文学习打好基础。

一、课堂导入

今天，我们就来学习一首七律诗《七律·长征》，请大家齐读课题。

1. 生介绍长征：请同学们把你知道的长征中的故事简单向我们大家介绍一下。

2. 师结合幻灯片简介长征：

1931年开始,国民党反动派调遣军队对中央革命根据地进行大规模的围剿。英勇的红军顽强地粉碎了敌人的前四次围剿。但在第五次反围剿斗争中,由于当时的领导人王明采取了错误的政策,红军失败,陷入危险的境地。为了粉碎国民党反动派的企图,保存自己的实力,红军于1934年10月从江西瑞金出发,向西进行战略大转移。在毛主席的领导下,红军突破乌江,四渡赤水,越过险峻的乌蒙山,巧渡金沙江,强渡大渡河,飞夺泸定桥,爬雪山,过草地,击溃了敌人几十万重兵的围追堵截。1935年10月,红军主力终于胜利到达陕北。长征历时一年,转战十一个省,行程约二万五千里,这就是举世闻名的二万五千里长征。(过渡:今天我们就要学习这首记录红军长征故事的诗,大家想学吗? 那我们就来学一学!)

【设计意图】借助幻灯片,将学生陌生的古诗背景形象呈现,降低学生的理解难度,激发学生的阅读兴趣,也给课文定下一个情感基调。

二、初读感知:读通

1.请同学们自己认真地把诗读两遍,把诗读通顺,难读的生字就多读几遍。意思不理解的地方可以借助工具书,可以和同学讨论,也可以请教老师。下面就开始吧!(学生自由读诗)

2.谈谈你读完后感受到了什么?(艰难、乐观)请你带着这份感受再读一遍。个人读,全班读。

【设计意图】扫清读的障碍是理解全诗的第一步。此环节重在引导学生在字不离词、词不离句、句不离诗的学习中解决生字读音,为理解全诗打下良好基础。

三、质疑悟文:读懂

1.读懂了吗? 你还有什么疑问?

2.学生质疑……

过渡:接下来,就让我们带着这些问题,走进这首诗吧!

【设计意图】语文教学应激发学生的学习兴趣,培养学生自主学习的意识和习惯。本环节专门让学生提问,意在使学习从被动变为主动,也便于教师把握学情,以学定教。

四、精读悟情:读深

(一)这首诗是围绕诗中的哪句话来写的?(红军不怕远征难,万水千山只等闲)

1. 同学们,红军在长征的过程中经历了无数的艰难险阻,但这些困难都被红军一一克服了,那是因为在红军心里,有一种坚定的信念在支撑着他们。诗中有两句话告诉了我们红军的这种信念,同学们找一找,看看是哪两句?

2. 你感受到了什么,带着感受读一读。

(二)逐句理解、感受中心句

1. 五岭逶迤腾细浪,乌蒙磅礴走泥丸。

(1)对比体悟南岭乌蒙磅礴艰险。

展示南岭山脉和乌蒙山的图片(幻灯片2),理解"逶迤"和"磅礴"。(乌蒙山长250千米。海拔约2000米,最高峰4000米,高出附近高原面500~1000米;而乌龙山东西绵亘五六十里,海拔800米以上山峰,相连约7里。主峰旗架峰海拔909米,强调翻越南岭山脉和爬过乌蒙山的艰难:山高路陡→负重行军→敌人堵截。

可是种种困难在英勇、顽强的红军眼中却算不得什么,这逶迤的五岭、磅礴的乌蒙山却像什么? 红军翻过五岭、乌蒙,就像淌过几道细小的波浪,就像跨过一颗滚动的泥丸。同学们,从这些地方,你感受到了什么?(突出红军的大无畏精神、豪迈气概)

(2)你怎么样来读这两句话? 学生朗读诗。

【设计意图】通过将五岭、乌蒙山和本地的乌龙山做直观对比,感受其险,体会红军乐观豪迈、勇往直前的大无畏精神。

2. 金沙水拍云崖暖,大渡桥横铁索寒。

质疑:为什么说"金沙水暖,大渡桥寒"呢?

金沙水拍云崖暖:

(1)课件出示金沙江的图片。

课外知识补充:这就是险峻的金沙江,当时重兵把守的敌人疯狂地说,别说是人,就是一只鸟想飞过去都是妄想,你们知道红军是怎样渡金沙江的吗?(师介绍故事:金沙江两岸高山峭壁,水流湍急,惊涛骇浪,敌人戒备森严。1935年5月,足智多谋的红军,一面假装攻打昆明,迷惑敌军,吸引他们的主力部队;而另一面我军主力队悄悄到皎车渡袭击,缴获渡船,活捉敌兵,不费一枪一弹夺取了敌军阵地,等敌人发觉赶来时,我军已安然离开,敌人只能望江兴叹,我军个个欢欣鼓舞)

师:现在,你知道"暖"字表达的感情吗?(学生各抒己见)

(2)知道这些,你会怎么读?(学生读)

(3)我觉得你读得很轻快,你为什么这样读?

(4)一起来读一读,看看聪明的你是不是真的高兴?

大渡桥横铁索寒:

(1)视频欣赏:飞夺泸定桥。

(2)师:为什么用"寒"字来描写铁索桥呢?由"寒"字你联想到了什么?

预设:想到那铁索寒光闪闪,阴森森的;当时战斗非常激烈,红军冒着敌人的枪林弹雨前进,视死如归;想到红军战士攀着十三根铁链、面对敌人的狂轰乱炸艰难前进,下面水流湍急的大渡河,那是一场惊心动魄的行动。

(3)师:你认为该怎样读这句诗?学生练习朗读,指名读。

这么艰难的事,红军战士还是平常对待,一"暖"一"寒",一"喜"一"悲",这正是——红军不怕远征难,万水千山只等闲。

师:长征途中红军和敌人斗智斗勇,有巧取也有恶战。金沙江是智取,大渡河是恶战,二者互相对比,既表达了红军渡过金沙江后的喜悦,又表现了夺取泸定桥的惊心动魄,足见红军的神勇无比。

【设计意图】抓住一"暖"一"寒",通过解读意象,结合两场经典战斗场面,结合拓展阅读,进行深入理解和感悟,体会红军的智与勇,体会伟大的红军精神。在理解的基础上,渗透抓住关键词理解诗句内容,体会文章表达思想感情的方法。

3. 更喜岷山千里雪,三军过后尽开颜。

(1)指名读诗句,说说自己感受到了什么样的气氛。(估计学生会说高兴、喜悦等)

(2)雪山容易过吗?有没有什么困难?

(3)既然这么难以通过,那"更喜"喜什么?为什么"尽开颜"?

(4)让我来读一读吧!

4. 全文小结。

小结:同学们,红军在长征过程中,历经了无数的困难。这些困难像雪球一样砸来,像洪水一样涌来,像暴风一样袭来,但红军战士却把它们看作是很平常的事,以平常心来对待。正是因为有这种大无畏的精神,乐观主义的态度,红军坚持到了最后,星星之火得以燎原,解放了全中国。

5. 悟读升情。

同学们也带着这种豪迈回到《长征》这首诗中读一读吧!

仅仅五十六个字就写出了红军不怕艰难险阻,豪迈乐观的精神。这样的好诗,你们愿意记下来吗? 可以边读边想象,可以看板书,自由背背吧!

五、课外延伸:介绍记叙红军长征故事的几本书(略)

【设计意图】学生在自主学习过程中,运用"抓重点词、借助资料、感情朗读、新旧联系"等方法,解决难以理解的内容,领悟了抓典型、进行对比等写法,感悟了长征精神,受到了情感熏陶。

《乡下人家》教学设计

浙江省建德市梅城中心小学　张　琪

【教材解读】

一读课题,眼前就会不由自主地呈现出一幅幅自然质朴、亲切祥和的农家画面。本文正如一幅田园风光的写意画卷:那房前顺着棚架爬上屋檐的碧绿的藤蔓,门前空地上依着时令开放的美丽的鲜花,屋后伴着春雨从土里探出头来的嫩笋,那觅食鸡群,那嬉水的小鸭,那乡下人家在门前的树荫下边吃晚饭,边闲话家常,其乐融融,夜里伴着纺织娘美妙的歌声甜蜜进入梦乡……这一个个自然、和谐的场景,使人如临其境,如闻其声,如见其人;仿佛嗅到了浓郁的泥土芬芳,听到了熟悉的蛙叫虫鸣,感受到瓜棚月下的情趣,仿佛在与乡下人家促膝谈心,一起享受乡下人家生活的乐趣。文章按照房前屋后的空间顺序和春夏秋三季、白天傍晚夜间的时间顺序交叉描写,展现了乡下人家自然和谐、充满诗意的乡村生活,也赞扬了乡下人家热爱生活、善于用自己勤劳的双手装点自己的家园、装点自己生活的美好品质。

作者还通过对动植物拟人化的描写来表达自己的感情,如"几场春雨过后,到那里走走,常常会看见许多鲜嫩的笋,成群地从土里探出头来""耸着尾巴的雄鸡,在场地上大踏步地走来走去""纺织娘在月明人静的夜里,便唱起歌来",都体现了作者喜爱乡村生活的感情。

选编这篇课文的目的,一是引导学生体会乡村生活的自然亲切、优美恬静,感受作者对乡村生活的向往,对生活的热爱之情;二是在阅读中体会作者善于抓住乡村生活中最平凡的事物、最普通的场面,描写乡村生活的特点。

【教学目标】

1. 认识"檐、饰、冠"等5个生字,会写"棚、饰、冠、菊"等14个生字,正确读写"装饰、和谐"等词语,并掌握多音字"冠、率"。

2. 正确、流利、有感情地朗读课文,学习借助小标题概括课文主要内容的方法。

3. 借助想象读的方法,读文章想画面,品味优美语言积累精彩句段,感受乡村生活美好。

【教学重难点】

重点:能随文章的叙述在头脑中浮现出一幅幅生动的画面,从而感受到乡村生活的美好。

难点:体会从平凡的事物、普通的场面展现出来的乡村生活的美;了解课文在空间、时间上交叉叙述的顺序。

【教学过程】

一、学习单元导语,明确学习主题

1. 自学单元导语,画出重要的内容。

2. 讨论归纳,明确学习主题。

内容:走进乡下人家,感受田园诗情。

语言:体味优美语言,积累精彩句段。

方式:开展一次综合性学习。

【设计意图】教师在教学中一定要有整体意识。在一个单元的学习活动中,先帮助学生明确单元学习要求和重点,以形成单元整体的阅读习惯,学生阅读水平的提高,就要从这样的细微处慢慢积累。

二、复习古诗,激趣导入

1. 组织学生背诵关于农村生活的古诗,如《乡村四月》《四时田园杂兴》等。

2. 导入:古人眼中,农村生活是那么美好,那么就让我们来看看,现代农村又是怎样的一番风情呢?

【设计意图】语言积累是语文学习的重要途径,教师通过营造适当的情境,帮助学生温习古诗,不断丰富语言积累,并逐步内化成自己的语言体系。

三、初读课文,整体感知

1. 检查生字预习。

2. 重点学习:"檐、搬、巢"等难写字,"冠、率"等多音字。

【设计意图】字词教学是语文学习的重要方面,四年级字词的教学应以学生自学为主,侧重于组织学生如何用方法学。

3. 自学课文,思考:在乡下人家的什么地方看到了什么?

(1)以第一段为例,通过"什么地方+看到什么"的方法集体概括第一段小标题:"屋前瓜架图"。

(2)学生自己概括余下课文小标题:门前鲜花图、雨后春笋图、院里鸡觅食、河中鸭嬉戏、院内晚餐图、夜静催眠图。

【设计意图】概括课文主要内容是第二学段的主要教学任务,教师要根据不同的文体,相机渗透不同的概括方法组织学生进行训练。本文画面感强,语言清新质朴,比较适合进行小标题的概括训练。

四、聚焦重点,品味语言

当我们的脚步来到乡下人家屋前屋后的时候,我们看到了哪些画面?

1. 这几幅画面里,你最欣赏哪一幅? 读一读,边读还可以把你喜爱的原因写下来。

2. 小组学习交流:学生在小组内用多种方式交流喜欢的画面,可以通过朗读、描述画面、分析语言等形式展示。

3. 探究语言。

作者用生动的笔触为我们描绘了一个个生动的画面,想想作者是怎么样把它写生动、写具体的?(品味拟人手法的运用)例:雨后春笋图。

(1)出示相关句子:"几场春雨过后……"

(2)你觉得春笋怎么样?(可爱、调皮)从哪个词感受到的?(探)为什么不是钻出来的?(比较探和钻的异同)

(3)小笋芽迫不及待地想钻出来干什么啊?(自由说)带着这样的感受读一读。

(4)作者是如何生动形象地写出春笋这种生机勃勃、活灵活现的景象的?

【设计意图】在学习的过程中,要始终从学生的阅读感受出发,从"我为什么喜欢它?"到"课文是怎么写的?"到"这样写有什么好处?"品读语言,体会语言,内化语言,将课堂变成学生语言的学习场、技能的提升场。

五、写话拓展,迁移运用

1. 乡下人家是美的,我们的家乡更美!那山、那水;那漫山遍野的映山红、那院内的一树梨花;门前嬉戏的小猫,树下玩耍的小狗。同学们爱我们的家乡吗? 觉得我们的家乡美吗? 美在什么地方呢? 试着像课文一样,用拟人的手法,来写一写我们家乡的一个画面。

2. 乡下人家,走到哪里都是一幅画,走到哪里都是一道风景。下节课,老师将和大家继续去领略它独特迷人的风景。

【设计意图】借助文中情境,在习得文中语言的基础上合理迁移,让学生用拟人的手法写写自己的家乡,在提升学生语言表达技能的同时,培养学生对家乡的热爱之情。

解读爱的密码

——人教版五(上)第六单元群文阅读教学设计

浙江省建德市明珠小学   潘 君

【教学目标】

1. 通过比较、品读等方法,多角度帮助学生去感受、体验"父母之爱",丰富学生对父母之爱的理解。

2. 抓住人物的语言去体会父母的爱,比较不同人物的不同语言背后蕴藏着的爱,掌握抓住人物语言来表达情感的写作方法。

【教学流程】

一、顺承学习,比较父爱的不同

导语:上节课在滕老师的带领下,我们用品读人物语言的方法感受到了阿曼达的父亲坚定执着的爱。这节课,我们要继续用品读人物语言的方法去感受父母的爱。请同学们快速阅读第19课《"精彩极了"和"糟糕透了"》,用最简洁的话来说说课文讲述了一件什么事。

(一)画找语言,体悟巴迪父亲的爱

导语:面对小巴迪第一次写的诗,父亲和母亲给出了截然不同的态度。请同学画找父亲的语言,说说你从中读出了什么。

学生交流,出示:

"这是什么?"他伸手拿起了我的诗。

"对不起,我自己会判断的。"父亲开始读诗。

"我看这首诗糟糕透了。"父亲把诗扔回了原处。

"我不明白，"父亲并不退让，"难道这世界上糟糕的诗还不够多么？"

有一次我鼓起勇气给父亲看了一篇我新写的短篇小说。"写得不怎么样，但还不是毫无希望。"根据父亲的批语，我学着进行修改，那时我还未满12岁。

小结：父亲的严谨，父亲的严厉，父亲教会了我客观公正地看待自己的作品，你觉得巴迪的父亲爱他吗？这是一种怎样的爱呢？（板书：严厉、深沉、理性……）你能理解这样的爱吗？

(二)对比人物语言，比较父爱的不同

小结：同样是父亲，阿曼达的父亲在灾难来临的时候，时刻记着对儿子说过的话："无论发生什么，我总会跟你在一起。"坚定执着地爱着他的孩子，巴迪的父亲面对幼子的诗作，觉得"糟糕透了"的言语中透露出严厉和理性。你有发现吗？——每个父亲表达父爱的方式是不一样的。（板书：父爱不同）

【设计意图】通过前后文补充，让学生更加全面地理解父爱的特点和本质，便于学生准确把握和理解课文，以及引导学生在现实生活中怎样理解父亲之爱。

二、品读语言，比较父爱和母爱的不同

导语：面对小巴迪的创作，我们透过父亲的语言感受到了父爱的严厉、深沉和理性，请同学画找母亲的语言，母亲又是如何看待巴迪第一次写诗这件事的呢？

(一)画找语言，体悟巴迪母亲的爱

1. 交流出示：

母亲一念完那首诗，眼睛亮亮地，兴奋地嚷着："巴迪，真是你写的吗？多美的诗啊！精彩极了！"她搂住我，赞扬声雨点般落到我身上。

"亲爱的，发生了一件奇妙的事。巴迪写了一首诗，精彩极了……"母亲上前说道。

"亲爱的，我真不懂你是什么意思！"母亲嚷着，"这不是在你的公司里。巴迪还是个孩子，这是他写的第一首诗，他需要鼓励。"

2. 你喜欢这样的语言吗？为什么？（从学生的发言中提炼出一个人的成长过程既需要母亲的慈爱又需要父亲的严厉）

小结:其实你更喜欢的是语言背后母亲的赏识和鼓励,请带着你的喜欢来读读这样的语言。(板书:赏识)

(二)思考比较,概括父爱和母爱的不同

导语:面对同一件事,父亲和母亲为什么会有截然不同的态度呢?

1.表格出示父亲和母亲的不同评价。

2.学生交流(母亲评价的是我写诗的行为,而父亲评价的是我诗的质量)。

3.对比朗读,发现总结父爱和母爱的不同。

小结:看来母爱是感性的,父爱是理性的。(板书:慈母严父)

(三)补充介绍巴迪的资料

巴迪有个慈爱的母亲,她常常说:"巴迪,这是你写的吗?精彩极了!"有个严厉的父亲,他总是皱着眉头说:"这个糟糕透了!"这两种不同的声音,这两种不同的爱交织在一起,巴迪成为了一名作家,出版了一部部小说、戏剧和电影作品。请学生读巴迪的资料。

【设计意图】通过细读描写母亲的句子,明白母爱以鼓励、赏识为主的特点,然后通过表格评价对比,使学生对父母之爱的差异一目了然,并懂得父母之爱不同形式的相互补充对成长的重要性。

三、迁移自学,比较母爱的不同

1.导语:接下来,我们要走近两位母亲,一位是梁晓声的母亲——普通的工厂女工,一位是大作家毕淑敏,同为母亲,她们的爱又有什么不同?请同学们快速阅读第18课和第20课,画找人物语言,用批注的形式写写她们对孩子的爱。

2.学生画找语言,写批注。

导语:如果说巴迪的母亲是一种鼓励的爱,那梁晓声的母亲是一种怎样的爱呢?(板书:开明)那毕淑敏的爱又是一种怎样的爱呢?(板书:磨炼)

3.引导发现母爱的不同。

导语:比较不同的母爱,你有什么发现吗?

(1)母爱的丰富多彩。

(2)母爱就隐藏在生活中的小事件中。(小结:母亲并没有做什么轰轰烈烈的大事,她们的爱就隐藏在我们平时生活中买书、生病、吃饭、睡觉这样的"小事件"中。板书:"生活中的小事件""买书""生病")

(3)不同的母亲爱的语言也是不一样的。(小结:不同的母亲,爱的语言也是不一样的,"我挺高兴他爱看书。"梁晓声母亲的语言简短而质朴,"假如我不在家呢?假如你也找不到我呢? 假如你也找不到你爸呢?"毕淑敏的语言引人深思。也许有时父母的一个眼神、一个动作却包含了千言万语)

【设计意图】站在单元主题的高度,在奠定一定阅读理解的基础上,引导学生阅读迁移,用自主的眼光理解同类主题的课文,一是做到方法迁移;二是培养学生自学能力。

四、捕捉生活,运用表达

1. 导语:请你捕捉生活中的小事件,用心灵去感受父母的爱,特别要写好表现父母爱的语言。

2. 学生写话并交流。

3. 讲评学生习作,重点评论特色语言。

【设计意图】从读到写,随堂练笔,这是有效落实读写结合的好方法。在这个过程中要做到及时评价,鼓励为主,激发学生热情,强化言语表达。

五、总结方法,延伸课外

小结:这堂课,我们仅仅抓住人物的语言来比较体会父母的爱。在接下来的学习中,我们还可以试着抓住人物的外貌动作和心理活动来体会和表达父母的爱。

【设计意图】该教学设计,打破了传统按教材顺序按部就班的教学,站在整个单元主题的高度,灵动组建课文,确定教学内容。这样教学的好处是在很大程度上提高效率,同时更好地建立起单元整体意识,强化单元主题,培养整体思维。

《老人与海鸥》教学设计

浙江省建德市明珠小学　潘　君

【教学目标】

1. 掌握"褪色、亲昵、企盼、撮嘴呼唤、抑扬顿挫"等重点词语的读音及意义。

2. 根据词语想象画面,初步了解作者从"老人喂海鸥""海鸥送老人"这两个方面来安排材料的方法,并能用这样的方法给课文分段。

3. 聚焦老人喂海鸥的画面,体会作者运用细节描写写出老人与海鸥之间情的深的写作方法,并学着写一个细节描写的片段。

【教学过程】

【课前谈话】

师:同学们,在我们的童年生活中,有没有和小动物亲密接触的经历?(请同学简单说自己与小动物接触的经历)

一、导入新课,检查预习

1. 师:这节课我们要一起学习课文《老人与海鸥》,去感受他们之间那感人的真情。请大家一起读课题——(学生读)

2. 师:课前同学们认真预习了,老师想请同学来读读课文中的词语。

出示:褪　色　　　　翻飞盘旋

　　　亲　昵　　　　急速扇动

　　　企　盼　　　　肃立不动

撮嘴呼唤　　　白色旋涡
抑扬顿挫

(1)请生读准词语。

(2)读这两组词语,怎样的画面浮现在你的眼前?

生1:老人背褪色的包抑扬顿挫地撮嘴呼唤海鸥吃东西;老人去世了,海鸥翻飞盘旋来为老人送行。

(3)你能用短语的形式来概括这两个画面吗?

板书:老人喂海鸥　海鸥送别老人(如果学生的回答语言没有这么精炼,教师可以引导学生从语言的工整性上去调整)

(4)请同学一起看课题,《老人与海鸥》作者为了表达老人与海鸥之间的那份情谊,安排了"老人喂海鸥"和"海鸥送别老人"这两个材料。

二、初读课文,梳理内容

1. 请同学快速默读课文,根据作者安排材料的方法快速地把课文分成两部分,用//表示。

2. 请生汇报。1—13自然段写老人喂海鸥,14—19自然段写海鸥送别老人。

3. 这两个画面中,哪个画面更让人震撼?(第2幅)

4. 在预习的时候,很多同学提出了自己的问题:为什么老人的遗像出现在翠湖时,海鸥会如此轰动? 海鸥怎么知道老人去世了,难道它们有思想吗? 为什么老人去世了,海鸥像他的子女一样不愿意离开?

(1)请学生来读读这几个问题。

(2)海鸥怎么会有思想,海鸥怎么会是老人的子女……到底是什么让海鸥有了朦胧的人情味? 请同学用自己的话来说说。

(此处让学生根据自己对文本的理解自由说)

生1:老人对海鸥的情谊很深。

生2:老人每天要步行二十余里去喂海鸥。

……

师:十多年来,一到冬天,老人每天必来翠湖边喂养海鸥,老人和海鸥就像亲人一样,这让海鸥也有了朦胧的人情味。

三、细读课文,聚焦老人喂海鸥的画面

1. 师:让我们一起走进第一幅画面,请同学自由读课文的第1—13自然段,画出具体描写老人用心喂养海鸥的句子,想想他的做法和我们一般人有什么不同。

(1)学生画找句子。

(2)交流(多请几个同学读读,统一认识)。

人少的地方,是他喂海鸥的领地。老人把饼干丁很小心地放在湖边的围栏上,退开一步,撮起嘴向鸥群呼唤。立刻便有一群海鸥应声而来,几下就扫得干干净净。老人顺着栏杆边走边放,海鸥依他的节奏起起落落,排成一片翻飞的白色,飞成一篇有声有色的乐谱。

(3)请同学品读这一细节描写,比较老人的做法和一般人的不同,边读边用批注的形式写下自己的理解。

(4)梳理学生的发言,提升认识。

A. 喂海鸥的地方。

B. 喂海鸥的方法:小心地放—退开一步—撮嘴呼唤—顺着栏杆边走边放。

C. 喂海鸥的细节"饼干丁"。

1. 什么是"饼干丁"?

生1:那种很小块的饼干。

师:那与那种随意掰开的饼干块,甚至是捏碎的饼干末一样吗?那具体应该是怎么样的呢?

生:差不多大小,比较匀称,适合海鸥吃。

师:把饼干掰成大小差不多的饼干丁,烦不烦? 但老人为什么还要这样做?

生1:因为老人把海鸥当成了自己的亲人。

生2:因为老人把海鸥当成了自己的孩子。

师:是啊,在我们小的时候,父母也是这么不厌其烦地把食物分小喂给我们吃的。请同学来读好这个细节,用心感受这份情。

2. 老人用心地喂养海鸥,海鸥依他的节奏起起落落,排成一片翻飞的白色,飞成一篇有声有色的乐谱,在这有声有色的乐谱中,你仿佛听到了什么?

生1：我仿佛听到了老人亲昵的欢呼。

生2：我仿佛听到了海鸥欢乐的鸣叫声。

3. 理解"抑扬顿挫的呼唤"，再次感受老人与海鸥之间的情谊。

师：如果你在翠湖边喂海鸥，你会怎么呼唤？

生：海鸥，快过来吃。

师：来读读老人的呼唤，说说有什么不一样。

在海鸥的鸣叫声里，老人抑扬顿挫地唱着什么。侧耳细听，原来是亲昵得变了调的地方话——"独脚""灰头""红嘴""老沙""公主"……

生1：老人的呼唤是抑扬顿挫的，我们的呼唤是很平淡的。

师：那你能联系上下文说说什么样的呼唤是抑扬顿挫的。

生：那种亲昵的，声音有高有低的。

师：请带着这样的理解来读读老人抑扬顿挫的呼唤。

4. 老人喂养海鸥时把饼干小心地掰成饼干丁，抑扬顿挫地呼唤海鸥，这样的细节描写深深地打动了你。在这一部分内容中，还有这样打动你的细节吗？请默读这一部分内容，把最能体现这一细节的词语圈出来。

（1）交流

细节一：褪色。

他背已经驼了，穿一身褪色的过时布衣，背一个褪色的蓝布包，连装鸟食的大塑料袋也用得褪了色。

师：三个褪色，你读出了什么？

生：老人生活很勤俭。

出示补充资料：老人叫吴庆恒，他被昆明人亲切地称为"海鸥老人"。老人每月三百零八元的退休工资有一半以上都是用来给海鸥买吃的。而他自己的日子却过得分外客啬：一个馒头一碗稀饭，就点咸菜，就是他的一顿美餐；他抽两毛多钱一包的金沙江烟；他从来舍不得坐五毛钱的公交车，无论到哪儿，无论有多远，他都坚持走路。可是四元五角一斤的饼干，老人却毫不吝惜地买给海鸥吃。

师：请人读读补充资料，现在你读懂了什么？

生：老人自己生活勤俭节约，却对海鸥十分慷慨，对海鸥有一种父母对子女的亲情。

师:是呀,褪色的是过时的布衣,褪色的是装鸟食的大塑料袋,但翠湖边永不褪色的是老人对海鸥点点滴滴的爱。

细节二:二十余里。

朋友告诉我,这位老人每天步行二十余里,从城郊赶到翠湖,只为了给海鸥送餐,跟海鸥相伴。

师:是呀,二十余里,我们一般人走要两个多小时,那来回就是四个多小时,只为给海鸥送餐,跟海鸥相伴。从这个细节中你读出了什么?

生1:我读出了老人与海鸥有着不同于常人的深厚情谊。

比较句子:

朋友告诉我,这位老人每天步行二十余里,从城郊赶到翠湖,只为了给海鸥送餐,跟海鸥相伴。

朋友告诉我,这位老人常常步行二十余里,从城郊赶到翠湖,只为了给海鸥送餐,跟海鸥相伴。

细节三:企盼。

太阳偏西了,老人的塑料袋空了。"时候不早了,再过一会儿它们就要回去了。听说它们歇在滇池里,可惜我去不了。"老人望着高空盘旋的鸥群,眼睛里带着企盼。

师:从老人企盼的眼神里,你又读懂了什么?

生1:老人非常喜爱海鸥,希望时时与海鸥相伴。

……

四、总结写法,仿写细节

作者用这样的细节描写展示了老人与海鸥的一片深情。请想象老人在每天给海鸥送餐的过程中会有怎样感人的故事发生,用细节描写的方法写一写。

1. 学生写。

2. 读好细节,讲评。

结束语:十多年来,一到冬天,老人每天必来,和海鸥就像亲人一样,才有了后面老人去世,海鸥就像老人的"子女"一样在老人的遗像前久久不愿离去的震撼人心的画面。下节课我们继续学习,继续走进海鸥与老人的那份深情。

《那片绿绿的爬山虎》教学设计
（第二课时）

浙江省建德市明镜小学　黄雪梅

【文本解读】

《那片绿绿的爬山虎》是作家肖复兴在1992年为了纪念叶圣陶先生写的回忆文章,回忆了1963年叶圣陶先生给"我"批改作文,并请"我"到他家做客的两件事,通过这两件事"我"受益匪浅,表现了叶圣陶先生对文一丝不苟、对人平易真诚,堪称楷模的文品和人品。按照文体来分类,这篇文章应该属于以叙述为主要方式的叙述性散文。

薛法根在《文本分类教学》中指出,散文中有"我",叙写的是"我"的所见所闻所感,呈现的作者极具个性特征的感官所过滤的人、时、景、物,表达的情感绝对是主观、真实、独特的。这篇课文,因为叶圣陶先生帮肖复兴修改作文,请他做客,给他树立了写作的信心,对他的一生有很大的影响,所以爬山虎不仅仅是爬山虎,而是有他个人情感融入其中的爬山虎。所以在这篇文章中,抓住修改作文为着力点,在看似平淡的语言中感受叶老先生对肖复兴的触动,再抓"绿"这个文眼,感受作者的情动。

【教学重难点】

重点:借助朗读理解含义深刻的句子,感受叶老品格。
难点:感知借景抒情的表达方式及其作用。

【教学目标】

1.通过朗读、联系上下文等方式,理解"春风拂面、密密麻麻"等词语的意思。

2.抓住课文插图,通过资料的补充,在朗读中理解描写爬山虎三个含义的句子,感知借景抒情的表达方式,逐步了解叶圣陶先生的人品,感受作者对叶老的思念、敬重与感激之情。

【预设流程】

第一板块:回顾旧知

1.同学们,这节课我们继续来学习——《那片绿绿的爬山虎》。(齐读课题)

2.这篇课文写了谁和谁之间的事?(肖复兴和叶圣陶)

3.快速浏览课文,说说课文回忆了他俩之间的哪几件事。

第二板块:修改作文

今天我们再来看一看,大作家是怎么给初中生修改作文的。

1.读读课文,哪部分是写修改作文的?

2.是怎么修改的呢?

出示句子:映入眼帘的是红色的修改符号和改动后增添的小字,密密麻麻,几页纸上到处都是红色的圈、钩或直线、曲线。

关键词:密密麻麻 到处是

透过这些词,你读出了什么?

3.还有哪些地方的描写是讲他修改非常认真? 请你读读课文的第4自然段。

随机交流:

(1)题目"一张画像"改成"一幅画像",我立刻感到用字的准确性。

(2)"怎么你把包几何课本的书皮去掉了呢?"叶老先生改成"怎么你把几何课本的包书纸去掉了呢?"删掉原句中"包"这个动词,使得句子干净了也规范了。而且"书皮"改成"包书纸"更确切,因为书皮可以认为是书的封面。

4.同学们,课文仅仅写了这几处修改的地方,让"我"深受启发。老师粗略地数了一下全文修改的地方,大概有150多处。(出示资料图片)

(1)平时哪些同学修改过自己的作文?

（2）你每一处都是随意圈画的吗？

那么，你呢？

（3）同学们，这就是为肖复兴批改作文的叶圣陶老爷爷。当时，他已经68岁了，担任国家教育部副部长。白天，他日复一日有做不完的工作；晚上，他拿起20篇作文，一篇一篇、一字一句地批改。

此时，你想说些什么？

怪不得肖复兴有这样的感受——我虽然未见叶老先生的面，却从他的批改中感受到他的认真、平和以及温暖，如春风拂面。

5.同学们，我们回过头再看叶老先生改的这篇文章。

假如你就是肖复兴，拿到这篇修改后的作文，你怎么看自己的这篇作文？

6.假如你是老师，这样的文章你会怎么给他写评语？

你再来读读叶圣陶先生的评语。你有什么发现？

7.来看看原文中肖复兴看到叶老先生给他的评语后是怎么说的。

那时我才15岁，一个毛头小孩居然能得到一位蜚声国内外文坛的大文学家的指点和鼓励，内心的激动可想而知，涨涌起的信心和幻想，像飞出的一只鸟儿抖着翅膀。

小结：这则短短的评语，让"我"仿佛看到了叶老先生对"我"的鼓励，"我"又树立起了写作的信心。

【设计意图】修改作文部分，语言表达或如平淡的谈话，基本上就是简单的叙述。教学中，带着学生在平淡朴实的句子中细细咀嚼一字、一词、一句，同时以叶圣陶先生给肖复兴修改的作文原文图片给学生视觉冲击，学生感受到叶老先生对文一丝不苟、对人平易真诚。

第三板块：爬山虎的"绿"

导语：更让我意想不到的是，这样的大作家竟然还要请我去他家做客。

1.课文哪部分写我去叶老家做客？

2.轻声自由地朗读6—10自然段，具体描写我做客场景的是哪部分？

3.说是去叶老家做客，就写了三句话，寥寥数言就交代完了，还有大部分的文

字是在写什么?(爬山虎)课文几次写到了爬山虎?(3次)

4. 读一读这3次描写爬山虎的句子,想一想3次都是抓住它的什么特点来写的?(绿)3次都是写爬山虎的绿,但是每一次的绿又有什么不一样?

研读第一次

1. 都是写绿,为什么写得不一样?我们来细细研究一下。请一个同学来读读第一次描写爬山虎的句子。

2. 当我听说叶圣陶先生要请我去他家做客的时候,我会是什么感觉?请联系上文说一说。

出示第6自然段:

这一年暑假,语文老师找到我,说:"叶圣陶先生邀请你到他家做客。"我感到意外:像叶圣陶先生那样的大作家,居然要见一个初中生。

从课文哪个词语读出了我很意外?

指导朗读

3. 同学们,如果你是肖复兴,一个普普通通的初中生,要见那样的一个大作家,你一定很紧张吧。让我们用朗读来表达这样的心情。

研读第二次

导语:同学们,初次见面,我既紧张又激动,叶老先生见了我,像会见大人一样和我握了握手,一下子让我觉得距离缩短了不少。

1. 文中的插图就是描绘了叶老先生和我初次见面做客、交谈的情景。

请你细细地观察,你从图中看出了什么?

2. 你是从哪里看出来的?

3. 叶老先生那么慈祥,那么和蔼,让初次见面的我们距离就缩短了不少,交谈融洽,以至不知黄昏的到来。带着这样的感受,请你读一读。

叶老先生和我交谈了那么多、那么久,让我不知道黄昏的到来,那么我们到底谈了什么?你猜猜看。

(学生聊)

叶老先生这样的认真,这样的期待,使我小小的心被融化了,以至于不知道黄昏的到来。你来读一读。

研读第三次

1. 肖复兴长大以后,也成了一名大作家,我们来看一看他的成就。(资料进入)

2. 是什么影响了肖复兴?

3. 是啊,叶圣陶先生给我修改作文,请我做客,让我树立了写作的自信,使我走上了写作的道路。

所以说我非常庆幸……(齐读)

出示第10自然段:我非常庆幸,自己第一次见到作家,竟是这样一位人品与作品都堪称楷模的大作家。他跟我的谈话,让我好像知道了或者模模糊糊懂得了:作家就是这样做的,作家的作品就是这么写的。我15岁时的那个夏天意义非凡。

4. 所以每当我回忆起15岁时的那个夏天——那片绿绿的爬山虎总是那么绿着。

【设计意图】抓住"绿"这个文眼,让学生在3次不同绿的描写中,感受肖复兴的情感层层深入。3次描写爬山虎的句子采用的策略不同。第一次以指导感情朗读为主,第二次以观察课文插图为主,第三次以补充资料为主。在一次次"绿"的感受中,让学生了解叶圣陶先生的人品,感受作者对叶老的思念、敬重与感激之情。

第四板块:回归题目

那片绿绿的爬山虎已不单单是景,还凝聚着浓浓的情。所以,课题叫作——

那片绿绿的爬山虎伴随着少年肖复兴走上了写作的道路。也希望同学们的学习道路上,有这样一片绿绿的爬山虎,一直伴随着你。

【板书设计】

那片绿绿的爬山虎

叶圣陶　　　绿葱葱　　　　肖复兴

绿得沉郁

大作家　　　总是那么绿着　　初中生

《太阳》优化设计

浙江省建德市明镜小学　黄雪梅

【文本解读】

《太阳》是人教版三(下)第六组第一篇课文,是围绕本组专题"探索宇宙奥秘,改变人类生活"来组织教学内容的。本课采用了列数字、举例子等说明方法,向学生讲述了太阳的远、大、热以及与人类的关系密切这四方面的特点,是一篇很典型的说明文。

【学情分析】

三年级的孩子第一次正式接触说明文的学习,对说明文文体的特点、学习的方法和策略,都没有经验,所以在教学中要让学生初步了解说明文的特点,以及掌握常用的说明方法。同时,依据课标要求,三年级正处在第二学段的学习阶段,段落学习是语文学习的重点,把教学点落在学习太阳"远"这个特点的段落上,让学生在老师的帮助下充分学习,再迁移到"大""热"的段落,让学生有一定的自主学习的时间,充分激发他们的学习兴趣。

【教学目标】

1. 正确、流利地朗读课文,梳理文章的写作思路。

2. 认识"繁、殖、蔬"等生字和生字组成的新词。结合语境理解词语的意思。

3. 了解太阳"远""大""热"的特点,通过比较、删减、朗读等方式,初步掌握"列数字、举例子、作比较"等说明方法,并体会说明文语言表达的准确性。

【教学重难点】

重点:了解太阳的"远""大""热"的特点。

难点:初步掌握列数字、举例子、作比较等说明方法,并体会说明文语言表达的准确性。

【教学预设】

一、初读课文,梳理文脉

1.揭示课题,初读课文。

2.利用预习单,检测生字词。

(1)检查读生字词。

摄氏度	凝成	杀菌	生存
抵得上	繁殖	蔬菜	庄稼

(2)强化读音:摄氏度 凝成 杀菌 生存。

重点关注"摄氏度",符号及当日温度。

(3)强化写法。

繁:板书演示"繁"。(第四笔只有横折没有钩。要写得上紧下松哦)

蔬的书写要注意什么。

书写"繁"和"蔬"生字。

【设计意图】在生字词教学中,从孩子们的预习单中搜集出他们认为比较难读,比较难写的字词进行针对性的指导。站在学生学习起点上来进行教学,是选择教学内容的一个重要因素。

二、把握内容,厘清脉络

1.默读课文,整理内容。

(1)默读课文。一边读,一边想,课文介绍了太阳的哪些知识?

(2)默读反馈。

(3)概括主要内容。

课文主要介绍了太阳( )、( )、( )的特点,太阳和人类的( )。

2.熟悉过渡句。

(1)画找过渡句:课文介绍了太阳的特点和跟人类的关系很密切这样两部分内容。那么作者是怎样把这两部分内容巧妙地连在一起的呢? 快速阅读课文找到一句话用波浪线画下来。

(2)认识过渡句:出示:太阳虽然离我们很远很远,但是它和我们的关系非常密切。请同学们好好读读句子,想一想这个句子有什么特点?

(3)体会作用:这个句子不仅把两部分内容连在一起,而且我们也能很快了解到课文主要写了什么。

【设计意图】课前,和孩子们聊太阳,提取孩子们已有的知识信息,聊的过程中发现他们掌握的太阳的信息是零碎的,如何把这些零碎的信息有条理地介绍给别人,这就需要掌握一定的方法。过渡句能够将零散的信息连在一起,是可以在学习中渗透的。

三、学习第一自然段,感受写法

1.默读课文:太阳离我们很远很远,那么到底有多远呢? 请大家细细地读第1自然段,一边读一边用笔在书上画出,哪些句子写出了太阳离我们很远。

2.指导学生读句子,关注多音字"差"。

3.体会写法作用:

有这么一个传说,古时候,天上有十个太阳,晒得地面寸草不生。人们热得受不了,就找一个箭法很好的人射掉九个,只留下一个,地面上才不那么热了。其实,太阳离我们有1.5亿公里远。到太阳上去,如果步行,日夜不停地走,差不多要走3500年;就是坐飞机,也要飞二十几年。这么远,箭哪能射得到呢?

(1)把"1.5亿公里远"换成"很远很远"的对比句式读一读。发现用数字的好处,并说理由。

(2)从句子中再发现用数字的地方(3500年,二十几年),讨论列数字的作用。

4."步行"与"坐飞机"。

其实,太阳离我们有1.5亿公里远。到太阳上去,如果步行,日夜不停地走,差不多要走3500年;就是坐飞机,也要飞二十几年。

(1)讨论1.5亿的概念,说说作者用了什么方法来帮助我们有切身感受的。

(2)再读句子,体会1.5亿。

(3)用生活中我们有感受的例子来说明太阳离我们到底有多远。(板书:举例子)

(4)男女生分读,说说感受。

5. 词语的准确性:日夜不停、差不多、几。

到太阳上去,如果步行,日夜不停地走,差不多要走3500年;就是坐飞机,也要飞二十几年。

(1)删掉"日夜不停地走",对比读句子,说说发现。

(板书:日夜不停)

(2)再读句子,找一找像这样准确表达的词语,并圈一圈。

(3)总结:科普小文章语言表达的一个很大的特点——用词很准确。

(板书:准确)

6. 学习"传说"。

有这么一个传说,古时候,天上有十个太阳,晒得地面寸草不生。人们热得受不了,就找一个箭法很好的人射掉九个,只留下一个,地面上才不那么热了。

(1)在古时候,人们还没有掌握很多的科学知识,所以他们对太阳的认识是这样的。请一个同学读一读。

(2)观看视频"后羿射日"。

(3)说说感受。

7. 合作读第1自然段。

【设计意图】关注学生的学习起点,调动学生的学习经验,运用多种形式体会说明方法的作用及用词准确的特点,实现依据"文体特点"学语文。

四、小结学法,迁移运用

1. 小结学法:同学们,刚才我们学习了课文的第1自然段,知道课文用了列数字、举例子的方法向我们介绍了太阳离我们很远。下面请大家再读课文,选择"大"或"热"其中一个自然段读一读,同桌讨论课文用什么方法介绍了太阳的"大"和"热"。

2. 交流反馈。

预设一:大

"我们看到太阳,觉得它并不大,实际上它大得很,130万个地球才能抵得上一个太阳。"

(1)预设:学生说是列数字,因为"130万个地球"。

请同学们关注课文上的黄色泡泡,想想这里还用了什么方法。

(2)关键词:"抵得上"——比得上。用什么和什么比?说说这样比较的好处。

(3)有感情地朗读。

预设二:热

"太阳会发光,会发热,是个大火球。太阳的温度很高,表面温度有6000摄氏度,就是钢铁碰到它,也会变成汽;中心温度估计是表面温度的2500倍。"

(1)预设:列数字 6000摄氏度 2500倍(随机点拨:开水的温度最高多少? 100度。要是手被开水烫了那可不得了。6000摄氏度呢? 开水60倍那么烫,哇,真热啊!)

(2)指生朗读。

3. 小结:同学们,你们真了不起,在学习第1自然段的基础上,因你们的潜心阅读,很快就从这两段话中发现那么多介绍太阳的表达方法。

【设计意图】习得语言文字运用之法,进而转为语文实践运用,提升语文学习素养,是语文教学终极目标。本环节将习得的"说明方法及用词准确"之法,转化为自我语文实践,提升学生的语用能力。

五、转换角色,练习表达

1. 再次熟悉内容,练习自主表达。

(1)请同学们再细读课文的1—3自然段。

(2)离开课文用自己的话说说太阳的特点。

2. 从太阳的角度以第一人称方式介绍太阳特点。

教师分类评价(重点是角色、准确性,说明方法,常中有变)

【设计意图】不同的文体,有其独特的表达方式。本环节,采用转换角色,用第一人称的叙述方法来介绍,体会人称不同,表达效果不一样,同时进一步体会说明文文体的特点。

让爱国之情在"毁灭"中永生

——《圆明园的毁灭》(第二课时)教学设计与评析

浙江省建德市童家小学　王　华

【教材理解】

《圆明园的毁灭》是人教版五(上)第七单元的一篇精读课文。课文以精练的文字描述了圆明园昔日的辉煌和它的毁灭,旨在激发学生对祖国灿烂文化的热爱和对侵略者强盗行径的仇恨。课题讲圆明园的"毁灭",但全文只用了一个自然段写"毁灭",且文字通俗易懂;而描述圆明园昔日的"辉煌"却占用了大部分篇幅。昔日的圆明园已不复存在,其精美、壮观只能通过语言文字去品味、感受;且这部分语言表达很有特点,是学习语言文字运用的极好范式。"爱之深",才会"恨之切","昔日辉煌"部分内容教学的成功可为"毁灭"部分的教学埋下伏笔,以爱激恨,从而化难为易,在优化教学结构的同时提高课堂教学效率。因此,可将"昔日辉煌"作为教学重点,而"毁灭"部分略作处理。

【教学目标】

1. 通过解读词语、欣赏图片、课外资料的补充理解,充分感受圆明园昔日的辉煌。
2. 解读"不可估量",痛惜圆明园的被毁,初步激发学生维护民族尊严的责任感。

【教学重难点】

重点:通过词语理解、图片欣赏、课外资料的补充理解,充分感受到圆明园昔日的辉煌。

难点:通过解读词语"不可估量"体会损失的惨重,激起学生强烈的爱国心。

【教学准备】

教学课件、课堂作业纸。

【教学流程】

一、聚焦课题,直奔重点

1. 上节课我们学习了《圆明园的毁灭》(板书课题)的"毁灭"部分。指读课题,引导重音落在"毁灭"二字上。

2. 除了"毁灭",课题更多写的是什么?(昔日辉煌)哪几个自然段?(2—4自然段)

3. 让我们一起走进昔日辉煌的圆明园。打开课本,认真默读课文2—4这3个自然段,完成学习单。

【设计意图】课题是文本内容的高度浓缩,往往既揭示内容又揭示特点和重点。本文课题就体现了这样的特征。这样的过程设计,一是通过读课题,明确"毁灭"的事实。二是在读课题中产生认知冲突:为什么题目是讲"毁灭",文中却只写了一个自然段,而"昔日辉煌"竟用了三个自然段重点描写。这样很好地吊起了学生探究文本的欲望。

二、品读课文,感受"辉煌"

1. 学生默读课文并完成学习单。

> 圆明园中:
>
> 有_____的殿堂,有_____的亭台楼阁;
>
> 有象征着_____的"买卖街",有象征着_____的山乡村野。
>
> 有海宁的_____,有苏州的_____;
>
> 有杭州西湖的_____,有杭州西湖的_____;
>
> 有_____,有_____;
>
> 有上至先秦时代的_____,有下至唐、宋、元、明、清历代的_____,
>
> 有各种_____。
>
> ……

2. 交流学习单,教师随机点出课件所填的内容。

让我们一起来读读这些句子:教师引读,圆明园中有……;有……

【设计意图】"各个学段的阅读教学都要重视朗读和默读。"本环节先引导学生静默阅读、静静思考,并在完成学习单的过程中发现3、4自然段的结构特点,从整体上把握语段表达主旨与特点。然后通过师生合作朗读的形式,进一步明晰段落的结构、表达的秘妙。一静一动中,学生慢慢地沉入文本语境。高年级要培养学生的自主学习能力,教师精心设计的学习单能有效引导学生自主学习。

3. 圆明园中有这么多的"有"。让我们先好好地读读前面的四个"有"。

(1)指名读。

(2)"金碧辉煌"是什么意思? 在你的脑海中"金碧辉煌"的殿堂是怎样的?(补充介绍:圆明园中曾经居住过五代皇帝)

(3)读到"玲珑剔透",你仿佛想到了什么? 这个词语写出了亭台楼阁的什么呢?

(4)谁把刚才的两个句子读一读,要读出它们的不同来。后面的两个句子该怎么读呢? 说出理由。

(5)我们再连起来读读四个"有",你还有什么发现吗? 老师把这四个句子调换一下顺序,你再读读,有什么发现?(写法上对仗工整,金碧辉煌的豪放与玲珑剔透的婉约相对,街市的热闹繁华与田园的宁静相对,让人享受语言表达的美感)让我们再一起来读读这四个"有"。

【设计意图】"内容人人看得见,含义只有有心人才能得之,而形式对大多数人来说还是个秘密。"这个环节就是引导学生有意识地关注并发现语言形式上的秘密,感受语言表达的精巧。词语的理解,如"金碧辉煌""玲珑剔透",通过想象,联系生活实际等方式,立体化解读词语内涵,并且通过对两个词语的对比,领会作者用词的精准,在朗读中体现这种不同。后面两个"有"就直接用朗读来体现,让学生在朗读中运用对比来体会。这样设计,也体现了对同一组句子教学的变化与不同。

4. 感受了圆明园中殿堂的金碧辉煌,亭台楼阁的玲珑剔透,街市的热闹以及山乡村野的宁静,你们还想欣赏其中的其他名胜吗? 让我们一起漫步园中。(课件播放景观图片,教师配乐解说)

(1)一边欣赏一边搜索可以用来形容的词语。

(2)你能仿照刚才的写法也写一对其中的景观吗?

> 选择其中的一句写一写。
>
> 4. 圆明园中有(　　　)的安澜园,也有(　　　)的狮子林。
> 5. 圆明园中有(　　　)平湖秋月,也有(　　　)雷峰夕照。
> 6. 圆明园中有(　　　)的蓬莱瑶台,也有(　　　)的武陵春色。

(3)交流,教师点评重点是用词上的巧妙与对仗。

(4)这些风景名胜各具特色,但你不用去任何地方,就能在哪里欣赏得到呢?(怪不得圆明园有"万园之园"的美誉)

【设计意图】提供感性可视的图片,然后引导学生转化为语言,学生的认知在语言文字的训练中充盈起来。此处的随堂练笔设计还是在课文的情境中,体现了文本语言特色表达的迁移性,且评价也紧紧围绕练笔的要求——用词的巧妙与对仗,有效指向学生语言的习得和语言能力的发展。

5.圆明园中不仅有宏伟的建筑,而且还收藏着最珍贵的历史文物。你知道这些文物到底有多珍贵吗?

(1)让我们一起来看几组数字。出示:

仅仅圆明园内海晏堂前喷水台上的4个生肖铜首,2000年的国际市场拍卖价就高达9000多万元人民币。

清朝时期高40.6厘米的"六角套瓶"十分珍贵,它的市场价格要超过1亿元人民币。

据不完全统计,圆明园中的各类文物至少有150万件。

(2)看到这些数字你想说什么?

【设计意图】文中说"有许多珍贵的历史文物",到底有多珍贵却无从了解,适度地引入极具说明力的数字,既是对课文内容的有力补充,又给学生以强烈冲击,心灵震撼的同时认识也更深刻了。

6.同学们,圆明园中就只有(指课件说有)这些吗?那要写尽圆明园的所有景观,所有建筑,所有文物,还得用上多少个"有"?(无数个"有")

(1)让我们来读读这个句子,请从这句话中找到依据。

(课件出示句子:漫步园内,有如漫游在天南海北,饱览着中外风景名胜;流连其间,仿佛置身在幻想的境界里。)

(2)什么是漫步？漫步园内你就可以欣赏到什么？（真是移步换景啊,怪不得说是漫游在天南海北）

(3)流连其间的什么？如果你置身其中,你会有怎样的感觉？

(4)带着你的感觉来读读这个句子。

【设计意图】此环节还是紧扣语言文字的表达来品悟,通过对关键词语的重点品读,培养学生良好的语感。感受圆明园昔日的辉煌,不是无凭无据地幻想,而是踩着语言,得意不忘言。

7. 是呀,圆明园的景观怎能写得尽呀？圆明园的建筑又怎能说得完啊？其中的历史文物怎么数得清呢？但作者却将它们浓缩在短短的两段文字当中,多么精妙的描写,让我们再来读读这两段话。

【设计意图】这个小板块看起来并不起眼,但它却是对文章的一种整体回归,开始是从整体出发的,但在细细解读的过程中已经将文章分散了,在分散之后必须要回到整体。这时候的整体跟刚开始时的整体已经有了本质的区别,是在学生于品读语言、有了自身体验之后的回归。

8. 学到这里,你认为圆明园是一座怎样的皇家园林?（最大的博物馆、艺术馆）（板书:举世闻名）

三、回读首尾,升华情感

1. 这样一座举世闻名的皇家园林,却被英法联军这两个强盗给毁灭了。让我们再次回到历史上的那一天——1860年10月6日。默读第5自然段。

2. 所有的一切都化为了灰烬,这一把火烧掉了什么？

3. 你们说这样的毁灭是……（课件出示句子:圆明园的毁灭是祖国文化史上不可估量的损失,也是世界文化史上不可估量的损失!）板书:不可估量

(1)"不可估量"是什么意思？

(2)结合刚才所学内容说说对"不可估量"的理解。当两个"不可估量"叠在一起的时候又意味着什么？

(3)让我们一起来读这句话,体会这种损失的不可估量。（生读）

(4)此时你的心情是怎样的？请你带着这样的心情再读一读课文最后一段

话。(学生读)

(5)圆明从1709年开始建造到1860年被英法联军焚毁,总共经历了151年。151年啊,就在短短的3天时间内被化为灰烬,我们心里怎能不愤怒?

4.学到现在,你明白作者为什么要花那么多笔墨描写昔日圆明园的辉煌了吗?(反衬了英法联军的残暴、野蛮,也反映了当时清朝政府的腐败无能和落后,更表达了作者为圆明园的毁灭而感到惋惜)

5.今天我们再读《圆明园的毁灭》,你觉得有何意义?

【设计意图】在学生充分感受了昔日圆明园的辉煌之后,再让学生来体会毁灭后的痛心,这是水到渠成的事情。前一板块学生体验得越到位,到这一板块形成的落差就越大,带给学生心灵上的震撼就越大。无须多讲,只要紧紧抓住"不可估量"就行了,学生的情感自然而然被激发。"作者为什么要花那么多笔墨描写昔日圆明园的辉煌",这一问直指文本表达核心,是对课始学生自然产生的认知冲突的回应,也是引导学生通过梳理提炼,进一步明晰文本最大表达秘妙。而最后一问,既开放又将阅读引向深入,直抵学生心灵深处。

【板书设计】

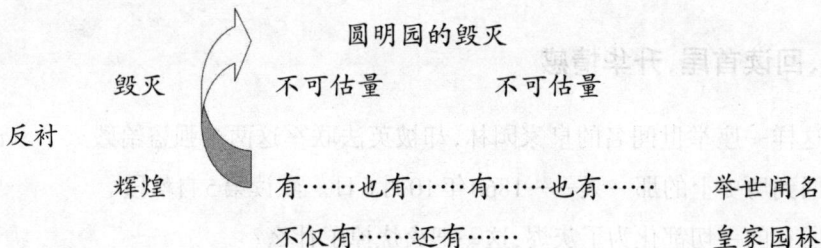

圆明园的毁灭

毁灭　　　不可估量　　　　不可估量

反衬

辉煌　　　有……也有……有……也有……　举世闻名

　　　　　不仅有……还有……　　　　　皇家园林

《纪昌学射》教学设计

浙江省建德市童家小学　　王　华

【教材解读】

《纪昌学射》是人教版四(下)第八组"走进故事长廊"主题的第一篇精读课文,也是学生第三次接触寓言故事。本故事浅显易懂且人物形象突出,有了对寓言故事的前期积累,学生容易理解。故事主要讲了纪昌拜飞卫为师学习射箭,飞卫告诉他先要下功夫练眼力。纪昌一一照做,后来成了百发百中的射箭能手。故事以生动的事例阐明无论学什么技艺,都要从学习这门技艺的基本功入手。我们在教学这则寓言故事时,应该从"言"入手,由"言"及"意",推"言"达"意",以达到"言""意"相生、相和的最佳状态。"言"表现在题目,"纪昌学射"就是这则寓言故事主要内容的最简洁表达;文中纪昌练眼力的两个小故事,它的结构是由"纪昌回来想了个什么方法练? 怎样练? 最后结果怎么样?"三部分构成。词的训练,如"相当到家""下功夫"等,引导学生拓展积累相关词句。句子训练,文中有个典型句式就是破折号的用法。寓言教学就是从"言"入手,让学生领会到"意"——"要学好本领,首先要下功夫练好基本功"。

【教学目标】

1. 认识2个生字,能正确朗读"纪昌学射、妻子、眨一眨"。

2. 能正确、流利、有感情地朗读课文,能借助课题概括出寓言故事的内容。

3. 了解寓意,明白练好基本功及恒心、毅力、名师指点的重要性,能联系情景发表意见。

【教学重难点】

重点:概括主要内容,了解寓意,明白练好基本功及做任何事都要有恒心、毅力。

难点:尝试复述故事内容。

【教学过程】

一、回忆寓言,发现特点

1. 课件出示相关寓言故事:看图猜寓言(亡羊补牢)——听内容说寓言(南辕北辙)——想寓意说寓言(揠苗助长)。

2. 从这三个故事中发现了什么?

教师小结:寓言就是通过有趣的故事情节,用精辟的语言,紧凑、短小的篇幅,来说明一个道理。

【设计意图】形式多样的梳理回顾,意在引导学生发现寓言故事的特点,增强文体意识,为新课的学习做好铺垫。

二、导入新课,理清脉络

1. 今天,王老师和大家再一起来学习一则寓言故事。教师板书课题时进行"昌"的字形教学,并让学生书写两遍。谁来读读课题?(指名读)提醒学生注意"纪"作姓时读第三声。齐读课题。

2. 借助课题概括大意:

(1)看课题想一想,文章的主要内容会是什么?

(2)你觉得要把这件事说完整,还需哪些信息?(纪昌向谁学射? 怎么学的? 结果如何?)

(3)这些信息最可能出现在课文的什么地方? 快速浏览课文,找到故事的开头和结尾,把这两句话放到题目中,连起来说说课文的主要内容。

【设计意图】揭题时重在双基的落实,把字音读正确("纪"是个多音字)、把字形写正确（"昌"要求会写），抓住学生容易出错的地方予以教学与点拨，起到事半功倍的效果。概括课文主要内容是中年级一个重要训练目标，而根据课题概括语言内容是一种有效的方法。本课题是由人物和事情构成，很有特色。借助课题，利用故事的头和尾对课题进行充实，能帮助学生快速概括大意。此环节既是一次阅读能力的训练，也是一次阅读方法的渗透。

三、关注表达，习得学法

（一）整体感知

1. 纪昌向飞卫学射，飞卫却让他学什么呢？自由读课文2、3、4自然段，读准字音，读通句子。

2. 反馈教学生字词：妻子 梭子 虱子。在朗读正音（轻声）的基础上采用不同方法教学三个生字词。

（1）教学"妻"字用范写法："妻"是个会意字，意思是一个梳着发髻的女人，写"妻"字时要注意上面的竖与女字的撇点要碰在一起。教师范写后学生跟写两遍。

（2）教学"梭"字用图示法：出示图片，梭子是古时候织布用的工具，使用时快速地来回穿梭，所以很多时候用"梭"来表示速度快，如形容时间过得很快——日月如梭。

（3）教学"虱"字用讲解法：虱子是长在动物毛发中的一种极小的虫子……

3. 反馈交流：飞卫要纪昌学什么？（练眼力）课文哪几个自然段写纪昌练眼力？（2、3自然段）

4. （出示2、3自然段）这两段都是写练眼力，练的要求一样吗？

（1）请默读课文，用横线画出飞卫提出的要求。（整体了解两次要求）

（2）出示飞卫的话：你能用自己的话把飞卫提出的要求简洁地表达出来吗？

学生概括，教师板书：牢牢地盯；极小——极大。

（3）这两个要求可以调换吗？（引导：要求有所不同，目标在提高，学一样本领要按顺序一步一步来，这就是——循序渐进）

【设计意图】在学习两次具体描写练眼力的内容之前，先引导学生从整体上把握飞卫的两次要求，有助于学生从更高的视域来梳理文本脉络，而且发现了语言表达的层次性。字词教学采用随文方式进行。根据具体学情以及词语本身的特点，对三个生字组成的词语采用不同的教学方法，着力于抓住重点，突破难点。

(二)学习第二自然段

1. 那纪昌听了飞卫的话怎么做的？请再默读课文，找到纪昌练眼力的句子，用波浪线画起来。

2. 交流：

出示：纪昌回家之后，就开始练习起来。妻子织布的时候，他躺在织布机下面，睁大眼睛，注视着梭子来回穿梭。

(1)谁来读读这句话？指名读——纪昌用什么练眼力？(用梭子)——纪昌是怎么练的？注视。——理解"注视"的意思；你注视过什么？你注视的东西和纪昌注视梭子一样吗？(梭子是来回不停地穿梭着的)。板书：盯梭子

(2)出示视频。

(3)体验：我们也来学一学纪昌苦练眼力，拿起笔，我们把它当作梭子，睁大眼睛，开始!

(4)交流：你感觉眼睛怎么样？带着你的感觉再读读这句话。

(5)你们觉得刚才坚持了多长时间？短短的30秒，就让大家觉得眼睛酸痛，眼花头晕，那纪昌坚持练了多久?(整整两年)

(6)透过两年这个词语，你看到了一个怎样的纪昌？交流后朗读。

(坚持不懈、持之以恒、勤学苦练、有耐心、有毅力……)

引读：烈日炎炎，汗水湿透衣背，妻子织布的时候，他……

寒冬腊月，地上冰冷刺骨，妻子织布的时候，他……

过渡语：寒来暑往，整整两年，纪昌的本领已经练得相当到家了。

(7)出示句子，理解"相当到家"——说意思——文中那句话把相当到家的意思解释出来了，找句子。——理解破折号的作用(解释说明，把相当到家说具体了)。——板书：针刺不眨。讨论：针刺不眨你相信吗?(板书：夸张)追问：夸张这种手法的运用有什么作用？

3. 小结学法，看板书小结第2自然段的结构：要求—过程—结果。

（三）自学第三自然段

1.纪昌对自己的成绩感到很满意,再次去拜见飞卫。飞卫又给他提了一个要求。请再次默读课文第3自然段,纪昌这次是怎么练的,结果怎么样。

2.交流:

出示:他用一根长头发,绑住一只虱子,把它吊在窗口。然后每天站在虱子旁边聚精会神地盯着它。那只小虱子,在纪昌的眼里一天天大起来,练到后来,大得竟然像车轮一样。

（1）指名读——纪昌怎么练的? 盯虱子,板书……

——练的结果怎么样? 虱子如车轮。

引导:抓住"每天""聚精会神"体会,你知道纪昌这样坚持了多久吗?

（2）纪昌学射原出自《列子·汤问》,我们来看看原文中是怎么说的。出示:旬日之间,浸大也;三年之后,如车轮焉。以睹余物,皆丘山也。

（3）学生借助注解理解意思。

【设计意图】阅读教学不应只局限于文本内容的肤浅理解,而应借助文本,从文体着眼,关注语言表达的特点。段落的教学也是中年级阅读教学的重点,本环节,教师依文而教,从"言"入手,引导学生体会文本构思之精巧,发现纪昌练眼力的两个小故事的结构是由"要求—过程—结果"三部分构成,由"言"及"意",推"言"达意,以达到"言""意"相和的最佳状态。这也为下面学习复述打好了基础。关键词的理解,更多的是在语境中体会,从而感受文体语言之精美,领悟作者表达技巧之高超。两次练眼力的学习也体现了由"扶"到"放",由"精读"到"略读"的过程,得于学生习得语言,发展能力。

（四）指导复述寓言

1.让我们再走进纪昌练眼力的这两段话,仔细默读,这两段话在写法上有什么相似之处? 了解了文章的段式特点,我们就能很快地记住文章的内容了。

2.出示复述的要求,选择其中一个借助板书复述纪昌练眼力的过程。

3.学生复述。

4.点评,引导学生借助板书、抓住重点词或根据段式的特点复述。

【设计意图】教学中,需要让学生亲历语言学习和语言运用的过程。在学习两次练眼力之后,引导学生发现两段话写法上的相似之处,即发现语言表达规律性知识,让学生遵循表达规律复述,降低了难度。学生复述时教师的点评看似平淡,实质有机渗透了方法的引导与总结。

四、理解寓意,推荐阅读

1. 纪昌终于把眼力练成了,(出示段落)赶紧跑到飞卫那里报告这个好消息,飞卫怎么说?(你就要成功了!)纪昌开弓射箭都还没有学,为什么飞卫说他就要成功了,你知道练眼力与学射有什么关系?(练眼力是学射的基础,要学射箭先要练好基本功)

2. 那仅仅是射箭需要练基本功吗?(学任何一样本领,都要先练好扎实的基本功)

3. 生活中你自己在学什么的时候也需要练基本功?

4. 除此之外,你还明白了什么?(要坚持不懈、持之以恒、勤学苦练、有耐心、有毅力……有名师的指点)

5. 推荐阅读《列子·汤问》:这本书里还有许多寓言、民间故事和神话传说,值得我们好好去读一读。

【设计意图】寓言故事鲜明的文体特征就是"以理服人",即摒弃直接告知的方式,而是运用生动的表现手法,将道理蕴藏于主人公的行为意识中,增强寓言故事的表现力。因此,本环节教师创设飞卫与纪昌的再次对话情境,有助于学生在感知故事后水到渠成感受寓言蕴藏的深刻道理。这则寓言中纪昌成功的因素有很多种,可以从中读出多种关于学习的启示,但教学的目的不是让学生们竭泽而渔式地把这些启示都揭示出来,而是在每一个启示的发现、提炼中丰富学生的阅读经验,提高学生的阅读能力。

【板书设计】

纪昌学射			
练眼力	要求	过程	结果
	牢牢地盯	盯梭子	针刺不眨
	极小—极大	盯虱子	虱子如轮

夸张

学习本领先要练好基本功

《地震中的父与子》教学设计（第二课时）

浙江省建德市新安江第一小学 蒋雅斐

【文本解读】

《地震中的父与子》是人教版实验教材五(上)第六单元的第一篇精读课文。本组课文重点是让学生感受父母之爱的深沉与宽广。通过认真阅读课文,把握主要内容,想一想作者是怎样通过外貌、语言和动作描写父母之爱的。本文震撼人心、情感性很强,但文章的内容与学生的生活有一定距离,生离死别的痛苦学生很少有体验。文章值得推敲的句段很多,人物的心理变化较复杂。为了让学生在有限的时间里入情入境,情有所动,理有所悟,本课设计力求抓住文眼,聚焦形象。

【教学目标】

1. 理解课文内容,有感情地朗读课文。

2. 从课文的具体描述中体会父与子的了不起,感受父亲对儿子的爱以及儿子从父亲身上汲取的力量。

3. 领悟课文。抓住人物外貌、语言、动作特点进行描写,反映人物思想品质的表达方式。

【教学重难点】

重点:从课文的具体描述中感悟父与子的了不起。

难点:抓住人物外貌、语言、动作等特点,体会人物形象。

【教学过程】

一、复习旧知，导入新课

1. 揭示课题：同学们，这节课我们继续学习《地震中的父与子》，齐读课题。
2. 复习引入：在上节课我们初读了这篇课文，学习了生字词，了解了课文的内容。现在请同学们回顾一下，这篇课文讲了发生在这对父子身上的一件什么事。

【设计意图】概括课文的主要内容是小学中高段语文学习的一个重难点，在概括时可以从题目、课文中的主要人物及事件入手进行概括。当然学生如果未能完全掌握，也不急于一时，可以在日后教学中慢慢引导进行修正。

二、切入中心，引领全文

1. 聚焦中心：读一读课文，一边读一边思考，课文中哪句话对这对父子进行了一个总的评价，读完后把相关的句子画起来。
2. 交流反馈："这对了不起的父与子，无比幸福地紧紧拥抱在一起。"
3. 体会写法：同学们都觉得父亲的了不起就在于他坚持自己的信念，救出了自己的儿子，那父亲能在那样恶劣的情况下，坚持挖掘的原因是什么呢？

正是因为这句承诺体现了他对儿子深深的爱，也支撑着父亲的意志。

概括描写方法：同学们再仔细看这句话，写出了当时父亲内心的想法，这样的描写叫什么？（板书：心理描写）

像这样的心理描写课文中还有吗？

【设计意图】这一环节的教学，从文章的中心句切入并抓住关键词提问，让学生思考这位父亲了不起在哪儿，这也是一个提纲挈领贯穿全文的问题。文中还有一句表达父亲内心坚定的句子"无论发生什么事情，我总会和你在一起"，从这句话的学习中关注到作者对心理描写的侧重。

三、修改结局，引发思考

1. "是的，儿子在等着我"，两次心理描写，都让我们体会到了父亲坚持不懈的信念,也使他最终救出了孩子,最后故事有了一个圆满的结局。所以,这位父亲真的很了不起(指板书)。但你们想过吗? 如果事情的结局不是课文中所写,而是这样——出示:

他挖了8小时、12小时、24小时、36小时,没有人再来阻挡他……

第二天清晨,人们再次来到学校,准备清理废墟。这时,他们又看到了这位父亲,只见他呆呆地坐在一堆破碎的瓦砾边,怀里抱着一个面容苍白。没有呼吸的孩子,他的嘴里不停地在喃喃着:"阿曼达,我的孩子,无论发生什么,我总会和你在一起。"

2. 听了这个结局,你有什么感受? 但是如果事情是这样的结局,你还认为他了不起吗?

3. 学生讨论。个人发言。

4. 小结:是的,原来大家都觉得这位父亲了不起并不是从事情的结果中看出的,而是从父亲努力救儿子的过程中体会到的。

【设计意图】修改结局让学生充分体会到悲惨结局给父亲和这个家庭带来的毁灭性打击,从而反衬出课文美好结局带来的生的希望,进而体会到父亲竭尽全力救孩子的伟大。

四、抓住重点句,理解含义

1. 在课文中有不少句子,通过对父亲解救儿子过程的具体描写体现了父亲了不起的人格。请你们找一找,有一段话集中描写了父亲救孩子的过程。出示:

他挖了8小时、12小时、24小时、36小时,没人再来阻挡他。他满脸灰尘,双眼布满血丝,衣服破烂不堪,到处都是血迹。

(1)读这句话,谁告诉我父亲到底挖了多久?(36小时)

有同学提到出这样的问题:为什么作者不直接写出"他挖了36小时,没有人来阻拦他",而是"要8小时、12小时、24小时",这样层层递增呢?

是的,这样写让我们深切地感受到挖掘时间的漫长,过程的艰难,也更能体现父亲执着的信念和所克服的巨大困难。

(2)指导朗读:请一起来读一读。

(3)分析描写方法:这段话着重描写的是人物的什么？请你来评价一下这段外貌描写。(板书:外貌描写)

2.仔细看这句话,说父亲挖了整整36小时,没人再来阻挡他。是真的没有人来阻拦他吗？在哪几段里有写？是的,在课文的5—11段里有写旁人的阻止。请大家看大屏幕,谁来读:

有些人上来拉住这位父亲,说:"太晚了,没有希望了。"这位父亲双眼直直地看着这位好心人,问道:"谁愿意帮助我?"没人给他肯定的回答,他便埋头接着挖。

消防队长挡住他:"太危险了,随时可能发生大爆炸,请你离开。"

这位父亲问:"你是不是来帮助我?"

警察走过来:"你很难过,我能理解。可这样做,对你自己、对他人都有危险,马上回家吧。"

"你是不是来帮助我?"

人们摇头叹息着走开了,都认为这位父亲因为失去孩子过于悲痛,精神失常了。

然而这位父亲心中只有一个念头:"儿子在等着我!"

(1)自由读:哪些人劝说父亲？说说他们分别是怎么劝的?

(2)面对他们的劝阻,父亲怎么回应的,请在课文中找到相关句子画起来。读一读,你有什么发现?

(3)自己读一读,体会体会。

(4)引读三句话。

(5)概括写法:这就是文章中对父亲的语言描写。(板书:语言)

3.我们知道,在这几段中,劝阻父亲挖掘的还包括其他孩子的父母,我们来看看之前他们的行为。

出示:就在他挖掘的时候,不断有孩子的父母急匆匆地赶来。看到这片废墟,他们痛苦并大喊:"我的儿子!""我的女儿!"哭喊过后,便绝望地离开了。

(1)聚焦其他父母的言行:难道他们不爱自己的孩子吗?

(2)交流明确:写其他父母的表现是为了衬托出阿曼达的父亲营救儿子时的坚定执着和他对儿子深深的爱。这样的写法叫对比描写。有对比,有衬托,更凸显了这位父亲的了不起!

（板书：对比描写）

【设计意图】这一研读部分环节是课堂教学的重点，教学方法上通过让孩子进行分组读、师生合作读、个人分角色读等多种朗读方式，对父亲的外貌语言描写进行个性挖掘。其中，在了解内容的同时，让学生理解作者塑造父亲这一角色是通过对其外貌、语言及对比描写刻画的，尤其外貌描写引导学生注意观察作者的描写顺序，而语言描写侧重朗读父亲反复说的语句，进而感受到父亲坚定执着的品质。

五、总结写法，迁移习作

同学们，这篇课文运用了心理、外貌、语言、动作描写及对比描写，刻画出了一个坚定执着具有崇高父爱的了不起的父亲形象。那课文中的儿子了不起在哪儿呢？

（儿子的了不起就在于想着自己的同学，想先救自己的同学）

教学楼轰然倒塌，一切都来得让人措手不及，在阴暗的废墟里，弥漫着绝望和死亡的气息，没有水，没有食物，有的只是14个弱小的孩子。在这样的生死关头，阿曼达又是怎样生存下来的呢？他会想什么？说什么？

请大家展开想象，学习的课文刻画父亲的写法有运用外貌、语言、动作、心理描写，甚至还可以运用对比描写来写一写阿曼达在废墟下的场景。

【设计意图】在之前的学习中，学生已经领悟到作者描写父亲的方法，是通过对父亲外貌、语言、动作及与其他人的对比描写，凸显他的人物性格。而本文题目中"地震中的父与子"中的"子"阿曼达文中并没有对他进行过多的描写。所以，教师可以引导学生尝试用本课所了解到的几种描写手法来写一写阿曼达。这一环节难度略高，可以鼓励孩子尝试为主。

六、交流作品，总结全文

父亲的爱给了阿曼达坚持下去的勇气，父亲的承诺让阿曼达重新燃起了生存的希望。父爱如高山一般厚重，像大海一样宽容，一直以来有许多讴歌父爱的书籍或文章。课后，老师推荐大家阅读一篇著名作家朱自清的文章《背影》。

【设计意图】总结全文，升华主题，父爱的伟大令人动容。另外可借机推荐描写父爱的名家名篇《背影》，让学生进行课外阅读。

《小蝌蚪找妈妈》教学设计（第一课时）

浙江省建德市新安江第一小学　蒋雅斐

【设计理念】

本课为义务教育课程标准实验教科书一（下）第34课。语文课堂应力求体现语文性。一年级小朋友学习《小蝌蚪找妈妈》这样充满人文情趣的科学童话故事时，如何凸显语文课堂的语文性、情趣性、科学性呢？本课教学力求围绕着情感朗读、人物介绍、情景表演等方式，落实低年级学生的语言习得，培养学生的语文能力，努力让每一个孩子能"写好每一个字，读好每一课书，说好每一句话"。

【教学目标】

1. 通过观察、朗读和说话练习，积累"碧绿的、雪白的、蹲着、披着、露着、鼓着"等词语，并能运用这些词语有序介绍青蛙的样子。

2. 品读对话、情境表演，辨析短语"迎上去、追上去"的意思，了解青蛙成长过程中的变化，感受童话故事的情趣，增强对科学童话的兴趣。

3. 学习正确工整地书写生字"变"和"条"。

【教学重难点】

重点：运用课文中的词语简单介绍蝌蚪和青蛙的样子，理解"迎上去、追上去"的意思。

难点：体会童话文体的特点。

【教学过程】

一、运用短语,介绍蝌蚪样子

教师导入:小朋友们,这节课我们学习《小蝌蚪找妈妈》。谁来读读大屏幕上的这些短语?

出示:

> 大大的脑袋
> 黑灰色的身子
> 甩着长长的尾巴

1. 指名读,齐读。

2. 这些短语都是用来写谁的呢? 看看图上的蝌蚪,谁能用上这些短语有顺序地介绍小蝌蚪的样子?

3. 谁能边做动作边介绍小蝌蚪可爱的模样?

4. 小朋友们把小蝌蚪的模样介绍得真清楚。课文又是怎么写小蝌蚪可爱的模样的呢? 请打开书本,读一读描写小蝌蚪模样的句子。

【设计意图】用读一读短语的方式引导学生复习上节课所学的小蝌蚪的外貌,而短语学习的安排亦有巧妙之处:小蝌蚪的形体介绍从"脑袋"到"身子"再到"尾巴"讲求先后顺序,"大大的""长长的"这是叠词的使用,更突出了小蝌蚪的可爱之处。

二、学习描写青蛙外形的句子,感受青蛙特点

过渡:小蝌蚪长得这么可爱,那它的青蛙妈妈到底长成什么样呢? 出示图,谁能像刚才介绍小蝌蚪一样来试一试介绍青蛙妈妈?

课文又是怎么描写青蛙妈妈的样子的呢? 请小朋友自由地读一读课文,边读边找描写青蛙模样的句子。

1. 生自由读。找到描写青蛙妈妈的句子了吗? 请你读给大家听。出示:

> 荷叶上蹲着一只大青蛙,披着碧绿的衣裳,露着雪白的肚皮,鼓着一对大眼睛。

2. 青蛙妈妈有哪些特点,请你认真地读一读这段话。要把字词读正确。

3. 随机引导,学习描写青蛙妈妈的句子。

A. "鼓着"这个词你读得特别好,小朋友仔细找一找,这句话里还有像"鼓着"这个词一样描写青蛙的动作的词语吗?(点红)

这些都是描写青蛙动作的词,谁来正确又响亮地读读它们?

小朋友们看看图上青蛙的样子,你看"鼓着"这个词用得多好啊,仿佛让你看到青蛙的眼睛是怎么样的。请你再来读读这些词语。

读着这些词仿佛让你看到了一只怎样的青蛙?(可爱,神气)谁能把这青蛙的可爱劲儿,神气劲儿读出来?

B. 青蛙的动作很丰富,青蛙的颜色也很漂亮,谁能找到表示颜色的词?

是啊,碧绿的衣裳、雪白的肚皮,好鲜亮啊!谁来读好这个句子?

你看青蛙妈妈不仅动作神气可爱,身上还有那么漂亮的颜色,谁再来读一读这句话啊?

4. 小作者把青蛙妈妈写得这么可爱生动,你能像他这样试着用上屏幕上的词语来向大家介绍青蛙妈妈的样子吗?

【设计意图】这一环节抓住描写青蛙妈妈的重点词句进行研读。先找出青蛙妈妈的动作"蹲着,披着,露着,鼓着",让学生体会青蛙妈妈的神气可爱;再找出描写青蛙妈妈身体颜色的词语"碧绿,雪白",使学生关注青蛙妈妈色彩之美。最后让学生用这些词语来介绍青蛙,目的是让学生在学后巩固迁移至用。

三、观察生字,书写"变"和"条"

过渡:小蝌蚪和青蛙长得真是不一样,他要长成一只小青蛙还要经过很多很多的变化。接下来我们就来学习写这个变化的"变"字。

1. 论结构,说一说变是什么结构的字?

2. 看字形,仔细观察"变"在田字格里的位置,你有什么地方要特别提醒小朋友们注意的?

3. 看老师书写"变"字。

4. 书写"变"字,投影交流,反馈后再写一个。

5. 还有一个字跟变字写法相似,就是"条"。指导书写"条"字。

【设计意图】写字环节是小学低年段课堂教学的重中之重,之所以放在整节课的中间环节,是出于低年段孩子的听课注意力集中时间比较短,中间用写字环节缓和全程认读的繁复,并巧妙过渡。"变"和"条"都是上下结构的字,教师在教学时,采用一扶一放的方式,扶着写"变",待学生掌握可以自己尝试写"条"。

四、学习课文第2,3段,朗读表演,理解"迎上去"和"追上去"

过渡:原来小蝌蚪和自己的妈妈长得那么不一样,怪不得它们找妈妈找得好辛苦,他们一路上都得到过谁的帮助呢? 请小朋友们好好地读课文2—3自然段。

1. 指名分段读,正音。

2. 练习朗读对话:

(1)练习小蝌蚪和鲤鱼的对话。

小蝌蚪在向鲤鱼妈妈打听自己的妈妈去向时,是怎么问的? 谁来学着小蝌蚪的样子问一问?

鲤鱼妈妈又是如何回答的呢? 你来答一答。

现在你就是小蝌蚪,你就是鲤鱼妈妈,你们再来问一问答一答。谁再来试一试? 分男女生读对话。

(2)练习小蝌蚪和乌龟的对话。

听了鲤鱼妈妈的话后,他们把谁当作妈妈了?(乌龟)他们是怎么叫乌龟的,谁来叫一叫? 你从他的叫声中,听出了蝌蚪的心情如何? 谁再来试试。

乌龟妈妈是怎么说的呢? 你来读。

分角色读一读。

3. 师生合作表演,理解"迎上去"和"追上去"。

(1)老师来当当鲤鱼妈妈,谁来当当小蝌蚪,跟老师合作表演。

师故意未面对着小蝌蚪,问:刚才我和这只小蝌蚪的表演和书上的描写一样吗? 点红句子,放大"迎"字。小蝌蚪是迎上去和妈妈说话的,想一想她刚才有迎上去吗? 讨论后,请小朋友再来演一演。

(2)小蝌蚪和乌龟妈妈对话时又是怎么做的呢? 小朋友们先自由地读一读,想一想。

师生合作表演乌龟和小蝌蚪的对话部分,理解"追上去"。

教师板书。

(3)这一迎一追用得可真巧妙,就在这一追一迎之间,小蝌蚪的身体也在悄悄地发生变化。

(师边看投影边介绍)瞧,他们先长出了两条前腿,又长出了两条后腿,然后尾巴也慢慢地变短,最后尾巴不见了,他们也成了一群小青蛙,和妈妈一起去捉害虫,从此幸福地生活在一起了。

【设计意图】低年段的课堂始终要讲求趣味性,而表演朗读恐怕就是孩子们最喜欢的环节之一。"迎上去""追上去"中的一迎一追意思接近,但实则正确理解是个难点,教师巧妙地运用表演朗读的方式,学生在边读边演中理解"迎"和"追"在方向上的不同。

五、课外语文实践活动

多美的一个童话啊!请小朋友们回家把这个有趣的故事边演边讲给爸爸妈妈听。

【设计意图】课外语文实践活动在低年段可以大量施行,从生活中来、到生活中去,课堂与家庭生活的有效结合,会让孩子们对于本课的学习有更好的巩固,也锻炼了孩子的口头表达能力。

研究成果篇

识体而教:着力于文体思维的发展

——以人教版四(下)第一单元为例谈写景类文体的语用教学

浙江省建德市大慈岩中心小学 余晓玮

任何文本,都是以特定的文体形式存在的。文体不仅支配作品结构、语言、表达方式,而且对文事、文意、文情、文境也具有反作用。写作是一种文体思维,阅读自然要顺应文体思维。不同的文体在阅读过程中,其思维方式是不一样的。如果"识体而教",即一个单元集中一类文体,教给学生阅读这一类文体的基本方法,就可以顺应学生的文体阅读思维,让他们学得更集中、更透彻。

人教版四(下)第一单元的4篇选文除《古诗词三首》属诗歌外,另外3篇《桂林山水》《记金华的双龙洞》《七月的天山》皆是写景类文体,是一个文体集中适宜"依体施教"的单元。教师恰好可以借此进行写景文的文体阅读教学,着力于"一篇",着眼于"一组",从而打通"一类",实现学生文体阅读思维和能力的阶梯式发展。

一、着力"一篇",揭示文体的语用秘妙

现行人教版教材中的选文经过编者的反复打磨,可以说都是文质兼美的范文。它具有原生性的阅读价值和创生性的教学价值。教学时,需要教师深入研读,发掘这"一篇"文本独特性的教学价值,采取细化教学的方式,发挥阅读的范例作用,举一反三。

作为一篇写景文章,《七月的天山》具有两大文本特点:第一,为学生提供了一个更为丰富地体现"移步换景"的典范——除了抓住不同地点的不同景物,还体现了同一景物在不同地点的变化。第二,运用多样性的比喻准确写出景物变化的多样性特点。[1]

这两个特点是这篇文本布局谋篇、语言表达的秘妙所在,也是写景类文体特质的表现。聚焦这一创生性教学价值核心,可让学习历程达到"提领而顿"的高峰境

界。教学中,笔者引导学生先聚焦直接写山的三处句子,在比较中发现同一景物在不同地点的变化:同样的景物第一次出现时需要具体描写,后面重在写出其变化;然后通过圈画、梳理主要的景物,体会不同地点的不同景物,从而进一步丰富对"移步换景"写法的理解。比喻,对于四年级的学生来说并不陌生,但他们更多地停留在"把什么比作什么""使句子更生动形象"这样的理解层面上。"运用多样性的比喻准确写出景物变化的多样性"是学生的未知领域,可通过以下教学把学生带入比喻的陌生化的认识境界:

1. 品读第2自然段,发现多样性比喻的秘妙。

多重的比喻:"蓝天衬着高耸的巨大的雪峰,太阳下,雪峰间的云影就像白缎上绣了几朵银灰色的花。"

变化中的比喻:"融化的雪水从高悬的山涧、从峭壁断崖上飞泻下来,像千百条闪耀的银链,在山脚下汇成冲击的溪流,浪花往上抛,形成千万朵盛开的白莲。"

2. 略读第3-4自然段,体会比喻的多样性能准确写出景物变化的多样性。

多角度的比喻、与排比组合的比喻:"在轻轻荡漾着的溪流的两岸,满是高过马头的野花,五彩缤纷,像织不完的锦缎那么绵延,像天边的霞光那么耀眼,像高空的彩虹那么绚烂。"

3. 串读比喻,体会语言与情感交融的精妙表达。

4. 情境写话,运用多样性的比喻表现天山雪莲、天池变化的多样性。

阅读教学在某种程度上可以说是文体教学。学习课文的目的是培养某一文体的语感。着力"一篇",类似于抓住写景文本的一个"点",从例文写作顺序(文章结构)和语言表达来认知"大好河山"类写景文的特点。

二、贯通"一组",掌握文体的语用规律

从现行人教版教材编写看,"人文主题"组文淡化了文体意识,难以满足文体教学的要求。教师可通过对单元教材调整、重组、补充教材内容,贯通"一组"文章深化文体教学。

贯通"一组",使用的是单元整组阅读的教学思路,目的是掌握某种类型写景文的一般规律。人教版四(下)第一单元口语交际与习作明确要求:按一定的顺序写

一处景物。在学习《七月的天山》的同时,教师可引入《记金华的双龙洞》《桂林山水》组织互文阅读,引导学生在比较中发现"祖国壮美河山"这一主题的3篇写景文,有这么几种顺序安排:曲径通幽、总分总、移步换景。这样的顺序安排差异取决于描写对象的差异性:《记金华的双龙洞》好比抓住一个点来写,需要周边环境衬托,自然用的是"曲径通幽"法。《桂林山水》好比写的是一个面,采用分类写法,采取总分总的顺序结构便于整体认识。《七月的天山》好比写的是一条线,"移步换景"能突出不同地点相同或不同景物的变化。

单元导语明确指出"体会作者是怎样用优美语句表达情意的",语文园地"我的发现"也意在引导学生发现本单元课文语言表达的秘妙。教学中,教师可引导学生发现这"一组"课文共同的语言表达特点——"用相同的句式描写一个事物"(排比句),并通过对比、品读,初步感受排比句的表达特点与气势。

"漓江的水真静啊,静得让你感觉不到它在流动;漓江的水真清啊,清得可以看见江底的沙石;漓江的水真绿啊,绿得仿佛那是一块无瑕的翡翠。"

"桂林的山真奇啊,一座座拔地而起,奇峰罗列,形态万千;桂林的山真秀啊,像翠绿的屏障,像新生的竹笋,色彩明丽,倒映水中;桂林的山真险啊,危峰兀立,怪石嶙峋,好像一不小心就会栽倒下来。"

——《桂林山水》

"随着山势,溪流时而宽,时而窄,时而缓,时而急,溪声也时时变换调子。"

——《记金华的双龙洞》

"在轻轻荡漾着的溪流的两岸,满是高过马头的野花,五彩缤纷,像织不完的锦缎那么绵延,像天边的霞光那么耀眼,像高空的彩虹那么绚烂。"

——《七月的天山》

同时,可引导学生在对比阅读中发现,同为写景文,3篇课文的语言表达各有其独特之处。

《桂林山水》:写漓江的水静、清、绿的特点,桂林的山奇、秀、险的特点,每一个特点都用了一个语句加以描述。无论是写水还是写山,其段落都采用了并列式:先写其他地方的水和山的特点,再写桂林的水和山的特点,对比写让特点更鲜明。写桂林山水的特点,又并列着写,一句话一个特点,叠加写让特点更丰满。

《记金华的双龙洞》：写景有重点，用"特写镜头"详细地描写了从外洞乘小船进内洞的过程和内洞的风貌。

《七月的天山》：运用多样性的比喻准确写出景物变化的多样性。

三、总揽"一类"，提升文体的语用思维

通过"一组"写景文的学习，学生对该文体的基本特征与表达特点应该说有了初步的了解，但若是要进一步形成该类文体的阅读方法和能力，还需跳出"单篇""一组"的窠臼，总揽"一类"。这里的"类"包含整个小学阶段所有写景文的类型，甚至学生课外所阅读的写景文，打破"某种类型"的界线，采用"群文阅读"的方式，类似于大海捞针，提取写景文的精华。

一是运用求同思维，关注"写什么"。人教版小学语文教材中共编排了38篇写景文，教师可引导学生把握该类文体的共性，即常见的结构特征与取材方法，进而提升阅读能力。经过梳理可以发现：被选编到小学语文教材的写景类文章都有明显的结构特征。其中，总分总结构、分总结构和总分结构的文章最多，共18篇，占47.4%。如，《富饶的西沙群岛》《美丽的小兴安岭》。其次，占比例较高的是按游览顺序和时间顺序写的例文。比如，《记金华的双龙洞》《颐和园》。另外，还有按景物的几个方面来介绍的，如《珍珠泉》等。[2]

二是运用求异思维，关注"为什么这样写"。"同中求异"需要深入语境领会作者表达的主旨和语言风格，深化对文章内涵和表达秘妙的理解和领悟。老舍的《林海》创作于建国初期，全国人民当时正处在当家作主的喜悦之中，而国家建设百废待兴。为引发读者的观点与情感认同，作者以细腻的笔触描绘了大兴安岭的美丽风光，并由景展开联想，赞美了大兴安岭在祖国经济建设和政治稳定方面起到的巨大作用。而被称为"人民艺术家"的老舍，其语言平实却不失灵动。长短句交替、口语和书面语灵活使用，使得课文在运笔的疏密、缓急和感情氛围的浓淡、强弱上具有一种抑扬多变的节奏感。"这里的岭的确很多，横着的，顺着的，高点儿的，矮点儿的，长点儿的，短点儿的，可是没有一条岭使人想起'云横秦岭'那种险句"，短句仅两三个字，长句达二十几个字。这种长短句的交错使用，既简捷明快，又生动细密，语气有急有缓，文笔富有变化，使人觉得大兴安岭的"岭"确实既温柔又亲切。文章

以书面语为主,动情之处,口语则自然流出。"多少条岭啊!""河岸上有多少野花呀!""我不晓得当初为什么管它叫'兴安岭'。"这些句中的"啊""呀""不晓得"都是口头语,这种口语与书面语灵活使用,使文章语言既活泼亲切,又喻意丰富深刻,恰当地表达了作者当时的感受,同时增加了读者阅读文本的身临其境之感。[3]可见,只有走进作者创作的整体语境中,才能设身处地地理解,甚至关注细节的变化,从而提升学生深度阅读的素养。

总之,同一类文体在不同的学段、不同的单元,其教学意图与价值都是不同的,教师要依据课标,立足文体教学,走整合和融合之路,引导学生发现和积累写景文在结构布局、取材角度和语言表达上的共性规律与个性特点,从而习得写景文的文体知识体系,提升文体语用能力。

参考文献:

[1]薛法根.文本分类教学(实用性作品)[M].福州:福建教育出版社,2016.

[2]徐江波.小学语文写景散文的习作价值探寻[J].中小学教学研究,2016(7):13-16.

[3]阮红旗.老舍《林海》的艺术美欣赏[J].小学教学研究理论版,2013(5):7-9.

基于故事体课文的复述能力培养策略探索

浙江省建德市大慈岩中心小学　余晓玮

《义务教育语文课程标准2011版》(以下简称《新课标》)在每个学段的阅读和口语交际目标中都有明确的复述要求。可见,复述能力的培养是贯穿小学语文阅读教学始终的一项重要内容,是完成语文教学目标的重要指标之一。复述是指学生在深入理解课文内容的基础上,对阅读内容进行加工、整理、改造,形成自己特有的言语思维,组织个性化语言进行流利的表达。新课标理念下的复述,关注的是语言文字运用能力的提升,有别于传统意义上只关注内容的复述。

《新课标》对复述能力的要求主要集中于叙事性作品,梳理人教版教材的阅读内容和目标,笔者发现,教材中要求复述课文的基本是故事体课文,包括神话故事、民间故事、童话故事、寓言故事、成语故事。现行人教版小学语文教材中有许多故事体课文,见下表1。

表1　人教版小学语文教材中故事体课文统计

年级	课文	文体类型	年级	课文	文体类型
一上	12雨点儿 14自己去吧 15一次比一次有进步 16小松鼠找花生 19雪孩子 20小熊住山洞	童话故事	一下	15夏夜多美　16要下雨了 17小壁虎借尾巴　19乌鸦喝水 26小白兔和小灰兔　27两只小狮子 29手捧空花盆的孩子 30棉花姑娘 31地球爷爷的手 34小蝌蚪找妈妈	童话故事
				21称象	历史故事
二(上)	13坐井观天	成语故事	二(下)	27寓言两则(揠苗助长、守株待兔)	寓言故事
	17酸的和甜的 21从现在开始	童话故事		28丑小鸭	童话故事

续表

年级	课文	文体类型	年级	课文	文体类型
三(上)	18 盘古开天地	神话故事	三(下)	9 寓言两则(亡羊补牢、南辕北辙)	寓言故事
	27 陶罐和铁罐	童话故事		10 惊弓之鸟	成语故事
	28 狮子和鹿	寓言故事		12 想别人没想到的 19 七颗钻石	童话故事
	5 神笔马良	民间故事		31 女娲补天 32 夸父追日	神话故事
				30 西门豹	历史故事
四(上)	9 巨人的花园 10 幸福是什么 11 去年的树 12 小木偶的故事	童话故事	四(下)	29 寓言两则(纪昌学射、扁鹊治病)	寓言故事
				30 文成公主进藏 32 渔夫的故事	民间故事
				31 普罗米修斯	神话故事
五(下)	11 晏子使楚 18 将相和	历史故事	六(下)	7 藏戏	民间故事
	21 猴王出世	神话故事		14 卖火柴的小女孩	童话故事

这类课文情节曲折生动、人物形象鲜明,学生特别感兴趣,加之独特的语言表达和结构特点,因此对学生复述能力的培养有独特的价值。笔者在教学实践中进行了一些有益的尝试。

一、利用"故事"的表现形式激发复述兴趣

复述能力是学习语言文字运用的一项重要能力,但由于难度大,要求高,形式单一枯燥,往往不能引发学生的参与热情。"故事"这一受学生喜爱的文学体裁,其表现形式多样:设置悬念,吊人胃口;图文结合,丰富情境;多元呈现,形式活泼。教学中,巧妙利用"故事"的表现形式,能有效激发学生复述的兴趣。

(一)巧设悬念,以"疑"激发复述兴趣

故事体课文的情节曲折生动,往往一波未平一波又起。若教师讲述时平铺直

叙,往往吸引不了学生的兴趣。教学这类"故事"时,教师可引入悬念,打破故事完整的格局,在关键处置疑,吊足学生的胃口,让他成为故事里的人,循着故事脉络索探余韵,从而激发其复述的欲望。

怎样设置悬念呢? 一是开篇悬念,故事一开始就直接提出疑问;或是利用倒叙法设置悬疑。如,教学《渔夫的故事》时,教师先告诉学生这个故事出自《一千零一夜》,然后给学生讲述故事背景,并设疑:新王后会不会也面临被杀的危险? 她将如何化险为夷? 激发学生对故事浓厚的兴趣,自由构思故事发展。二是情节悬念,即在讲述故事过程中,教师故意在情节关键、紧张处停止,引发学生热烈讨论,顺着文脉猜想故事情节发展。如,教师在讲述《渔夫的故事》时,创设《一千零一夜》中"王后"(教师扮演)给"国王"(学生充当)讲故事的情境,在胆瓶里钻出魔鬼处、魔鬼要杀渔夫处、渔夫决定智斗魔鬼处戛然而止,吊足学生胃口,让他们欲罢不能,积极参与到故事发展态势的猜测、创编中来。三是结果悬念,即在故事结束时设疑引发讨论、猜测。《渔夫的故事》结尾讲到渔夫将魔鬼骗进瓶并将它挪近大海,教师又可设疑:瓶子到底有没有扔进大海? 魔鬼命运如何? 悬念将学生引入故事情境,自然激发了他们模仿运用悬念讲述故事的欲望。

(二)丰富画面,以"形"激发复述兴趣

故事体课文由于故事性强,画面感也很强,因此教材编排时往往给这类课文配上生动形象的插图。小学生以形象思维为主,对丰富直观的画面特别感兴趣,有强烈的描述、表达的欲望。教师可借助"故事"这一特点,顺应学生的心理,呈现静态的画面或播放动画,创设故事情境,激发学生观察、联想,进而使学生产生说话的兴趣,成为讲故事的人。

从教材编排来看,低年级主要以童话故事为主,这类故事体课文往往配有连环画,即随着故事情节一波三折地发展,画面一幅接一幅相应地呈现,比如《雪孩子》《小猴子下山》《酸的和甜的》等。童趣盎然的画面特别能激发学生讲故事的欲望,因此教学这类故事体课文时,教师可在学习故事之后逐一呈现色彩丰富、生动的故事画面,将学生引入故事情境,融入到故事角色中,揣摩人物心理,展开丰富联想,进行细节描述,满足他们在老师和同伴面前讲故事的表现欲。

中高年级的故事体课文虽未都配有插图,但不少已拍成了影视作品,教师可以静音状态播放相关的影视作品,让学生看了还不过瘾,想说,争着说,主动当小演员

给作品配音,比如《坐井观天》《盘古开天地》《神笔马良》《女娲补天》等。

(三)多元呈现,以"新"激发复述兴趣

故事,尤以民间故事、神话故事,是人民群众集体创作,通过口耳相传的方式进行传播。在传播过程中,其自然而然地就拥有口头文学的生动活泼形象等特点,汉语口语的音韵节奏的和谐之美。故事往往这样开头:"很久很久以前……""从前……"故事的发展往往从"有一天"开始,而结尾则常用"从此"这类词,通俗晓畅,朗朗上口。教师可抓住这一特点,从课外引进说大书、天津快板等丰富的讲故事形式,展现语言艺术魅力,让学生带着新奇感自主参与到复述故事中来。

《猴王出世》是一篇半文言文半白话文的神话故事,故事本身很吸引学生,但语言稍显生涩,学生复述故事的兴趣不高。教师可将《猴王出世》故事开头一段改编成天津快板形式,边打快板边念唱:《猴王出世》哎,竹板儿这么一打呀,别的咱不说,说一说猴王出世,孙、大、圣。话说海外有一国,名曰傲来国。国中有一山,唤为花果山。山当顶,一仙石,三丈六尺五寸高,二丈四尺围圆。有那么一天,山石裂,仙胞化,因见风,成石猴……富有节奏地念唱,加之教师声情并茂地表演,增添了故事无限的魅力,学生讲故事的兴致一下子被激发,饶有趣味地模仿老师继续改编故事,以快板形式复述起故事来。

《将相和》《晏子使楚》《西门豹》等历史故事,情节曲折生动、人物形象鲜明,教师可引进说大书的形式复述故事。打着扇子,拍着醒木,课堂上教师摆起说书艺人的架势,讲到动情处两眼湿润娓娓而诉,说到高亢处眼若铜铃声如洪钟,很快将学生带入意境。这样生动的故事讲述形式,充分润色了故事的表现力,能极大地调动起学生的表现欲,课堂很快变成了学生声情并茂讲述的"故事会"。

二、借助"故事"的语言特色鲜活复述内容

复述,不是简单的课文内容的再现,而是学生经历自我内化,倾吐文本语言的过程。"故事"语言较之其他文体有鲜明特色:采用对比手法,呈现两个词语系统;采用特定句式,体现语言的规律、节奏之美;采用拟人、夸张,展现神奇的想象力。教师可因"言"施教,引导学生厚实内容,创造性地运用语言文字复述。

(一)利用"故事"的词语系统有序复述

"故事"常用对比手法呈现正反两种截然的人物形象,表达强烈的爱憎情感,因

此往往会有两个词语系统:或褒贬两类人待人处事行为,如《两只狮子》中的一勤一懒;或赞颂英雄的正直义举,鞭笞小人的专制、卑鄙,如《神笔马良》中马良的善良正直和大官的自私贪婪。教学时,教师可引导学生抓住这两个词语系统,抓住故事矛盾冲突的双方力量,在内化文本关键词句中有序、翔实地复述。

低年级学生语言组织能力较弱,概括能力不强,复述时常抓不住故事的要点,教师可帮助学生提炼故事的词语系统,引导学生有条理地复述故事大意。如《小白兔和小灰兔》一课,教师可引导学生梳理出两只兔子的不同做法,借词语系统串联故事,有条理地简要复述大意。

中高年级,则要求在借助词语系统串联故事大意的基础上能抓住重点环节,扩充细节内容,翔实复述故事发展。如教学希腊神话故事《普罗米修斯》时,教师可出示故事中的两个词语系统:

宙斯　　　　奥林匹斯山　天规　　决定　　追查　　气急败坏　　惩罚
普罗米修斯　高加索山　　触犯　　决心　　盗火　　决不屈服　　折磨

教师通过指导学生通过竖着读,感受两个词语系统中不同的人像(宙斯、普罗米修斯)、物像(奥林匹斯山、高加索山)、事像(天规、决定、追查、气急败坏、惩罚;触犯、决心、盗火、决不屈服、折磨)的情感色彩,以此奠定故事的基调。然后教师引导学生横着读,将词语读成句子,读成故事,并借助这两组词,将两个对立人物的故事情节有机穿插、串联起来。普罗米修斯遭受并战胜折磨的过程最具英雄色彩,抓住"折磨"这个词,学生可展开画面想象:面对折磨普罗米修斯是怎么说、怎么做、怎么想的? 情节的扩充,能有效激活学生倾吐文本语言、灵活运用的思维,使故事的复述充满个性和灵性。

(二)利用"故事"的规律语言生成复述

复述的过程是学习语言文字运用的过程。"学习语言文字运用",首先是学习,其次是运用。故事体课文中有许多语言表达的范式,每一种独特的语言表达都有其特定的表达效果,值得学生好好吸收、内化,进而在故事的复述中加以运用。

如神话故事《盘古开天地》,故事写了盘古累倒后身体发生巨大变化的第4自然段,想象奇特,句式工整。复述时如仅停留在文本呈现的语言上显然文未尽其用。此处教师正可借用来扩充复述:"盘古的牙齿、鼻子、耳朵、头发、眉毛、骨骼……会变成什么?"引导学生运用句式:"他的(　　),变成了(　　)的(　　)"继续想象神奇画面。孩子们在这个句式的想象言说中,他们言说时的语气、神态与言说"结晶",说明他们感受到了神话故事的神奇魅力,感受到了神话故事的这种语言表达的独特魅力,请看:"他的鼻子,变成了一座座雄伟的高山。""他的筋脉,变成了一条条宽阔的道路。""他的头发,变成了嫩绿的柳枝。"

再如民间故事《文成公主进藏》,在讲述文成公主进藏途中所遇困难时都采用相同的句式:遇到困难——神奇克服——奇特变化,句式特点鲜明,情节也极富神奇、浪漫色彩。复述时教师可引导学生运用这一句式结构,展开神奇想象,丰富故事内容,增添传奇色彩。有的学生说:走着走着,随行人员出现了水土不服,个个病快快的。公主痛心大哭,眼泪变成了一潭清泉,大家喝了泉水立马精神焕发。后来,人们把这潭水叫"文心泉"。还有的说:忽然刮起了风沙,天地浑黄一体,大家都睁不开眼睛。公主摘下头巾往空中一挥,顿时天蓝水碧。大家说,因为文成公主挥了头巾,所以这个地方的天特别蓝,草特别绿,水特别清。

(三)利用"故事"的神奇想象丰富复述

不同文体语言特色各不相同,变课文内容的完整复述为某一情节的片段复述,能更有效地引导学生关注文本的语言表达,进而吸纳、内化语言精华,实现创造性复述。大胆奇特的想象是故事体课文语言的亮点。童话故事一般运用夸张和拟人化手法,遵循一定的事理逻辑展开离奇的情节;民间故事中凡胎最终的"神化"、物体"人化"、神又可以"人化",同样充满传奇色彩;神话故事采用夸张手法,字里行间充满想象的张力……课堂上教师就应该抓住"故事"的语言特点,让学生在故事留白处、结尾处放飞想象翅膀,创造性运用语言文字进行复述。

故事往往留有空白,给读者很大的想象空间。教师可借留白处让学生发挥想象"添枝加叶",丰厚复述内容。《巨人的花园》这篇童话故事有意省略了"巨人的花园又成了孩子们的乐园"的情景,学习运用文本夸张、拟人手法,结合巨人的外形特点和孩子们的游戏天性,想象他们玩耍情景,创造性复述的奇妙之旅由此展开:"孩子们甩着巨人的头发荡秋千,爬进巨人的耳朵走迷宫,用巨人的鞋带跳大绳……""几个孩子爬上巨人的大肚子,拿它当蹦蹦床。一个孩子使劲一蹬,'呼'的一声,人不见了。原来他给蹦上了天,差点儿就到一棵大树上,惊得小伙伴大叫。巨人笑呵呵地伸手接过往下掉的孩子:'调皮蛋,看把你吓的!'"

有些故事结尾没有明确交代结果,给人无穷遐想。教师可启发学生根据课文提供线索,设想符合事件发展的结局,进行创造性复述。如给寓言故事《坐井观天》续编:青蛙跳出井口以后……续编故事这一创造性复述,使教材焕发出第二次生命力,为学生提供了一个内化文本语言、进行自由广阔的二次创作的空间,厚实了故事的复述内容,提升了学生的复述能力。

三、依据"故事"的结构特点丰富复述方法

授人以鱼不如授人以渔,利用"故事"段落结构相似、情节一波三折、线索明暗交织的结构特点,丰富学生复述课文的方法,可以有效提升学生的复述能力,达到触类旁通、举一反三的学习效果。

(一)利用"故事"段落的相似结构复述

故事以口耳相传为主,为方便记忆和传播,往往采用"三段式结构"来组织故事情节,通常表现为一件事情要经过三次反复才能完成或通过三个类同的情节单元来叙述一个完整的故事,从而使故事情节跌宕起伏、生动有趣,人物形象更加鲜明。如晏子三次反击楚王的侮辱,小壁虎借了三次尾巴,小蝌蚪第三次找到妈妈。教学时,教师可利用"三段式结构"故事重点段落结构相同、语句相似的特点,由一段的复述举一反三,迁移到多段的自主复述。

《猴子种果树》这篇童话故事有三个内容雷同的段落:乌鸦劝猴子改种杏树,喜鹊劝猴子改种桃树,杜鹃劝猴子改种樱桃树。每段在语言表达上都隐藏着相同的结构:鸟儿怎么劝;猴子怎么想、怎么做。特级教师薛法根借助文本表达这一秘妙,先运用"梨树 乌鸦 哇哇 梨五杏四""杏树 喜鹊 喳喳 杏四桃三""桃树 杜鹃 咕咕 桃三樱二"三组词引导学生发现文本三个段落结构相似的特点,串词成句进行概述性复述;然后巧用填空式语段:"正当___的时候,___对猴子说:'___'猴子一想:'___'于是就_____。"指导学生详细复述故事,进一步熟悉语段结构特点;接着让学生置换"鸟名、叫声、树名、农谚",迁移复述第2、3段故事;最后教师扮演"猴妈妈",让学生扮演"小猴子",引导其在生活化的语境中活用结构,创造性运用文本的语言结构续编故事。学生复述的过程就是运用"结构"的过程,这样的"结构"就逐渐内化为学生的"语言结构"。而语言结构的改变就带来学生阅读能力及复述能力的改变。

(二)利用"故事"情节的一波三折复述

文似看山不喜平,故事之所以能吸引人,首要原因就在于其情节的一波三折。如民间故事《神笔马良》围绕"神笔"讲述了马良盼望有笔、得到神笔、神笔被抢、智夺神笔的生动曲折故事;童话故事《丑小鸭》中丑小鸭经历亲友嘲笑、天寒地冻、孤苦无依才变成美丽的白天鹅。教学中,教师要引导学生跳出故事看故事,梳理总结出一类故事篇章结构的共同规律,以一篇迁移到一类故事的复述。

《盘古开天地》一文,教师引导学生提炼出情节一波三折发展的8个关键词,串词复述故事内容;然后引进另一神话故事《女娲补天》,提炼出4个关键词;分析比较两个故事的关键词,梳理出神话故事情节设计一波三折的特点:困难发生—英雄显身—困难解决—解决以后,并运用这一规律复述《女娲补天》;接着引进《普罗米修斯》,运用总结出的神话故事情节一波三折的特点,一一对应自主提炼出关键词,借助关键词复述故事,实现一篇到多篇到一类故事复述方法的迁移;最后,给学生一个神话人物"嫦娥",一个神奇事件"奔月",让学生发挥想象,尝试创编具有一波三折情节的神话故事。从习得到迁移再到创造性运用,神话故事情节设计一波三折的结构特点,为复述故事打开了更广阔的大门,在助推学生复述能力提升的同时,也为复述教学注入了鲜活的血液。

困难发生→英雄显身→困难解决→解决以后

《盘古开天地》:天地不分→盘古苏醒→顶天立地→累倒身变

　　　　　　　宇宙混沌→开天辟地→天地成形→创造宇宙

《女娲补天》:天崩地裂→造船冶石→窟窿补好→五彩云霞

《普罗米修斯》:生吃食物→来到人间→盗得火种→惨遭折磨

　　　　　　　黑暗无边→决心盗火→人类进步→终获自由

《嫦娥奔月》:……→……→……→……

(三)利用"故事"线索的明暗交织复述

线索是贯穿故事情节发展的脉络,它可以是故事中的某个人物、某个事物,也可以是作者的情感等。细细品味,大多故事体课文是明暗线索相互交织,如《小蝌蚪找妈妈》以小蝌蚪找妈妈这一事件为明线,暗线则是小蝌蚪到青蛙的生长变化过程;《惊弓之鸟》以更羸拉弦惊雁为明线,以魏王的情感变化为暗线。抓住明暗两条线索,也就把握住了故事发展的关键,复述自然化难为易了。

《扁鹊治病》以扁鹊几次拜见蔡桓公,诊断病情为明线,以蔡桓公的态度变化为暗线,两线交织推动故事情节发展。根据故事这一结构特点,教师可引导学生填写《诊疗记录表》(见表2),以"小扁鹊"身份进入情景,梳理故事线索:"时间""症状""治疗方法"皆为明线内容,"患者反应"则属暗线。

表2 诊疗记录表

患者:蔡桓公

时 间	症 状	治疗方法	患者反应
有一天	皮肤上有点小病	热水敷烫	不相信
过了十来天	发展到皮肉之间	扎针	没有理睬
十来天后	发展到肠胃	服汤药	非常不高兴
又过了十几天	深入骨髓	无能为力	奇怪

主治医生:扁鹊

借助明暗两条线索交织的《诊疗记录表》,学生轻松地将故事复述下来了。然后教师创设情境,让学生运用文本语言转述——话说扁鹊离开齐国,来到了秦国,去拜见秦王。秦王大喜,问:"神医,怎会来吾国?"扁鹊答:"禀大王,一个多月前……"发挥想象,学生有声有色转述的过程,是语言创造性运用的过程。

故事体课文特有的表现形式、语言特色和结构特点,对学生复述能力的培养有其独特的价值。教学中,教师要充分利用这一资源,着眼于学生语言文字运用能力提升的目标,循序渐进地落实《新课标》中的复述能力要求,使复述这一传统教学手段在语文教学中重新绽放光彩。

参考文献:

[1]中华人民共和国教育部.义务教育语文课程标准(2011年版)[S].北京:北京师范大学出版社,2012.

[2]陆萍.做一个会讲故事的人[J].语文教学通讯,2013,(11)67-68.

[3]李如密.像讲故事那样教学[J].江苏教育,2013,(11)24-26.

[4]傅登顺.复述及强化复述教学的对策[J].小学教学研究,2010,(11)13-14.

儿童习作"交际语境"的缺失与归位

浙江省建德市大慈岩中心小学　余晓玮

儿童怕写作文的现象一直存在,究其原因,主要在于教师在习作教学时,常把儿童习作与儿童自身情感、生活隔离,造成儿童对空说话,说空洞的话。《义务教育语文课程标准(2011版)》明确指出"愿意与他人分享习作的快乐""懂得写作是为了自我表达和与人交流"等"交际"理念。可见,培养学生的实际表达和交际能力,是习作教学的重要目标和任务。然而实际教学中,习作交际功能往往被忽视,笔者认为,只有让"交际语境"归位,儿童习作动机才能真正被激发,习作才能实现真正意义上的"语用"。本文所说的"交际语境"是指,习作教学中为完成一个真实或拟真的交际任务而创设的语言环境。儿童习作的"交际语境"包含作者(我是谁)、读者(写给谁)、目的(为什么写)和话题(写什么)四个要素。"交际语境"能引发学生的习作动机,决定语篇的内容与形式,是衡量判断语言表达准确、得体与否的依据。

一、儿童习作"交际语境"的缺失

目前的习作教材体系建构主要以习作主题为主,即主要突出"写什么",而对于"怎么写"关注不够,对于"为什么而写"则更是淡薄。因此习作教学的"交际功能"本质仍得不到彰显,儿童习作的"交际语境"严重缺失,主要体现为:

(一)习作价值偏离

在不少教师眼中,习作教学等同于习作训练。习作活动对于教师来说,就是习作知识、技能的传授,是教材内容在学生习作中的落实;对于学生来说,就是一项追求熟能生巧的练习,是一种超越自身生活和阅历的作业,是一种枯燥的文字游戏。当习作变成一种没有感情的、与自己无关的语言或者材料的堆积、建造,也就偏离了习作是"真实生活本身"需要的交际的本质要求和正常发展轨道。学生在课堂这一狭小的时间和空间里胡编乱造。于是,妈妈送我上医院,从三年级一直送到六年级;星期天钓鱼,从小学一直钓到中学。

(二)命题语境脱落

细看小学阶段的习作命题,会发现语境脱落几成通病。比如《难忘的 ____(人、事、活动)》,这样的作文命题,我们都不止一次地写过,一代又一代的学生还在写。可是,为什么要写它? 又写给谁看? 作者选择怎样的角色来写? 写成什么文体? 说不清楚,也搞不明白。这是典型的语境脱落式习作命题。语境脱落,使学生失去习作的内在动机,而变成教师强加的任务。又如六年级上册第二单元的习作是写"演讲稿",题目是这样要求的:请根据自己的感受和体会,运用搜集到的资料,围绕"祖国在我心中"这一主题,写一篇演讲稿。演讲作为生活中一种常用的交际方式,尤其需要语境的创设。而此次习题命题除了规定文体为"演讲稿"之外,看不到语境的其他要素:学生为什么要写这篇演讲稿? 听众是哪些人? 演讲者以何种角色演讲? 没有对象、没有目的,学生何来习作的动机与兴趣? 又怎能不怕这类习作? 怕的一种表现,就是通过造假来应付。而语境要素的缺乏又为造假提供了方便,给虚假内容的"代入"创造了空间。

(三)"读者意识"淡薄

"所谓写作,就是一个言语交际的表达行为;所谓阅读,就是一个言语交际的接受行为。"主体的"写"是为了客体的"读"。习作教学就是教会学生根据一定的交际对象,为满足读者的"读"的需要而习作,解决"为什么写"的问题。而事实上,"读者意识"淡薄一直是习作教学的一个大问题。学生的习作往往只有一个读者——教师。导游词是写给教师看的,给远方朋友的一封信也是写给教师看的,家乡环境问题的调查报告还是写给教师看的。由于教师角色的特殊性,学生倾向于将教师作为其作文的"评判者"而非"读者"来对待。即使学生把教师当作读者,但这个读者一直不变,久而久之也必将蜕变为一个伪读者。学生习作的目的更多是为了满足或取悦教师,这就异化了交际——这一习作的真正目的。发出信息是为了得到回应,然而学生基于不同目的、不同对象所完成的习作却始终不能得到预设读者的回应,这就使得学生习作动机大打折扣。长此以往,学生习作"读者意识"自然淡薄。

(四)交际环节虚化

传统的习作教学从"习作产品"的角度看待习作,"作文"常常被狭隘地理解为"写文章",习作的过程就是物本的、被动的文本制作过程,教学的最终结果往往终止于"习作产品"——学生作文的诞生,且关注的是"产品质量"如何:写成的那篇文章是否符合习作要求,是否字词正确、语句通顺、结构完整、中心突出。"产品质量"往往也是由教师把关,打个等级,或者再写几句评语。少量的优秀作文会偶尔上墙或在全班同学面前朗读、展示,其余更多的作文则是安静地睡在学生自己的作文本中。可以说,习作教学中交际环节是个空白。殊不知,习作的过程就是交际的过程,习作的目的是交际。根据习作的话题、目的、对象,增添实实在在的交际环节,让学生的作文在具体而可感的交际语境中与读者真正建立互动,才可实现语言的真正运用,赋予"作品"真正的交际功能,从而拉动学生的习作内驱。

二、儿童习作"交际语境"的归位

儿童习作"交际语境"的归位,旨在回到儿童,定位习作,满足儿童的内在需求,实现习作的交际功能,具体表现为:

(一)习作价值的实用指向

儿童习作的着眼点是人而不是文,是为儿童的生活服务,满足其生存的需要,其价值包含实现自我的情感交流和满足他我的交际需求。

1.实现自我的情感交流

小学生思想活跃、兴趣广泛、喜好表现,他们心中有许多"情绪"需要向社会、向他人宣泄和表达,抑或自己对自己倾诉。儿童习作便是应儿童自我情感交流之需,"我手写我心"的一种表现形式。它是儿童记载自己生命成长历程中喜怒哀乐的一种需要,是儿童"认识世界、认识自我、进行创造性表述"的一种需要。像书信、日记、小随笔等以儿童生活再现为主的写实文章,是儿童情感的自然流淌,是内心世界的真实写照。而像童话故事、科幻故事等超经验的虚构文章,则是儿童超现实的幻想性需求,是儿童认识生命、表达生命、提升和完善生命的需要。作为一个独特的生命个体的"人",儿童通过习作来体现自我才能、实现自我价值,以充沛的言语创造力,最大限度地展露"人"的思想才华、精神风采与生命意义。可以说,儿童习作是儿童的言语生命的回归。

2. 满足他我的交际需求

写作本身就是生命与生命之间的交流与沟通。因此,儿童习作应该成为一种"真实世界里的写作",满足与世界、与他人的交际需求。习作往往是要完成一个交际目的或者达成某种交际功能的,比如短信、留言、摘要、笔记、备忘录等是,信息记录与传达、经验记录以及文学审美也是。可以说,学会写作的本领,等于掌握社会交际的工具,这种工具对任何人的生活、学习、工作都是不可缺少,并且终生受用的。学校经常组织活动,活动的组织策划就离不开习作。借学校"传统游戏校园吉尼斯"大赛举办之机,笔者组织本班学生在参与活动中实现习作的交际功能。活动之前组织拟定大赛的活动方案,拟写给家长的邀请函,并向全校师生发出了活动通知,参与了游戏项目的规则制定,代写了活动开幕式学生代表发言稿,最后进行了活动总结,采写了通讯报道,还为根据该活动制成的校园DV配解说词。真实的言语目的,真实的言语环境,真实的言语结果,赋予了习作是与人交流的一种社交活动的现实意义。

(二)习作话题的情境设置

习作话题的情境设置,意在让每篇习作有明晰的交际目的,有明确的交际对象,调动起儿童真实的生活体验,唤起积极的言语交际意识与强烈的言语表达欲求。习作话题的情境设置需贴近儿童生活、满足交际需要、适应学生个体。

1. 接"地气",让话题情境贴近生活

这里的生活指儿童的现实生活、当下生活、地域生活。贴近儿童生活的习作情境,能撬动儿童的言说欲望,引导他们为展现和改善自身的生存状态而习作。教材中有许多习题、命题距离学生生活太远,难以激发学生的习作热情,教师可进行习作话题的情境改造,让习作与儿童生活和心灵需要连接在一起,使"空降式"习作面向儿童,更"接地气"。如四(上)第五单元的习作内容为"写介绍'世界遗产'的导游词",对于生活在农村的小学四年级孩子来说距离太远,不妨改为介绍自己家乡一处风景名胜的导游词,创设贴近学生生活的习作情境:(教师捧着一叠导游证走进教室)自《爸爸去哪儿——走进新叶古村》播出后,咱们新叶村的旅游可火了。旅游公司想聘请一批小导游,周末带领游客游玩新叶古村。今天这节习作课咱们就来学写导游词,学会的同学可以发给导游证,这个周末就可正式担任新叶小导游。学生特别喜欢《爸爸去哪儿》这个节目,加上他们特别熟悉新叶古村,再配上诱人的导游证,还有周末的现场讲解,当习作情境与现实生活实现有效连接,学生便置身于一种非写不可的状态,不是老师"要我写",而是生活中那个"活生生的我"要写。

2.有指向,让话题情境走向"真实"

这里的"真实",是指习作目的的真实,即满足社会交际的需要。"真实"的话题情境需有真实而明确的交际对象。"介绍一种物品""写熟悉的一种动物"这样的习作命题虽然也贴近学生的生活,但让学生将自己"熟悉"的事物介绍给同样"熟悉"的老师和同学,命题便成了"伪命题",习作也成了"伪习作",其交际功能已无从谈起,兴趣更是大打折扣。真实的说明文习作,是把自己"熟悉"的事或理告诉"不熟悉"的人,说明的目的是传递知识或信息,使人知道、了解。因此,在"介绍一种物品"时可创设有现实交际功能的情境:"里叶莲子"被推举参加市农产品展销会,组委会要求每件农产品自备一份宣传册。请你帮助里叶村民写一篇介绍"里叶莲子"的文章,让市民们都了解并喜爱咱们的"里叶莲子"。这一情境的设置,意在引导学生将自己"熟悉"的家乡特产介绍给"并不熟悉"此产品的外地市民。真实的交际情境赋予了习作真实的任务指向,能极大地提高儿童习作的内驱力和责任感,让儿童习作走向真实。

3.给选择,让话题情境贴切个体

学生知识结构、能力水平、性格习惯不同,对习作视角的选择自然不同。单一的话题情境往往会限制习作的视角,僵化学生的思维,导致习作的千篇一律。而开放的话题情境,能为学生打开多个习作视角,给予每个人选择的权利,实现习作的个性化表达。习作话题情境设置的开放性体现在内容、题材、文体的自主性和思维方式的开放性上,它允许运用各种形式,使用各种手法,利用最擅长的手段表达各种各样的主题。但这种开放是"有限制的开放"。其限制性体现在材料所提供的话题上，它规定和限制了行文的范围及关联对象，要求作者必须涉及或围绕此话题习作。以六年级上册第八单元习作"身边的艺术"为例，教师可设置如下的话题情境引导学生多视角习作：①如果你要向远在外地的长辈介绍你看到的一次艺术活动，你可以写信的方式来告诉他们；②如果你要向好友介绍根雕、泥塑的制作经验，你可以说明的形式来告诉他（她）制作工艺或方法；③如果你亲历一次有意思的艺术活动，有感而发，你可以选择诗歌的方式写作……根据自身喜好，从提供的视角中选择一种，或是自己另辟一个视角，选用适合的内容与文体进行表达，这有利于调动每个学生的习作热情，实现创意表达。

（三）习作表达的读者需求

从写作心理发生机制来看，作者想写什么和想怎样写，不仅受自己主观愿望的制约，还受制于读者。读者决定了作者在交际语境中的身份和位置，决定着文章内容、文体和语言风格的选择。

1.切合读者类型表达

基于"交际语境"的儿童习作，有明确的读者对象。习作过程中需针对读者的范围、身份有的放矢地习作，即树立对象意识，明确"文章给谁读"。第一，要明确读者的范围。同是"保护环境"的文章，写给广大村民阅读的"环保倡议书"，要注意选择大家最需要的信息——关于"环保"，应该怎么做，不该做什么，注意把最重要的信息用最简洁的文字表达出来；而写给镇长阅读的"关于××镇的环境问题调查报告"，就要进行翔实的问题描述，细致地数据分析，反映污染的严重性与环保的迫切性，以引起政府的高度重视。第二，要明确读者的文化程度。给广大村民阅读的"环保倡议书"要强调内容的实用性和语言的通俗性；而给镇长的"环境问题调查报告"则要强调专业性，要注意结合观察、走访、体验等获得的一手材料，在数据统计的基础上进行原因分析，并提出可行性建议。第三，要明确读者与自己的关系。写给村民看，注意语气的委婉，语言的劝说性；写给镇长看，注意语气的诚恳，语言的谦恭性。

2.迎合读者需求表达

基于"交际语境"的儿童习作表达要树立目的意识，明确"读者为何读"。首先，要依据不同读者的不同信息需求来表达。以"我们的学校"为题,如果是一名想转到我们学校来的学生,那么就可针对那名转学生的特长介绍社团开展情况;如果是一群要来学校参观的香港小学生,就可以发言稿的形式介绍特色课程或是校园最美一角;如果是一位毕业多年的老校友来信,就可以书信形式介绍学校近几年的新变化。其次,要依据不同读者的共同心理需求来表达。如,学生以小导游的身份来写"新叶古村导游词",就要依据交际对象——外地游客的心理需求,除了介绍新叶村古老而具有代表性的抟云塔、文昌阁、有序堂、西山祠堂外,还要介绍他们最感兴趣的《爸爸去哪儿》中明星爸爸和孩子们住过的水云间、双美堂、翰墨轩、醉仙居、种德堂。具体景点介绍时除了讲解景点风光,还可补充与景点有关的故事、传说,特别是游客爱听的明星爸爸和孩子们的拍摄花絮。站在读者(听者)的立场,就他们感兴趣的内容,以他们感兴趣的方式进行表达,才能真正走进读者(听者)的心中。

3. 契合阅读心理表达

阅读心理是指读者阅读图文资料的感觉、知觉、思维、情绪等一系列心理活动的总称。儿童习作过程中要考虑读者的阅读心理,努力为自己所表达的信息与读者的阅读期待找到最佳契合点,采用最受读者欢迎和最利于读者接受的形式进行习作,力求习作的语言具有强大的启动、激发功能。如学生为"传统游戏校园吉尼斯大赛"DV作品配写的解说词,有的以广告词形式,运用风趣而富有节奏的语言,吸引读者(听者)注意力:小小弹珠滑溜溜,瞄准洞口不怕输,让你一回先下手,最后怎样? 你还是得甘拜下风! 哈哈,我就是"弹珠神射手"。有的巧设悬念,激发读者(听者)进一步阅读欲望:预备,开始! 左,右,左,右,绿草地上冒出了一溜溜长长的队伍,步伐整齐地快速爬动。小小个子,却身手不凡。他们是谁? 又在做什么游戏? 嘿嘿,且听我慢慢道来……有的在比赛现场讲解当中穿插训练花絮;有的先交代一个戏剧性的比赛结果,吊起读者(听者)胃口后再细说比赛过程。总之,契合读者阅读心理的表达,使语言所具有的"刺激"强度增大,效果更佳。

(四)习作评改的交际实现

习作任务来源于真实情境,习作目的也应该体现社会互动性。课堂的模拟交际和生活的现实交际,意在为儿童习作增设实实在在的交际环节,使得儿童在具体而真实的交际情境中获得读者的现场反馈,从而实现"作品"的交际功能。

1. 课堂的模拟交际

儿童习作的第一交际场在课堂。在预设读者阅读作品前或当条件不允许预设读者进行评价时,作者需通过换位体验的方式来对作品进行评价,即站在读者一方,想象他(她)读后会有怎样的反应。这种自我模拟读者的评价使习作由原来的"自我中心"向"读者中心"转向,能收到较好效果。如以《爸爸(妈妈),我想对您说》为例,教师可引导学生换位体验:假如我是爸(妈),阅读后会有什么反应,是觉得确实对孩子过于苛刻而自责,还是为孩子不能完全理解自己的做法而伤心……这样一来,可让习作的内容更充实、更全面,也更能打动人。除了作者自身模拟读者外,同时也可让老师、同学来模拟读者进行评价。由于教师、同学生活经验、情感、思维的差异,在模拟读者上,能够产生不同的读者感受,因而能对作品提出更好的改进意见。在这个环节中,可采用模拟读者身份向作者反馈:①作者是否提供了足够的信息;②作者的语言表达有无错误;③读者是否理解或误解了作者的意思;④读者有何需求;⑤作者是否采用了恰当的语言形式;⑥对习作的总体评价。模拟读者的反馈,向作者传递了极其丰富的具有启发性和指导性的信息,对于学生提高习作能力无疑是有力的支持。更重要的是,由于上述信息是在互动交流中传递的,学生修改习作的动机是为了成功完成交际。因此,互动的过程自然成为积极主动的学习过程,成为作者与读者的沟通、交流过程。

2. 生活的现实交际

基于"交际语境"的儿童习作更应该走出课堂,进入社会生活这一更广阔的交际场,切实达成作品的交际功能。其一,开拓儿童习作的发表阵地。班刊、校报、宣传橱窗等展示平台,微信、班级博客等网络平台,让儿童习作拥有更多的读者,能满足儿童渴望作品被阅读、被认可的心理;同时,也实现了作者、读者、文本之间相互影响、相互适应、协调的过程。其二,接受真实读者的现场反馈。写给远方父母的信寄出后,接到他们的电话或是回信;周一"国旗下讲话",得到全校师生的热烈掌声;写给校长的要求"减少课业负担,增加文体活动时间"的建议书,被阅读并被采纳……习作预设读者的阅读与反馈,无疑是习作交际功能达成的理想效果。在学生完成"新叶古村导游词"后,笔者在第一个周末安排他们去实地担任小导游。佩戴导游证,拿起小广播,用上自己写的导游词,每个孩子都能真实感受到自己习作的价值,享受到习作的尊严和荣耀。在与读者(游客)的真实交流、反馈中,孩子们能清楚地感受到自己习作在交际应对中的优势与不足:得到游客夸赞的那段导游词,说明写得特别好;而游客们不感兴趣或特别有疑惑的导游词,就有待改进了。单一的景点知识讲解,游客们没耐心听;而传说、故事的补充往往能牢牢吸引住游客。或适当调整习作内容,或重新选择表达方法,通过积极修改,孩子们主动向理想的交际目标逼近。真实的交际环节,不仅使习作评改成为学生的现实需求,而且真正使习作的过程成为交际的过程。

儿童习作"交际语境"的归位,在很大程度上能够解决儿童习作动机不足的问题,让"伪习作"走向"真交际"。基于"交际语境"的习作倡导在真实世界中写作,在真实学习中写作,在具体应用中写作,无疑是培养学生真实写作能力和言语交际能力的有效途径。这样的习作会成为儿童真实学习和生活的一部分。

参考文献:

[1] 荣维东.写作课程范式研究[D].华东师范大学,2010.

[2] 中华人民共和国教育部.义务教育语文课程标准2011年版[S].北京:北京师范大学出版社,2012.

[3] 叶黎明.写作教学内容新论[M].上海:上海教育出版社,2012,83-112.

[4] 吴勇.小学"功能性写作教学"的实践[J].语文教学通讯,2014,(1):18-23.

[5] 叶黎明.体式、活动、语境[J].语文教学通讯,2014,(6):16-21.

儿童习作前准备过程的缺失及改进策略

浙江省建德市寿昌第二小学　陈伟平

习作是学生自我主动表达和交流的需要。为此,在习作时,必须要有积极主动的言语表现意识、言语表现行为。但在具体的实践中,学生的言语表现主动性缺失,主要表现为:

1. 就习作动机而言,在习作前,"为什么写"的目的模糊,学生缺失言语表达的欲望,"我要说"的言说表现力缺损,致使写作情感极其被动。

2. 就习作态度而言,在习作时,表现被动,不愿意写或者应付任务而写,从内心惧怕厌烦习作,甚至惧怕习作,乐于表达成了"苦"于表达。

3. 就习作过程而言,在取材、立意、构思、起草、加工等环节,没能主动进行积极的习作行为,作品表达平淡、故事情节编造,空话套话连篇。

出现上述作文的行为,主要原因归结为学生习作前准备过程的缺失。没有很好做到"有备而作",习作时自然不能"有感而发""乐于表达"。

"教材习作"的主题与内容是教科书编写者确定的,安排的顺序都是在一个主题的课文学习后,再安排相应的习作内容。那么,如何在"教材习作"中,让学生有备而作呢? 改进的做法是让学生提前知晓并准备教材习作的内容,让习作的内容搜集、准备过程落实在学生的日常学习、生活之中。学生有"备"而作,习作时自然有话可说。

本文以第三学段学生习作为例,具体阐述如何改进习作前准备过程,让学生从习作素材、表达方法、情感体验等方面做好习作的准备,让习作"有备而作"有感而发。

一、学期计划——储备整体内容

每学期初,根据教材习作内容及要求,制定出学期习作计划。通过细致解读学期习作计划,让学生对本学期的习作内容以及要求有一个整体把握,在日常的学习、生活中能有意识、主动地落实学期习作计划,搜集、准备相应的习作材料,丰富学生的习作内容储备。

(一)制定计划,明确内容

学期初,根据教材习作内容及要求,拟定好整册的习作计划,让学生对一学期的习作内容及要求有个整体把握,能在一学期的时间里自主准备内容,学生可更自由自主支配自我习作的准备行为,进一步拓展学生习作前准备行为的时间和空间。以下为人教版小学语文六(上)的学期习作计划。

单元主题	习作内容	习作要求	备注
一 人与 自然	我是大自然中的一员	把自己想象成大自然中的一员,融入自己的感受,说一说,写一写	
	走进音响世界	选择生活中的几种音响,发挥想象进行说话或习作	
	丰富多彩的暑假生活	回顾丰富多彩的暑假生活,写出自己的感受和体会	
二 祖国在我心中	"祖国在我心中"演讲稿	根据自己的感受和体会,运用搜集到的资料,围绕主题写一篇演讲稿	结合 中国梦
	写读后感	阅读描写中华儿女报效祖国、为国争光的书籍,写一篇读后感	
三 真情	写一写关爱的事情	通过具体事例反映人物美好的品质,感受真情的美好,懂得关爱他人	
四 珍惜资源 保护环境	写建议书	针对浪费资源和污染环境的不良现象,写一份建议书	
	看漫画写感受	根据书中的漫画,或者有关珍惜资源、保护环境的漫画编故事、写感受	
五 初识鲁迅	介绍自己的小伙伴	用一两件事介绍自己的小伙伴,注意写出小伙伴的特点	
	发挥想象,根据开头补写	发挥想象,将发生在"我"和好朋友之间的一件事情的经过和结果写清楚,写具体	
七 人与动物	根据图片想象作文	根据图片报道,进行合理想象,然后写一个故事	
八 艺术的 魅力	写学习艺术的故事	写一些自己在学习艺术过程中的故事和感受	
	喜欢的艺术品或一次艺术欣赏活动	可以写一写自己喜欢的一件艺术品,也可以写一写自己参加一次艺术欣赏活动	

以上学期习作计划,涉及不同的生活领域。有的内容准备需要比较长的时间,

如第二个主题"祖国在我心中"的读后感;有的内容具有一定的"实效性",如"人与自然"主题中的写暑假生活中的事情;有的需要进行相应的调查和实践活动,如第四主题的写建议书,必须要进行相应的调查和实践。学期初将习作计划告知学生,学生能根据内容和要求,根据自己的兴趣爱好,习作资源的呈现性,统筹安排自己习作前的准备活动,具体习作时定能真正做到"备货"而来。有备而作,习作实效性自然得以提升。

(二)细化计划,自主准备

学期计划制定后,重点是解读、细化计划,让学生明确一学期每个主题习作的内容和要求。学生整体把握后,根据学期计划拟定自己一学期习作的自主准备活动。通过这一过程,将学期计划细化为具体的自主习作准备行为。学生可根据自身的生活经历、兴趣爱好、习作材料呈现性特点等进行自主的准备活动的安排,做到整体把握的同时,分主题逐个安排行为。

如根据六(上)的习作计划,"珍惜资源、保护环境"主题的习作内容为根据浪费资源和污染环境的现象,写建议书,学生可以自主利用课余时间组织同伴进行调查、访问,搜集资料等准备活动,准备的时间可以很充分;"祖国在我心中"的读后感习作,可以根据自己的爱好,选择自己喜欢的书籍进行阅读。学生根据自己的时间、兴趣以及采取不同的形式进行习作内容素材的准备,真正做到"有备而作"。

(三)反馈计划,适切准备

学生在根据计划具体安排了每个主题习作的准备活动后,对于学生的安排,要建立以教师为核心的活动安排反馈系统。重点对学生安排的活动的科学性、可操作性以及对于主题习作的表现力等方面进行诊断分析,及时纠正修订,适切安排学生的习作准备活动。

以六(上)习作计划为例。学生根据学期计划,在"人与自然"主题习作中,根据习作的内容"我是大自然中的一员""走进音响世界",大部分同学安排了周末结伴到大山、大自然中游玩的活动。考虑到孩子年龄小,与自然万物交融有困难,教师引导学生修改、补充计划安排:带上摄像机,把大自然的美丽神奇摄一摄;带上照相机,把大自然最美之处拍一拍。借助于现代手段,以音影的形式记录下活动的过程,在具体写作时可以做到情景再现,引发情感共鸣,提升前准备过程计划的合理性与有效性。

二、单元导读——储备习作生活

学生根据学期习作计划整体安排了习作的准备活动,从整体上把握了习作内容和要求。在学习每个单元主题习作内容时,则通过单元导读课,让学生根据该主题的内容和要求,将主题内容的准备活动具体化、生活化,走向习作的生活,感受体验习作生活,有针对性储备习作生活。

(一)明确主题,走向生活

每个单元的主题习作,都有各自的要求。在学习每个主题单元的导读课,教师将本主题的习作内容要求再次明确细化。学生根据单元主题习作的内容和要求,将主题内容的准备活动进一步具体化、生活化,做到由计划走向生活。

如六(上)"珍惜资源、保护环境"主题的习作内容为根据浪费资源和污染环境的现象,写建议书。学生在学期习作计划中已经安排本习作内容准备的活动是利用课余时间组织同伴进行调查、访问,搜集相关的资料。在学习该主题时,则要将计划中的调查、访问和搜集资料的行为具体化,明确调查的内容是什么,到哪些地方调查,要做好哪些准备,并且如何搜集整理好资料等,制定准备活动的操作计划,将活动具体化、精确化,有针对性开展活动。

(二)自主活动,体验生活

根据学生自己制定的具体活动计划,开展活动,体验生活。重点是根据活动准备的要求,做好资料的搜集和整理,储备习作的素材,在写作时能"有备而作"。

还是以六(上)"珍惜资源、保护环境"主题的习作,写建议书为例,有的学生采取了小组调查河流的污染情况,通过拍照片,查污水排放口等形式开展调查;有的学生通过访问环保所来开展资料搜集的情况;等等。通过自主的准备活动,学生对于该主题的习作素材储备充分,因为是"有备而作",学生通过搜集到的各种资料,针对性展开叙述,建议书的写作效果非常好。

（三）共享资源，分享生活

学生根据主题内容开展准备活动，搜集到的资料、素材信息量大，涵盖的领域广。为此，要做好资源的共享，扩大个体的资源占有量，丰富个体的资源储备，让学生的习作素材变得丰厚，"有备而作"能做到厚积薄发。

如六（上）"祖国在我心中"主题，习作的内容是阅读有关报效祖国和为国争光的书籍，然后写读后感，单元导读课时，让学生到图书室借阅不同的书籍，开展阅读，等到该主题习作时，开展了一个读书交流会，每位同学畅谈阅读感受，真正做到"你拿出一种思想，我拿出一种思想，那我们各自都有两种思想"的储备目的。

三、阅读课文——储备表达方法

在进行了相应的准备活动，储备了主题习作的生活素材、资料后，重点学会如何通过一定的方法表达出来。为此，让学生明确本次习作在表达上的要求，让学生在对课文学习的过程中，能积极主动地习得表达方法，在习作实践时能通过适切的方法将储备的内容清楚、具体地表达出来，实现"阅读最终指向习作表达"的目的。

（一）聚焦表达，明确方法

在主题单元的课文学习前，让学生明确该主题习作要采用的一些表达方法，便于学生在学习课文时能有意识地针对自己准备的内容，以课文的言语形式为例子，进行自主积极的学习储备。

如在学习六（上）"初识鲁迅"主题单元，要求学生继续学习描写人物的一些基本方法。本单元习作的内容是介绍自己的小伙伴。为此，在学习本单元前，就告知学生，学习课文时要关注课文人物描写的一些基本方法，单元习作的重点就是要运用此方法描写人物。让学生明确了阅读的重点后，在阅读课时，学生有意识捕捉这方面的信息，更积极主动地开展阅读行为。

（二）读写结合，习得方法

在具体阅读课的时候，落实主题单元重点表达方法的学习。让学生通过课文这一例子的学习,懂得具体的适切的表达方法。通过读写结合的实践,让学生习得表达手法,储备表达方法,在习作时能更灵活运用,使作文表达时"有备而作"。

还是以"初识鲁迅"主题单元为例子,其中《一面》这篇课文,本文在描写人物外貌上细致入微。6次外貌描写,由近及远,由粗到细,逼真传神,给人一种"一面"胜似数面之感。在学习本文时,重点学习传神逼真的由粗到细的外貌描写的写法,结合准备的小伙伴的习作材料,开展读写结合,有效实现读写结合的有机衔接。同时,也实现了将习作部分内容"化整为零"在阅读课上得以训练落实,储备了习作表达的方法。

(三)摘录积累,灵活方法

一个主题单元的课文一般为4篇,资源的量相对较少。为此,要以课文的学习为例子,沟通学生课外的阅读。通过摘录、背诵等方法,积累相同表达方法的经典内容,扩大阅读的面,拓展学生积累的量。通过多种方法的积累,进一步丰富学生表达的方法。

如在学习六(上)册《山雨》这篇文章的时候,可推荐学生阅读朱自清的《春》,通过阅读感受其表达手法,并通过背诵、摘录等方法,积累相应的语句、表现手法,丰富自我表达的方法。

四、即时习作——抒发真情实感

学生习作的准备过程,包含了习作素材、表达方法、情感体验等。其中,情感体验具有特定的情境性。事件发生的瞬间,感受是最真实、最强烈的。事后,随着时间的推移,情感的强度会弱化,情感体验的真实性会经验化。而我们的习作行为,大部分都是滞后于事件,都是"事后"而作(大部分会间隔时间较长)。为此,情感体验的真实性、深刻性都会发生改变,导致作文表达时,情感不够真实、不够深刻。

如何能及时写作,提升习作准备过程情感的真实性和深刻性呢?笔者采取的方法利用偶发事件和创设"偶发"事件,在情感合适之时安排即时写作,让学生自由抒发,表达真情实感。

本文所指"偶发事件"是指在特定的时间(课堂时间)发生的意料之外包括人为创设的事情。偶发事件具有突发性、意外性的特点,与常态思维产生矛盾冲突,更容易触发人去观察、思考、感悟,情感体验真实、强烈。抓住偶发事件,在具体情境中,开展即时写作,能有效激发学生的言语表现力,同时情感真实、深刻,实现表达和情感的有效融合。

(一)巧用偶发事件

巧妙利用偶发事件,转化为学生的习作素材,让学生在特定的情景之中,有感而发,真实表达,提升学生习作的质量。

1. 及时捕捉,巧妙升华

巧用偶发事件。对于可利用的偶发事情,教师要及时把握,转化升华为写作的素材,让学生在具体的情景之中,积极体验表达,展开表达写作。

如有一次去上课,教室里许多学生在大声喧哗。我站在门口等了约三四分钟,学生还没有要停下来的意思。我静静地站在讲台前,学生才慢慢地安静下来。当时很生气,学生见我生气的样子不知所措。这时我忽然想到这是极好的习作氛围,就在黑板上写下《一节××的语文课》《××老师,我想对您说》《老师,××》等题目,供学生参考写写自己的真实想法。没想到,学生这次写作速度非常快,很快就把作文交到我手里。有几名学生写了《老师,请原谅》一文,在文中不仅表示了深深的歉意,更是表达了师生间的深厚情谊。

2. 展开过程,习得方法

在学生习作过程中,注重情感表达,写作技巧的渗透指导,让学生在具体的情景之中,感受作文如何表达清楚,表达具体的过程,习得作文的表达方法,储备自我习作能力。

如在六(上)第七主题"人与动物"作文辅导课时,我准备了一缸金鱼,让学生近距离观察金鱼。由于某个学生不小心,打翻金鱼缸,鱼缸摔破,金鱼散落在地上。学生面对突发的这一幕,一片骚动。我马上提醒,快点想办法。学生展开了营救行动。学生营救活动结束后,我抓住这一偶发事件,开始习作。学生经过这"惊心动魄"的情感历练,纷纷拿起笔开始习作。学生完成习作后,我重点对"营救活动"的过程采用细节描写的方法展开指导。由于学生共同经历了这一过程,学生能很清楚具体地表达,收到了很好的习作效果,同时也丰富了学生表达方法的储备。

3. 修改评价,共同提升

对于偶发事件,过程的演绎相对是客观的。由于学生个体不同,导致表达出来的结果也不尽相同。对于真实出现同一事物不同的描写结果,更有利于进行比较修改。通过对比,能更清楚地体会到如何表达更真实、更具体、更确切,让学生能更好地掌握习作表达的方法。同时,通过对于相同事件、不同感受的对比,能让学生更好地理解情感的丰富性,把握如何表达真情实感。

还是以作文辅导课《我们和小金鱼的故事》为例,在学生完成习作后,我抓住了"失手"时学生心理活动描写的片段,展开对比修改,学生清楚如何将心理活动通过不同的方法表达,也提升了学生真实表达能力。

(二)创设"偶发"事件

偶发事情对于学生习作有如此大的功能,但由于是"偶发",所以,很多时候是可遇而不可求。为此,有创意地设置能引发学生积极思考,感情共鸣的事件和体验情景,进行人为的偶发事件的创设,使作文内容有效激发学生的学习兴趣、写作欲望,有备而作。

1. 不露痕迹,顺势而为

偶发事情注重情境性,是在特定时间里发生的意外的事情。为此,创设偶发事件的时候情境一定要突出"意外性""和"真实性"。同时要注意出现的时间,不能全部在习作课时出现,呈现的过程和事件演绎的行为要不露痕迹,顺势而为。只有这样,学生的感受、行为才是真实的,作文的时候才能"有真情,有实感"。

2. 依据需求,精简数量

由于是偶发事件,所以,出现的次数不会太多。为此,教师在创设偶发事件的时候,不可常用,否则,"偶发事件"就成了"活动小品"。学生对于事件的感受体验就不够真实,不够深刻。教师可依据不同的主题,对于那些学生写作前准备素材有难度较大的内容,或者依据作文表达的需要,根据学生习作的情况,需要统一进行指导的内容,用创设偶发事件的方法进行。一般一个学期以一至两次为宜。

3.形式多样,丰富内容

创设偶发事件,要关注其"偶发性"和"真实性",所以,学生往往不能事先参与事件的排练,很多时候,导演只有老师一个人,主演也是老师一个人。为此,创设的事件情节容易简单,矛盾点、意外点不够突出,学生情感激发不够,导致习作时不能有"情动而辞发"的效果。为此在创设偶发事件的时候,教师要依据学生的情况,采取多种形式,丰富事件的内容,让学生能以积极的情绪参与其中,体验感受。这样,偶发事件,才能走得远、走得好。

关注学生的习作前准备的过程,学生在习作素材、表达方法、情感体验方面都有了一个充分的准备,在此基础上展开写作活动,让学生做到"乐于表达",提高了学生习作的能力,提升了习作教学的实效。

参考文献:

[1] 中华人民共和国教育部.义务教育语文课程标准(2011年版)[S]. 北京:北京师范大学出版社,2012.

[2] 潘新和.语文:表现与存在 [M].福州:福建人民出版社,2006.

[3] 傅登顺.寻梦十年——乡村特级教师傅登顺语文教改观[M].杭州:浙江教育出版社,2013.

[4] 刘宇红.语言的神经基础 [M].北京:中国社会科学出版社,2007.

[5] 徐家良.小学语文教学手记 [M].上海:上海教育出版社,2008.

[6] 宁鸿彬.语文教学的思考与实践 [M].北京:教育科学出版社,2008.

[7] 叶圣陶.叶圣陶教育文集[M]. 北京:人民教育出版社,1999.

把握"学习起点"，触发"学习启点"

——小学高年级历史叙事类课文有效教学的实践研究

浙江省建德市寿昌第二小学　陈伟平

人教版小学语文教科书收集了一定数量的历史类的课文，大部分以叙事类的文体形式出现。从安排的历史类课文的内容来看，内容涉及国内外，涉及的年代自春秋时期至新中国成立之初；从数量来看，五、六年级安排的数量较多，且以主题单元的形式安排较多。

一、历史类课文学习的思考

这类课文，故事性强、描写生动，在"言"和"意"方面都堪称经典，学生较喜欢阅读，但在主动学习时，却存在一定的难度。

(一)基于学生学习起点的思考

历史类的课文，文章的叙述方式、词句表达、篇章结构以及价值取向等，都或多或少地烙上了时代的印记。为此，学生在学习时，常因生活经验、知识结构、价值观念等方面的差距，导致不能清楚理解课文内容，不能适切习得课文的言语之道，不能准确把握课文的情感价值。

(二)基于学生学习启点的思考

把握学生"学习起点"之后，更重要的是在此起点之上促进学生自主学习。"学习启点"中的"启"为"启发"之意，是在学生学习起点的基础上，通过各种学习的方法，触发学生主动学习的兴趣点，让我们的课堂行为始终站在学生已有基础之上，围绕学生自主学习、自主发展的目标展开，促进学生语文素养的提升。

二、核心概念界定

学习起点：从"三维目标"上来说，它应包含了学生在学习新内容之前在"知识能力、过程方法和情感、态度、价值观"等方面已有的基础。同时,学习起点还是一个动态的过程,随着每个学习过程的深入、推进,学生在每个学习的阶段在"知识能力、过程方法和情感、态度、价值观"等方面又产生新的起点。

小学高年级历史叙事课文:从时间上来说,是指以新中国成立时间为界限,新中国成立之前的时间段为本文所说的"历史时间";从内容上来说,小学高年级叙事类课文,不仅是指选现行小学高年级教科书的描述人类历史实际发生的事件和行动的课文,而是指以本文所说的"历史时间"为背景的所有叙事类课文。因此,像《景阳冈》这类古典小说,《凡卡》这类国外的短篇小说,《卖火柴的小女孩》这类童话,都隶属在内。

三、把握"学习起点"、触发"学习启点"的实践操作

如何在小学高年级历史叙事类课文学习中,把握学生"学习起点",触发"学习启点"呢?

(一)触发现实启点,指向文本学习深处

触发学生的现实起点,促进学生主动开展指向文本的学习,提升学习的实效性。

1. 触发现实启点,指向时代背景学习

历史叙事类课文内容具有特定的历史背景,整个叙述的过程在特定的背景之下展开。因此在学习这类课文前,要触发学生主动学习了解文章所处的社会环境和时代背景,进行必要的历史知识铺垫,拉近自己与文本之间的距离。

如在学习《晏子使楚》《将相和》的时候,让学生主动查阅春秋战国的资料,了解到当时春秋战国时期各国的情况;在学习《凡卡》《穷人》的时候,让学生主动去查询当时俄国19世纪封建社会即将崩溃,整个陷入了畸形状态的现实状况。让学生了解历史情况之后,便能有效开启学习课文之门,准确把握课文内容,促进学习有效展开。

2. 触发现实启点,指向历史性词语的学习

所谓历史性词语,是指只有在当时的历史环境下才会使用的词语。这些词语现在读起来十分生僻,很难借助于具体的语境理解它的意思,但这类词语对了解当时的历史却非常必要。理解了这些词语后,才能有效地读懂课文内容。如五年级下册《草船借箭》一课中就出现了大量的历史性词语:"曹军、都督、军令状、军匠们、

青布幔子、草把子、翎毛、水寨、弓弩手、曹丞相。"对于这类历史性词语的理解,要促使学生结合已有的知识经验,同时借助工具书、网络等信息手段查阅,理解意思,进而读懂课文。

3. 触发现实启点,指向主要内容的学习

小学高年级历史类的叙事课文,故事情节层层推进,常设悬疑,故事性强,但文章篇幅普遍较长,概括主要内容存在一定的难度。为此,在学习过程中,要触发学生已有知识与能力,引导采用合适的方法概括主要内容。触发学生概括课文主要内容的现实启点,有效促进学生把握课文主要内容,促进概括能力的提升。

4. 触发现实启点,指向问题研究的学习

学生到了高年级已经具备了一定的"提问"能力,同时历史类叙事课文的独特性,对于学生而言容易产生更多的疑问,能发现更多的问题。因此要站在现实启点之上,进一步触发学生的问题意识,鼓励学生通过默读思考,提出自己在学习中所遇到的问题,或者自己对这篇课文的独特见解,为课堂上"问题的探讨"这一活动奠定基础,做到有的放矢,使自主合作学习的效果更好。

(二)触发结构启点,习得写法之巧

在高年级历史类叙事课文里,存在着巧妙的结构形式和表现手法,在学习时,要开启学生的结构意识,习得这些课文的结构形式之巧,体会文章写法之妙。

1. 读中悟"道",悟得结构之妙

引导学生自主阅读,在与文本言语对话的过程之中,开启自我的文章结构意识,从整体结构上把握文章,感悟文章的结构秘妙所在。如在学习《凡卡》一文时,先让学生整体阅读,了解文章主要事件;在此基础之上,让学生阅读发现文章第一人称叙述角度,发现文章写法第一秘妙。而后学习插叙部分,体会插叙的作用,感悟文章结构第二秘妙。此后,引导学生建构本文从"给爷爷写信"和"回忆乡下生活"两部分的结构,并体会对比的手法来写出凡卡生活的悲惨。通过阅读让学生悟得文章结构之妙,培养学生强烈的结构意识,提升学生阅读素养。

2. 读写结合,习得结构之法

在阅读中习得了文章的结构之妙之后,通过课堂小练笔、课外练笔、习作教学等语言实践进行运用,在实践中,习得结构之法。如在学习课文《十六年前的回忆》时,在学习了文章的首尾呼应、严谨凝练的结构形式后,马上进行小练笔,让学生仿照此结构形式进行文章开头和结尾的训练,学生在有了"范例"的作用下,很快就能完成运用实践,掌握结构形式之法。

(三)触发情感启点,正确把握价值取向

准确把握历史类文本价值取向,促进学生语文能力和人文情怀的整体提升。

1. 触发情感疑惑点,领会作者意图

历史类课文带有鲜明的时代特点,所展示的价值取向有着较明确的时代特点。由于年代久远,学生对于课文所展示的价值取向有些比较难以把握,容易产生疑惑点。善于触发学生这样的情感疑惑点,通过学习解决疑问,在释疑的过程中,习得课文的价值情感。如《卖火柴的小女孩》的文本价值观应该是小女孩对幸福生活的渴望和追求。但学习过程中,学生往往会关注卖火柴小女孩是冻死、饿死的,死后的表情应该痛苦而难看,为什么第二天小女孩脸上会留着幸福的笑容?难道死亡不痛苦吗?……学生难以置信,疑问重重。为此,在学习时要补充说明作者安徒生有宗教的情结。当时,当地的教徒们认为,死亡时一种解脱,一种脱离苦难的幸福,是一件值得庆幸的事情。

2. 触发情感冲突点,把握时代情感

特定的历史时期,有其特定的时代精神、时代情感。这种特定的情感易与学生现有的情感体验、价值取向发生冲突。为此,在学习的过程中,要善于触发这样的冲突点,以此为学习启点,正确把握历史时期的时代精神,正确把握文本的价值取向。

小英雄雨来的事迹流传了很多年,他代表着那个时代中华民族的抗日精神。学生在学习中感受到了其勇敢的同时,不禁产生了"他们的爸爸妈妈,怎么能让一个孩子去和日本鬼子斗争呢?这不是螳臂当车吗?难道就没有更好的办法吗?",学生如此多的情感冲突点,文本的情感价值观与自我价值观发生了冲突,学生一时很难理解。为此,通过查找补充相关资料,让自己知道,在抗日战争中,有很多很多像雨来这样的小英雄走上战场,而雨来只是他们中的一员,一个典型的代表。在当时严峻的抗敌形势下,雨来把个人生死置之度外,机智勇敢,不怕牺牲是一种迫不得已的斗争需要,更是雨来英雄壮举的真正内涵。

3. 触发本位认知点,把握主要情感

高年级历史题材叙事类文章,大部分都是以写人为主的,为我们展示了一个个性格各异、个性鲜明的人物形象。在叙述的过程中,人物形象在具体事情的推进中,逐渐丰满,但是,在事件推进中,在人物的活动中,容易让学生产生解读的多重

性。为此,在学习过程中,要善于触发学生本位认知的启点,抓住文本主要情感价值,并进行感悟。如在学习《景阳冈》一文时,有学生提出:"武松喝酒时的那些言行,可以看出这人蛮横无理,不懂得尊重他人!"……这一类说法乍一听似乎有一定道理。但如果将我们的阅读关注放到文本整体构思上,从历史的、偶然的、文学的角度,从本位认知的角度琢磨作者的创作思想和意图,我们就会发现,这些不是文本展示的主要价值,文本主要的情感价值是让学生通过打虎的勇敢行为的学习,树立武松正面高大的形象。

4. 触发辩证思维点,合理公正评价

高年级所选的历史叙事类课文,很多都是某一历史文学作品之中的片段。因此在阅读这类文章的时候,容易产生对主要内容、主要人物的评价、情感产生片面性。为此,在学习过程中,要学会补充相应的较为全面的知识,引导学生全面、辩证地看待人物,公正合理评价人物,正确把握文章的情感价值。如学习《草船借箭》后,极易把神机妙算的诸葛亮"神化",而对于文本中出现的"曹丞相",则认为是一个软弱无能、胆小怕事之人,周瑜则是一个小肚鸡肠之小人。显然这样的人物评价是不妥的、错位的,引导学生阅读相关资料,从整体上了解人物,把握人物形象,才能合理把握文本情感。

总之,在历史题材叙事类课文的学习中,只要我们把握好学生的起点,触发学生的启点,我们一定能有效促进我们学生的主动学习,全面提升我们学生的语文素养!

参考文献:

[1] 中华人民共和国教育部.义务教育语文课程标准(2011年版)[S]. 北京:北京师范大学出版社,2012.

[2] 潘新和.语文:表现与存在[M].福州:福建人民出版社,2006.

[3] 傅登顺.寻梦十年——乡村特级教师傅登顺语文教改观[M].杭州:浙江教育出版社,2013.

[4] 刘宇红.语言的神经基础[M].北京:中国社会科学出版社,2007.

[5] 徐家良.小学语文教学手记[M].上海:上海教育出版社,2008.

[6] 宁鸿彬.语文教学的思考与实践[M].北京:教育科学出版社,2008.

[7] 叶圣陶.叶圣陶教育文集[M].北京:人民教育出版社,1999.

基于"蝴蝶园"的小学语文拓展性课程教学初探

浙江省建德市新安江第二小学 朱月红

读和写一直是语文学习的重要任务,在教学中要切实扩大学生的阅读量,做到真正有效的积累。教师都会推荐学生阅读各种课外书,组织学生参加各种读书活动,可是学生阅读水平未见明显提高。尽管教师每周布置孩子写周记、每单元进行作文练习,可是孩子们的写作兴趣依然不浓,写作水平不见提升。究其原因,也许是老师们推荐的书学生不一定真正喜欢读,学生阅读的过程缺乏有序的组织,学生的自由阅读缺乏有始有终的管理。因此阅读的质量难以保证,出现了一定意义上的"假读"。也许是每次老师安排写作的内容与孩子生活脱节,孩子无话可写,孩子写作的兴趣不浓,因此写作的质量难以保证。那么如何解决这个问题呢?笔者基于学校"蝴蝶园"进行了一系列的语文拓展性课程开发,编写了一套适合孩子阅读和练笔的教材,进行教学实践,孩子们阅读和写作的兴趣大增,读写水平均有一定程度的提升。

一、基于"蝴蝶园"的小学语文拓展性课程教学特点

(一)体现语文性

基于"蝴蝶园"的小学语文拓展性课程教学,在围绕蝶园的一系列语文实践活动中孩子们进行了语文的读写训练。提高孩子们阅读和写作的兴趣,促进孩子读写水平的提升。

(二)突出实践性

基于"蝴蝶园"的小学语文拓展性课程教学,鼓励学生上网查询资料、图片、实

地拍摄照片,发动学生走进蝶园进行实地观察,并写下观察日记,学生收集整理信息的能力、实地考察能力和写作能力得到了相应的提高。

(三)充满趣味性

基于"蝴蝶园"的小学语文拓展性课程教学,因为有了"蝴蝶园"这个实践基地。孩子们在蝴蝶园兴趣盎然地观察蝴蝶后,笔下流淌出的文字是充满趣味的,孩子的作文从此告别枯燥乏味。

二、基于"蝴蝶园"的小学语文拓展性课程教学实践

(一) 基于"蝴蝶园"的小学语文拓展性课程的教学目标

围绕"蝴蝶园"进行一系列的语文读写教学活动,有效地拓宽语文教学内容,丰富语文课程资源。调整学生学习的心态,促进学生智力因素和非智力因素的和谐发展,完善学生的人格,提高学生的人文素养和生命素养。

(二)基于"蝴蝶园"的小学语文拓展性课程的教学内容

1.以校本教材《毛毛虫的梦想》为主

《毛毛虫的梦想》分为关于蝴蝶的课外阅读、蝶园文学创作两大块教学内容。教学实践安排在1—6年级每周一次的蝴蝶园微型课上进行教学。

(1)描写蝴蝶的古诗。自古受文人墨客的青睐,吟诗作词中常提到蝴蝶。杜甫诗《曲江二首》中云:"穿花蛱蝶深深见,点水蜻蜓款款飞。"将蝴蝶在花丛中飞舞觅食、交配、产卵和蜻蜓点水产卵,一触即飞之状,描绘得栩栩如生。南宋杨万里《宿新市徐公店二首》诗云:"儿童急走追黄蝶,飞入菜花无处寻。"描述白蝶在白色的梨花中飞舞和黄粉蝶喜在黄色的油菜花中飞舞的情景……在教学实践中把描写蝴蝶的所有古诗做了一个梳理,这里摘录部分内容:

古诗题目	作者	古诗内容
《锦瑟》	李商隐	锦瑟无端五十弦,一弦一柱思华年。庄生晓梦迷蝴蝶,望帝春心托杜鹃。沧海月明珠有泪,蓝田日暖玉生烟。此情可待成追忆? 只是当时已惘然
《曲江二首》	[唐]杜甫	朝回日日典春衣,每日江头尽醉归。酒债寻常行处有,人生七十古来稀。穿花蛱蝶深深见,点水蜻蜓款款飞。传语风光共流转,暂时相伴莫相违
《水调歌头》	[宋]张孝祥	此事天公付我,六月下沧浪。蝉蜕尘埃外,蝶梦水云乡
《晚日后堂》	[南朝梁]	岸柳垂长叶,窗桃落细跗。花留蛱蝶粉,竹翳蜻蜓珠
……	……	……

（2）关于蝴蝶的谜语、歇后语

低段的孩子非常喜欢谜语,在教学中选取关于蝴蝶的谜语,能提高孩子学习的兴趣。如:"头上两根须,身穿彩花袍。飞舞花丛中,快乐又逍遥。 小时是害虫,长大是益虫。"这个谜语,孩子不仅能从这则谜语中了解蝴蝶的外形,还能明白蝴蝶是益虫这个科学知识。歇后语则非常有意思,平时说话、作文能增加表达的乐趣,这是教学中整理的部分关于蝴蝶的歇后语:蝴蝶群舞——花花世界;蝴蝶落在鲜花上——恋恋不舍;蝴蝶飞进了花园里——难舍难离;老虎吃蝴蝶——想入非非(飞飞);城隍爷扑蝴蝶——慌了神;蝴蝶当媒婆——煽情,传经(精)送宝;成对的蝴蝶——比翼双飞;牛犊子扑蝴蝶——看着容易做着难。

（3）关于蝴蝶的典故

"破茧成蝶""庄周梦蝶"都是非常有名的关于蝴蝶的成语,都有其典故。如"庄周梦蝶"典故出处《庄子·齐物论》原文:"昔者庄周梦为蝴蝶,栩栩然蝴蝶也,自喻适志与! 不知周也。俄然觉,则蘧蘧然周也。不知周之梦为蝴蝶与,蝴蝶之梦为周与? 周与蝴蝶,则必有分矣。此之谓物化。"

（4）关于蝴蝶的文章

关于"蝴蝶"为主题的一系列阅读:蝴蝶的种类介绍、蝴蝶的生长过程、蝴蝶的生活习性等科普文章的阅读。

2.浓厚的校园"蝴蝶园"文化的缩影

胡老师一手设计精心培育的蝴蝶养殖园,园里的植物茂盛、蝴蝶翻飞。蝴蝶标本展示室,展示了胡老师亲手捕捉制作的上千个蝴蝶标本。校园橱窗里展示的学生制作的蝴蝶布艺拼贴画、树叶画、手抄报、绘本、摄影作品。立于绿荫之中以蝴蝶诗为主题的假山石壁、小桥流水。蝴蝶形状的校园垃圾桶设置、标示语等这一切都是我们教学的内容,生动有趣。

3. 教学中师生共同实践生成的补充教材

笔者经过一学期的实践,现将《毛毛虫的梦想》教材补充如下:

教材内容	补充教材内容
蝴蝶的观察日记	蝴蝶成长过程阶段性观察日记
制作蝴蝶标本 写制作过程	捕捉蝴蝶写过程
描写蝴蝶的古诗	描写蝴蝶的小古文

(三) 基于"蝴蝶园"的小学语文拓展性课程的教学实践

实践中我发现,学生对"蝴蝶园"的小学语文拓展性课程教学特别感兴趣,学生对主题讨论式、知识竞赛式、展示观摩、参观访问式、资料查询式、动手操作等教学形式,学习的积极性很高,取得了较好的教学效果。

1. 分期开展关于"蝴蝶"的主题阅读

开展一期期的主题阅读,收集蝴蝶主题的文学作品,安排学生分阶段阅读。如围绕以"蝴蝶"科普知识为主题的一系列阅读:蝴蝶的种类介绍、蝴蝶的生长过程、蝴蝶的生活习性等科普文章的阅读。学生在阅读中开阔了眼界、丰富了知识,懂得了保护小动物,更懂得了珍惜生命!例如:教学《蝴蝶的种类》时,为了激发学生的兴趣,老师出示各种蝴蝶的图片,之后呈现介绍蝴蝶种类的科普文,学生自由阅读,然后安排学生交流阅读收获。最后观看介绍蝴蝶种类的视频,学生阅读的兴趣空前高涨。从课本上学习了蝴蝶的种类,老师又带领学生到蝴蝶园认识蝴蝶,学生的学习真实而有效。

2. 定期开展关于"蝴蝶"的经典阅读竞赛

积累描写蝴蝶的古诗、歇后语能增加孩子的积累,丰富孩子的表达。学生的好胜心十分强,积累经典语文知识采用学生喜闻乐见的竞赛形式,学生的学习积极性最大程度地被调动起来。在教学《古诗中的蝴蝶》时先谈话导入,然后宣布竞赛评分标准分小组开始竞赛,并评选出冠军队、亚军队、季军队,最后一起欣赏描写蝴蝶的古诗,课堂气氛异常紧张,孩子们在竞赛中,了解了描写蝴蝶的诗句,感受了诗句的美好意境。

3.班级开展"走进蝶园"的各类实践活动

每个班爱好制作标本的孩子报名参加蝴蝶标本制作,制作的标本留在蝴蝶标本展示室里,给其他孩子的写作提供素材。班级开展学生制作蝴蝶布艺拼贴画、树叶画、手抄报、绘本、摄影等活动。孩子们在走进蝶园的一系列活动中进一步了解了蝴蝶,对蝴蝶产生了浓厚的兴趣。

4.应时开展"走进蝶园"的写作实践活动

大自然是学生最好的习作源泉。蝴蝶园就在他们的身边,可以随时亲近自然。在平时的观察、探究等活动中,学生的感受丰富多彩,习作的内容自然就不用闭门造车、胡编乱造了。学生实地观察后,随即文思泉涌,对作文的恐惧、困惑一扫而空。

(1)观察日记

从三年级开始,结合课文,引导学生写好观察日记。比如三、四月份我利用蝶园里同时开花的青菜和油菜,开设《青菜和油菜的区别》观察课。阳光灿烂的日子,我带着学生走进蝴蝶园,引导学生观察青菜和油菜的区别,孩子们的观察很入微,描写细致。下面摘录学生的一段精彩描写:"以前我总是搞不清楚青菜和油菜,因为两者太像了,都开着小小的,一簇簇金黄色的花。今天在老师的指导下我终于分清了青菜花和油菜花,青菜花底部露出来大片的叶子,而油菜花干干净净,什么都没有。"是呀,这么细微的区别估计很多老师之前也不清楚吧,学生借助"蝴蝶园"就能准确区分开来啦。

"蝴蝶园"可观察的东西很多,在蝴蝶不同的成长阶段(卵、幼虫、成虫、蛹),我分别带领学生进蝴蝶园观察,在老师引领下进行观察,并对它们的外部形态进行详细的描述,学生的作文言之有物,生动具体。

(2)童声作文

只有学生自己亲身经历的事情,他们才会有感而发,习作语言才有生命力,具有童真童趣。带着四、五年级的学生认识园内植物与蝴蝶的关系;学会亲自动手种植部分植物,学会日常的管理,学会养育蝴蝶,还学会了制作蝴蝶标本,体会羽化成蝶的生命奥秘,然后自由地表达。我班里的孩子参加了科学社团,在胡老师的指导下学会了制作蝴蝶标本,并且把自己制作蝴蝶标本的过程和心里感受写得非常具体生动。下面摘录学生一段出色的描写:"今天,胡老师破天荒带我们到'蝶园'抓蝴蝶做蝴蝶标本,我手上拿着网,悄悄地走过去,以最快的速度举起网看准一只蝴蝶猛地一套。好,一只蝴蝶被我用网套住了。我迅速捉住,拿出来放在早已准备好的小盒子里;然后,我用一只塑料袋包住纸盒,把那只蝴蝶闷死,瞬间我觉得自己好残忍! 过了会,估计那只蝴蝶已经死了,就打开盒子,把蝴蝶身体平展,放在一块木板上,再用钉子钉住。这样一只蝴蝶标本就做好了。"一切表达都出自孩子的心声,"瞬间我觉得自己好残忍!"学生的心灵得到震撼与感悟! 学生对生命产生了敬畏之心,从而更加珍惜生命、热爱生命。这是一切说教都达不到的教育效果。

(3)科普论文

到了六年级,学习了科学小品文的写法,就可以让学生查阅资料、观察记录、探究实践。娄卓文小朋友在长期观察了虎凤蝶后,写了一篇《虎凤蝶为什么把卵产在杜衡叶子的背面》的科学小论文:"一是为了不让卵被强烈的阳光热死。因为春天有时候阳光非常强烈,足以把在卵壳中的虎凤蝶幼虫直接晒死。二是杜衡叶子的背面相对嫩一些,好咬一些,所以要把卵产在叶子背面。如果把卵产在正面,幼虫就可能咬不动叶子了。"科普论文的写作是非常困难的,孩子们很多时候苦于无话可写,有了"蝴蝶园"这个孩子写作观察的乐园就不怕没有内容可写了。

(四)基于"蝴蝶园"的小学语文拓展性课程的教学评价

评价就是测量学生在学业上达成预期行为目标的程度,基于"蝴蝶园"的小学语文拓展性课程的教学也要建立自己的评价体系,用我们的评价推进孩子们的各项活动。

(1)优秀作品评比橱窗展示。我利用学校橱窗来更多展示孩子的作品。校园橱窗里展示学生制作的蝴蝶布艺拼贴画、树叶画、手抄报、绘本、摄影作品。一方面为更多的学生提供展示自己才能的机会,另一方面也拓宽了宣传该课程的平台。

(2)优秀作文推荐参赛发表。作品要有读者方能激发孩子的写作热情,激发孩子内在的动力,学生在"走进蝶园"一系列活动中所写的文章都很精彩,推荐参赛或发表能进一步激发学生的写作兴趣,培养坚持写作的意志。

(3)活动情况微信号分期展示。学生在"蝴蝶园"的小学语文拓展性课程中取得的进步与成果,我整理成文,择优发布到我校微信公众号上,既为学生提供一个向家长展示的平台,又进一步宣传了学校开设的课程。

三、基于"蝴蝶园"的小学语文拓展性课程教学效果

基于"蝴蝶园"的小学语文拓展性课程教学,围绕"蝴蝶园"进行了一系列的语文读写教学活动,有效地拓宽了语文教学内容,丰富了语文课程资源。培养了学生感受自然、追寻和谐、创造美丽的能力,增强学生的生命意识,尊重生命,热爱生命,并能知行合一,活出生命的光辉。调整了学生学习的心态,促进了学生智力因素和非智力因素的和谐发展,完善了学生的人格,提高了学生的人文素养。在孩子们欣赏评论、动手操作、上网收集资料、拍摄照片、写观察日记、科学小论文等一系列活动中,孩子们的个性得到了张扬,孩子们的欣赏能力、交往能力、动手能力、实践能力、写作能力等多种能力得到了培养。

本文只是粗浅地将自己实践中运用的一些方法和心得简单地加以梳理,在今后的教学实践中,我还会不断努力开发基于"蝴蝶园"的小学语文拓展性课程教学,挖掘出更多的可运用的"宝藏",使我校基于"蝴蝶园"的小学语文拓展性课程开出更灿烂的花朵。

参考文献:

[1] 丁炜,徐家良.小学生写作学本的编写理论与实践[M].南宁:广西教育出版社,2015.

[2] 余炜炜.新课程教学资源库科学教学案例[M].长沙:湖南师范大学出版社,2003.

[3] 中华人民共和国教育部.义务教育语文课程标准(2011年版)[S].北京:北京师范大学出版社,2012.

[4] 林型娟,葛素儿.三童课程架构与实施[M].北京:现代教育出版社,2015.

巧设低段"学习语言文字运用" 适切点的教学策略研究

浙江省建德市新安江第二小学　朱月红

语文是一门学习语言文字运用的综合性、实践性课程,应使学生初步学会运用祖国语言文字进行交流沟通。但目前很多老师在教学中忽略了这个教学任务。有些老师在教学中把教学内容等同于教材内容,有些老师的教学内容侧重于理解课文内容,忽视了语言文字运用的任务。人教版的教材文体多样,语言表达各有特色,人文价值丰富,很多教师缺少一双慧眼,没有很好地挖掘教材中的适切点进行有效的教学,导致孩子们"学习语言文字运用"效果不佳。我在教学中尝试设计"学习语言文字运用"的适切点进行教学,有效提升学生"学习语言文字运用"的能力。

策略一:紧扣教学目标,巧设适切点

(一)综观学段目标,巧设适切点

崔峦在解读2011修订版《义务教育语文课程标准》指出:低年级以识字写字为重点,还要重视学词,加强词语的理解、辨析、积累、运用。要增强语言文字运用的意识,丰富语言文字运用的内容和形式,如低年级运用词语说话、写话,抓住常用句式、有特点的句式进行迁移运用。

在生字教学中,教"掰"字时,教师把两手掌心相对合拢,再往两边分开,做一个"掰"的动作,然后让学生做一做,直观形象的动作自然而然地帮助学生理解了字义,记住了字形。这样,巧妙地把字形与字义紧密联系在一起,打破了枯燥的传统课堂教学模式,把学生转变成学习的主人。在词语教学中,我经常设计换词理解新词的适切点。用已学的词语解释新学的词语,用替换的方式认识新词,又用比较的方式区别词义的不同,从而让新词纳入孩子的知识树,建立孩子知识间的连接,达到融会贯通。

(二)落实年级目标,巧设适切点

同一个教学目标,年级不同应有不同的要求,课标关于写话的目标中有一条:"根据表达的需要,学习使用逗号、句号、问号、感叹号。"为了达成这个学段目标,我在一、二年级,有梯度地分解了这个学段目标。

在人教版一(下)《美丽的小路》一课的学习中,我设计了"读不同标点的句子,朗读中感受不同标点表达的不同语气"这个适切点。例句:"美丽的小路不见了。美丽的小路怎么不见了?我一定要把美丽的小路找回来!"在二(上)学完第四组课文后,结合课文中不同标点的句子,我设计了"我会填标点"这个适切点,进一步体会句子表达的不同语气,学会选择不同的标点表达。例句:"狐狸为什么说葡萄酸呢( )葫芦藤上挂着三个小葫芦( )爷爷买的枣儿真甜啊( )你喜欢小柳树还是喜欢小枣树( )"。

(三)把握单元目标,巧设适切点

单元教学目标是整组教材的教学统领,整组教材都要围绕达成单元教学目标展开。人教版二(上)第三组教材是围绕"爱祖国"这个专题编写的。从识字、课文到园地,都突出了歌颂祖国的悠久历史、大好河山、灿烂文化和民族精神,培养学生爱祖国、爱首都、爱中华民族的情感。

鉴于此,我设计的适切点是:学完《识字三》"三字经"后,安排学生认识少数民族;学了《北京》这课后,安排学生查阅介绍北京的资料,了解北京的新变化;学完描写隆重、热烈的国庆场面的《欢庆》后,安排学生了解国庆节;学完《我们成功了》后,安排学生了解奥运会;学了盼望祖国早日统一的《看雪》后,安排学生了解台湾。这样的适切点设计培养了学生阅读的能力,也激发了学生爱祖国的情感,一举两得。

(四)踩准课时目标,巧设适切点

课时教学目标是教师和学生在每一堂课的教学活动中所要达到的结果或标准。为教学设计指明方向,即依据它正确地选择教学方法,妥善地组织教学过程;为教学评价提供依据,评价教师的教学效果。课时目标是设计"学习语言文字运用"适切点最直接的目标依据。

在执教人教版二(下)《数星星的孩子》第一课时,制定的一条课时目标是:"学习生字'衡',了解张衡。"为了完成这一目标,我设计了让学生自己来说说怎么记住"衡"字。让学生大声读课文找出课文中介绍张衡的句子学习,再安排学生阅读课后的资料链接,更全面地了解张衡,从而很好地达成了这个课时目标。

策略二:梳理教材特点,巧设适切点

(一)凸显文体特征,巧设适切点

无论在什么情况下,小学语文教学都应该结合文体特征,采用相应的教学方法突出重点。小学语文教材尽管文体各异、表现手法纷呈,但我们仍有规律可寻。根据小学低段教材的文体特点,设计小学低段"学习语言文字运用"适切点进行教学更适合学生的学习。

人教版二(下)的《丑小鸭》是一个童话故事,童话是学生非常喜欢的阅读内容,根据这篇课文的文体特征,我设计了学生在读完这个童话故事后,推荐阅读《卖火柴的小女孩》《皇帝的新装》等童话故事,还推荐学生购买《安徒生童话集》。读完《安徒生童话集》后又组织学生进行了一次讲童话故事的比赛,在比赛中学生阅读童话的兴趣达到了一个新的高潮。同理,在学习一(上)古诗《静夜思》后,设计了安排学生背诵与古诗内容相关联的思乡古诗《九月九日忆山东兄弟》,同一诗人李白的古诗《古朗月行》《望庐山瀑布》等。学习寓言故事《揠苗助长》《守株待兔》后,设计了让学生阅读有趣的寓言故事《画蛇添足》《刻舟求剑》等,还推荐学生买《寓言故事》进行阅读。

(二)寻找特色语言表达,巧设适切点

小学低段的很多课文并没有很明显的文体特点,却有值得学生学习模仿的语言亮点,课文中不乏表达有特色的句式,如果不及时捕捉,让之流逝,实在可惜。

人教版二(下)《难忘的泼水节》最后有两句一赞三叹表达感情的句子,非常有特色:"多么幸福哇,1961年的泼水节!多么令人难忘啊,1961年的泼水节!"我就抓住这一表达有特色的句子设计了"学习语言文字运用"的适切点:"多么幸福哇,(　　　)!多么令人难忘啊,(　　　)!"进行了口头的说话练习,后来我在学

生"每日一句"中看到了准确的句式运用："多么幸福哇，我10岁的生日！ 多么令人难忘啊，我10岁的生日！"学生学会了多好的句子啊！如果教学中没有及时抓住这一有特色的句式及时设计适切点进行教学，提升学生语言文字的运用能力，那岂不是语文教学的一大憾事？

(三)体现人文价值,巧设适切点

工具性和人文性的统一,是语文课程的基本特点。语文课程丰富的人文内涵对学生精神世界的影响是广泛而深刻的,学生对语文材料的感受和理解又是多元的。因此教师在教学中要注意语文课程的价值取向,做到学习语言文字运用与获取人文价值相融合。

人教版二(下)《葡萄沟》一课中有一段描写葡萄的文字："到了秋季,葡萄一大串一大串地挂在绿叶底下,有红的、白的、紫的、暗红的、淡绿的,五光十色,美丽极了。"葡萄的颜色写得很具体,用举例的写法写颜色多,表达非常有特色。在学完这一自然段"要是这时候你到葡萄沟去,热情好客的维吾尔族老乡,准会摘下最甜的葡萄,让你吃个够"。我觉得这是进行学生民族大团结教育的好时机,我便设计了一个"学习语言文字运用"的适切点："瞧,水果一大堆一大堆地摆在桌子上,有(哈密瓜)、( )、( )、( ),(各种各样),( )极了!"让学生仿写,在仿写中学生不仅学习了语言文字的运用,更感受到了维吾尔族老乡的热情,汉族和新疆维吾尔族人们之间的美好感情。

策略三:摸准学生学情,巧设适切点

(一)找准学生认知基点,巧设适切点

任何教学过程的展开都必须从学生的认知基点开始,脱离学生原有认知的教学,学生只能简单地顺应,机械地记忆。教师必须根据学生的年龄特点和知识水平,从教材实际出发,选择恰当的语言训练点,使学生积累丰富的语言材料,提高学生的表达能力。

人教版二(上)《数星星的孩子》教学生字"珍珠"时,基于学生已经学会了生字的基本笔画、结构,学会了生字在田字格中的位置,因此我设计了"自己观察并说说

怎样记住并写好'珍珠'两字"这个适切点。学生的内心产生一种成就感,培养了自学能力,同时还节约了教学时间。

当然,不同的学生有不同的学习基点,在设计适切点的时候,得考虑不同学生的认知基点,分层设计出适合不同层次学生"学习语言文字运用"的适切点。

(二)捕捉学生兴趣点,巧设适切点

兴趣是最好的老师,怎样提高学生的兴趣点是每个家长与老师非常关注的话题。基于学生的兴趣点,来设计小学低段"学习语言文字运用"的适切点,学生学习才会有效。

学生很喜欢充满童趣的儿歌,但是人教版一(下)《柳树醒了》这篇课文还缺少了点动感。基于孩子的兴趣点,我设计了给儿歌补充对话这个适切点。配上对话,丰富了儿歌内涵,把儿歌改写成:"春雷跟柳树说话了,/轰隆隆,轰隆隆,春天来了。/说着说着,小柳树呀,醒了。/春雨给柳树洗澡了,/沙沙沙,沙沙沙,春天来了。/洗着洗着,小柳枝哟,软了。/春风给柳树梳头了,/呼呼呼,呼呼呼,春天来了。/梳着梳着,小柳梢啊,绿了。/春燕跟柳树捉迷藏了,/叽叽叽,叽叽叽,春天来了。/藏着藏着,小柳絮呀,飞了。/柳树跟孩子们玩耍了,/哈哈哈,哈哈哈,春天来了。/玩着玩着,小朋友们,长高了……"学生读着充满声音的儿歌,喜悦写满了小脸,不知不觉中就背下了这首儿歌。下课了,学生还大声念着这首儿歌,兴趣盎然。

(三)激活学生发展点,巧设适切点

语文的学习就是为了学会表达,教材中很多有特色的表达方式,以孩子当时的学习能力来学会有些难,但是学生稍加努力也能有收获。为此我就找准了教材中这些学生的发展点,设计适切点,为孩子的长足发展打下坚实的基础。

人教版一(下)《四个太阳》的教学中,我让学生仿写:"我们也学着课文的样子,来写一写太阳吧。特别是第一句,你要学着课文的样子写哟!"这个适切点,学生在写话中,想象力很丰富,写得很成功。这一教学设计激活了学生的发展点,为学生的发展插上了翅膀。

(四)关注学生生成点,巧设适切点

学生在学习中产生的错误,是一种来源于学生学习活动本身,具有特殊教育作

用的学习材料。课堂教学是一个动态的、发展变化的过程,在师生、生生交流互动的过程中,随时会有许多意想不到的错误发生。因此,教师要独具慧眼,及时捕捉稍纵即逝的错误并巧妙运用于教学活动中,让错误成为学生学习新知的生成点。

在学习人教版一(下)《小壁虎借尾巴》时,学习能力弱的学生容易把课文第4自然段的"甩"读成"用",基于学生学习中的这个生成点,我设计了让学生比较"甩"和"用"这两个字。在黑板上大大地写上这两个字,并用红笔把两个字的不同笔画标红,再引导孩子关注笔画,结合字义区别。告诉学生牛尾巴一甩,中间这笔就跟着甩出去了,这个字就念"shuǎi",另一个字就是"用"了。

策略四:基于教学环境,巧设适切点

(一)综合同伴资源,巧设适切点

许多研究证明,同伴教育对人们形成正确的知识、态度、行为等方面发挥着十分有效的作用。同伴教育的本质特征为教育者与被教育者是相互融洽、有信任感的同龄伙伴关系,便于通过人际交流与反馈,相互分享生活中有用的经验和信息,所以同伴的学习资源被越来越多的老师所利用。

在学习人教版二(上)《识字七》时,学生学完拍手歌后意犹未尽,我便让学生试着编一编拍手歌,学生你一言我一语编得很起劲。此时,我鉴于整合同伴资源的原则,设计了"把拍手歌整理成一首新的拍手歌"这个适切点:"你拍一,我拍一,保护动物要牢记。你拍二,我拍二,白兔山羊是伙伴。你拍三,我拍三,黑熊冬天要冬眠。你拍四,我拍四,熊猫都爱吃竹子。你拍五,我拍五,一群蝴蝶在跳舞。……你拍十,我拍十,保护动物是大事。"孩子们拍着手,笑着读着这首大家合创的儿歌,兴趣真是空前高涨!

(二)顺应课堂情境,巧设适切点

课堂是动态生成的,每一节课都是不可重复的激情和智慧综合生成的过程。课堂生成的情境是独一无二的,是转瞬即逝、不可再创造的,课堂情境是学生"学习语言文字运用"不可缺少的因素。所以教师要抓住课堂生成的情境,设计小学低段"学习语言文字运用"的适切点。

在教学《我要的是葫芦》课文的结尾:"没过几天,叶子上的蚜虫更多了。小葫芦慢慢地变黄了,一个一个都落了。"学生为小葫芦的凋落而惋惜,顺应课堂的这个情境,我设计了这个适切点:这时候,种葫芦的人看到小葫芦都落了,会想些什么?说些什么呢? 在这个特定的情境中,学生说得很不错:"我真后悔当初没有听邻居的劝告!""我要是当初听邻居的话,那我的葫芦就不会掉了!""下次我要多听听别人的意见啊!"

(三)整合地方文化,巧设适切点

《义务教育语文课程标准》规定,要让学生认识中华文化的丰厚博大,汲取民族文化智慧,关心当代文化生活,吸收人类优秀文化的营养,提高文化品位。

建德风景优美,灵栖洞、大慈岩、七里扬帆……景点众多。物产丰富,有三都蜜橘、里叶白莲、乾潭苞茶、梅城烧饼…… 人教版二(下)《葡萄沟》这篇课文开头有这么一段话:"新疆吐鲁番有个地方叫葡萄沟。那里出产水果。五月有杏子,七八月有香梨、蜜桃、沙果,到了九十月份,人们最喜爱的葡萄成熟了。"为了让孩子了解地方特色文化,我设计了介绍家乡特产的"学习语言文字运用"的适切点:"建德是个美丽的地方,那里物产丰富。里叶有( ),乾潭有( ),梅城有( ),到了九十月份,人们最喜爱的( )成熟了。"教师把当地的自然生态、社会生活、风俗习惯等独特的文化引进课堂教学,既为孩子提供了感受和体验家乡文化的机会,加深了对本土文化的尊重和热爱之情,又提升了"学习语言文字运用"的能力。

巧设低段"学习语言文字运用"的适切点进行教学,提供了学生学习语言表达的模板、载体,使学生在训练中学会了规范的语言表达形式,内化且丰富了学生的语言,补充了现行教材学生"学习语言文字运用"适切点的空白。

参考文献:

[1] 刘仁增.语文教学的本质是言语能力构建[J].小学语文教学,2012(7):11-14.

[2] 2012年中国小学语文特级教师高端论坛专题研讨.以语言文字运用为中心的教学改革(中、高段)[J].小学语文教学,2012(9):5-8.

[3] 商德远.由"学课文"向"学习语言文字运用"转变[J].小学语文教学,2012(6):8-10.

[4] 谢慧云.课堂小练笔低效现状及对策[J].小学语文教学,2012(3):12-15.

小学古典白话小说类课文的价值取向
与教学策略探寻

浙江省建德市乾潭第二小学　马小燕

　　小学语文教材中的古典白话小说类课文有何特点？它的价值取向是什么？教学中如何挖掘它特有的优势，提升学生的语用能力和人文素养？本文试从古典白话小说的内容特点和丰富内涵入手，探寻小学古典白话小说类课文的价值取向与教学策略。

一、古典白话小说类课文的编排特点

　　在人教版小学语文教材中，中国古典白话小说类课文的编排情况如下表：

册数	题目	类别	原著	改编情况
五（下）	《草船借箭》	精读课文	《三国演义》	大幅改动，浅显易懂
五（下）	《景阳冈》	略读课文	《水浒传》	有所删改，基本一致
五（下）	《猴王出世》	略读课文	《西游记》	有所删改，基本一致
五（下）	《临死前的严监生》	精读课文	《儒林外史》	有所删改，基本一致
五（下）	《"凤辣子"初见林黛玉》	精读课文	《红楼梦》	有所删改，基本一致
五（下）	《孔明智退司马懿》	选读课文	《三国演义》	取自原文，一字未改

（一）整体提升的学段要求

　　此类课文集中编排在五（下），处于第三学段。该学段阅读能力的构成要素是：理解感悟、朗读、默读、略读和评价欣赏能力，是对第一、二学段形成的阅读能力进行系统归纳、总结、运用与提升的过程。适当安排古典白话小说类课文，为学生的默读、略读、浏览和欣赏提供了合适的载体和对象，可引导学生在用心阅读、深入思考、整体把握的基础上，培养评价、欣赏作品语言风格、表达方式与表现手法的能力,为第四学段"欣赏文学作品"做铺垫。

(二)耳熟能详的经典名著

人教版小学语文教材选编了6篇古典白话小说类课文,都是国人家喻户晓的经典作品。其中:有5篇选自我国四大古典名著,1篇选自我国古代讽刺文学的典范《儒林外史》。这些选段情节生动,人物形象鲜明,可使学生打破时空的界限,与文学、思想大师进行心灵的沟通、生命的对话,让他们从小接触古典名著,接受民族文化的熏陶浸染,为语文素养的终身发展奠定良好基础。

(三)言简义丰的艺术刻画

古典白话小说,不似古代文言小说艰涩拗口,学生能在"似懂非懂"中解读大意,进而感悟人物;而相对于现代白话文的浅显直白,学生更能感受到古代白话文的凝练厚实。除《草船借箭》被改写为浅显易懂的现代白话文外,其他课文只做少量删减改动,基本保持原著的言语形式。虽存在一些与现代汉语意义差别较大的字词,但在适当指导下也能扫除阅读障碍。学生能在韵律有致的朗读中感受语言的魅力,在凝神静思的默读中逐步理解课文内容,受到优秀作品的感染和激励。

二、古典白话小说类课文的价值取向

古典白话小说是经过时间积淀的文质兼美的艺术精粹,表现了广阔的社会生活场景、丰富的艺术创作成果和多样的社会政治理想,铸就了中国古典文学最后的辉煌。教学此类课文,应立足学段,遵循课标,有机整合古典白话小说的价值,引领学生在优秀传统文化的熏陶下提升语用能力和人文素养。

(一)感受典型鲜明的小说特点

古典白话小说具有典型鲜明的小说体裁特点。它以刻画人物形象为中心,通过完整的故事情节和具体的环境描写来反映社会生活,有完备精湛的叙事结构、引人入胜的故事情节、性格丰满的形象塑造、细致入微的艺术刻画。教师可通过多种方式的引导,让学生在阅读中感受此类文体的艺术特点。

(二)习得凝练传神的言语表达

选入教材的古典白话小说类课文,都很好地呈现了情节曲折紧凑、语言生动精炼的特点。如《临死前的严监生》,严监生临死前因为放不下两茎灯草而伸着两个指头连连摇头的情节深入人心。选文短短数百字,却淋淋尽致地刻画出人物鲜活的形象,实为凝练传神。教师应引领学生细细揣摩品味此类课文的用词造句、段落层次、篇章结构、表达方法,感悟古典白话小说的语言魅力,从而提高理解和运用语言文字的能力,提高理解、欣赏、分析、概括、联想和想象的能力。

(三)沐浴博大精深的文化光辉

《红楼梦》《三国演义》《水浒传》等古典白话小说都是某个特定时期文化价值观的集中体现,蕴含着中华民族不同时期对文学经典的接受方式与阅读态度,也是对相应时期社会现实的文学折射,具有文学史和社会文化史的意义。从思想内涵和题材表现上来说,它以传统文化为养料,又将传统文化发扬和丰富,在艺术形象和艺术细节的演绎中予以创造性地阐述,且经过世俗化的图解,以可感的形象和动人的故事走进千家万户。作品中一个个有血有肉的人物,或具备真、善、美的精神品质,或有着魅力独特的性格特征,或拥有非比寻常的能力本领,等等。这些文学形象深入人心,为国人所津津乐道。教师应引领学生认识中华文化的博大精深,汲取民族文化智慧,在优秀传统文化的熏陶浸染中提升文化品位。

(四)开启浩瀚无涯的快乐阅读

古典白话小说类课文的背后是浩如烟海的古典名著宝库。《"凤辣子"初见林黛玉》选自《红楼梦》,《草船借箭》《孔明智退司马懿》选自《三国演义》,《景阳冈》选自《水浒传》,《猴王出世》选自《西游记》,《临死前的严监生》选自《儒林外史》……《义务教育语文课程标准》对第三学段学生的阅读要求是:扩展阅读面,课外阅读总量不少于100万字。因此,教师应在引领学生感悟古典白话类课文的魅力之余,激发学生阅读古代经典文学作品的兴趣,由此开启快乐的"中国古典名著阅读之旅",扩大阅读面,增加阅读量,提高阅读品位。

三、古典白话小说类课文的教学策略

如何运用恰当的策略进行古典白话小说类课文教学,最大限度地实现其教学价值呢?笔者认为可从以下四个方面入手。

(一)于跌宕起伏的情节中感受要素

不同文体有着不同特点。古典白话小说作为叙事文学的典范,在叙述方式和情节结构上特点鲜明。教师可引导学生在跌宕起伏的情节中感受小说文体要素。

1. 比较阅读,感受"一波三折"

教师可将原文改写成平铺直叙的短文,让学生在比较阅读中感受古典白话小说情节的一波三折。例如,教学《临死前的严监生》时,可将原文中大侄子、二侄子、奶妈的猜测略去,直接出示赵氏的猜测,让学生与原文比较,说说想法。

通过改写原文,引导学生在比较阅读中感受到:文似看山不喜平。平铺直叙,简单平淡,读者就会生厌;而跌宕起伏,峰回路转,就会产生无穷的魅力。一波三折、跌宕起伏的笔法,把故事写得波澜起伏,委婉动人,能展示人物鲜明的个性特征,表现深刻的主题。

2. 模拟说书,体验"悬念迭起"

蒋军晶老师执教《临死前的严监生》时,设计了"模拟说书"的环节,让学生想想说书人说到哪个情节时会停下来说"预知后事如何,请听下回分解"。他还出示听故事人的表情图,让学生讨论为何在听到结局时大家都一片诧然。教师通过还原"说书"场景,引导学生领悟到故事情节的"悬念丛生"以及结局的"出乎意料",从而感受"情节""悬念""意外""细节"等小说诸要素,使学生认识到这些手法的巧妙运用对揭示人物性格、塑造人物形象所起的作用。

我们还可让学生以"说书"的形式复述古典白话小说类课文,在语言实践中体会故事情节悬念丛生的特点。

3. 深入朗读,亲历"扣人心弦"

《景阳冈》"武松打虎"情节生动,丝丝入扣。教师可组织学生分角色朗读描写武松和老虎的语句。学生在朗读中想象与体会,似乎亲历了武松从防守转向相持再进行反攻这扣人心弦的情节发展。《义务教育语文课程标准》指出:要让学生充分

地读,在读中整体感知,在读中有所感悟。朗读是阅读理解的重要基石,一堂优秀的语文课,离不开循序渐进的朗读。古典白话小说类课文同样需要适时的朗读,让学生在入情入境的朗读中深刻感受情节的扣人心弦,感受小说的无限魅力。

(二)于质朴灵动的描写中品味形象

对古典白话小说类课文人文精神的感悟必须以语言的发展为依托。教师要准确捕捉典型的语言形式,引导学生去品味人物形象,学习语言表达方法。

1. 读语言,品话中之话

古典白话小说人物语言个性鲜明,具有很大的思维想象空间。教学中抓住人物的语言描写,充分激发学生想象,能挖掘丰厚内涵,使文本价值引向深入。

例如,《"凤辣子"初见林黛玉》中有一系列对王熙凤的语言描写,教师应引导学生领会这些语言尽显王熙凤吹捧之能事,为的是讨"老祖宗"的欢心。教学文末一连串问话时,可采用师生合作对话的方式。先由学生扮王熙凤提问,教师演林黛玉作答,接着互换角色问答。此时,教师一口气问出一连串问题,不给学生回答的机会。由此学生自然体会到,王熙凤这些话看似对黛玉关心,实则是为了炫耀自己的管家地位,更进一步品出她那泼辣张扬、派头十足、八面玲珑的个性。

教师要充分发挥学生的学习自主性,设法激活文本语言因子,让它们代表作者与学生进行对话,通过反复感受、思考、揣摩,感受人物丰富的形象,品味人物个性。

2. 读举止,品话外之话

罗才军老师执教《临死前的严监生》时,引导学生细细研读严监生的动作、神态,从而更好地品味人物特征。罗老师问学生:"既然都是写摇头,你看这样写好不好:大侄子说,两个亲人不曾见面,他就摇头;二侄子说,两笔银子在哪里不曾吩咐明白,他又摇头;奶妈说还有两位舅爷故此纪念,他还是摇摇头。好不好?"

学生把文中描写严监生的三个句子画出来,与教师呈现的三句话做比较,自读体悟,体会文章这样写的好处,在句子旁做批注,逐步领悟到作者不仅写出了严监生的心情,还写出了心情变化的过程,让学生由关注语言内容转向了关注语言形式。在此过程中,学生自然而然地走进人物内心,读懂了无声的言语,达到"言意共生"的目的。

3. 读环境,品景中之话

《草船借箭》着重表现诸葛亮的神机妙算。文中有句环境描写很关键:"这时候大雾漫天,江上连面对面都看不清。"这句话大有文章,教学时应引导学生读出"景中之话"。

教师可让学生设想:此时诸葛亮和鲁肃都坐在船内,都看到了这场大雾。假如你是鲁肃,看到这场大雾是什么反应、什么感受？很显然,鲁肃并不知道当天会有漫天大雾,而此时他们的船正驶向曹军水寨,如此大雾,看不清前方情况,非常危险。所以鲁肃会十分吃惊甚至害怕。教师引导学生把鲁肃的感受读出来,进而感悟鲁肃的形象。而诸葛亮呢？正好相反,因为他早就算准了这场大雾,所以不但不吃惊,反而暗自得意。如果让他来读这句话,会读得非常自信、非常得意。通过对环境描写的读悟,学生对人物形象进行再现、再造,并深入内心。

(三)于巧妙适度的拓展中提升表达

古典白话小说类课文独特的文学性使其具有很大的拓展空间,教师要利用好这类文本的特点,创造性地设计拓展内容,让学生在具体的语言实践活动中提升语言表达能力。

1.寻空白处扩写

古典白话小说类课文中有许多空白点,有的在开头、结尾,有的在人物语言、心理的留白处,有的在故事情节的转折处。教师要抓住阅读感受的关键点,相机让学生进行练笔,收到领悟与表达一举两得的效果。

执教《临死前的严监生》时,在严监生"三次摇头"处可设计小练笔:严监生刚开始是有点失望,后来很失望,最后变成绝望。动作变化后面,是他心情的变化。每次摇头时,严监生肯定有很多心理活动,请大家拿起笔,将心比心,以严监生的口吻把他的心理活动写出来。

教师引导学生从"从摇头的变化"中体会到人物心理的变化,一步步发现并完善严监生的心理活动。学生从"动作"描写的角度较好地领悟了主人公的内心世界,此时拿起手中的笔,写出严监生的心理活动也就水到渠成了。

2.寻兴趣点改编

教师可指导学生选择自己感兴趣的部分进行改编,既加深印象,又提升表达。改编形式多种多样,可将原著言语形式改为现代白话文,也可将教材语言还原成原著语言,可进行故事新编、制作人物卡片、创作连环画等。

阅读选读课文《孔明智退司马懿》后,可引导学生与《草船借箭》的言语形式作比较,让学生选择自己感兴趣的方式进行改写:或将《草船借箭》还原成原著语言,或把《孔明智退司马懿》改写成现代白话文。不管用哪种方式,学生都在现代白话文与古代白话文的比较中感受到古典白话小说言简义丰、典雅素朴的语言风格,激发了阅读古典白话小说的兴趣,也提升了语言文字的运用能力。

故事新编也是古典白话小说类课文教学很好的拓展活动。教师可鼓励学生结合现代生活,对作品中的人物、故事进行新编,赋予他们时代气息,使他们魅力的外延得到更为广博的伸展。如此,作品中的人物形象、故事情节会在学生的心中生根发芽,同时也在他们的笔下流泻出崭新的生命力。例如,学习《猴王出世》后,可以写写《假如我是猴王》《猴王驾到》《猴王外传》等故事。

古典白话小说环境描写逼真细致,细节描绘丰富具体,人物形象个性鲜明,非常适合制作人物卡片和创作连环画。教师可指导学生为人物写介绍词,配上插图,在图文并茂中展示学生的个性,能力强的学生还可以创作连环画。在创编过程中,学生不仅能加深对作品的感悟,品尝到成功的欢乐,而且能提升阅读名著的兴趣和学习的欲望。

3. 寻精彩段表演

把古典白话小说改编成课本剧进行表演,既能检验学生内化文本语言、驾驭文本语言的效果,也是学生展示自我的广阔舞台。

古典白话小说类课文一般涉及人物较多,而且形象鲜明,所以"戏感"十足。采用课本剧的方式深化课文学习,这种方法很受学生欢迎。一般对话出现频繁的课文最易改编,比如《草船借箭》。但对于其他课文,教师也可引导孩子把握课文大意,发挥自己的"编剧"才能,设计人物对白、神态、动作等,这样更具自主性、灵活性、能动性。同时,课本剧的表演不需要面面俱到,可以选择特别精彩的段落,或者根据教学的重难点来设计改编与表演,使课本剧有效地为语文教学服务。

(四)于以点带面的延伸中体悟文化

从古典名著中节选或改编的文本尽管能独立成篇,但对于整部名著来说又是不完整的。学习语文"三分靠课内,七分靠课外""得法于课内,得益于课外"。文本中的片段只是引子,目的是引领学生通过课文学习,了解名著,激发阅读名著的兴趣,打开古典名著阅读之门。

教学《草船借箭》时,教师可巧妙设计疑问,引导学生阅读《三国演义》原著:"诸葛亮知天知地识人心,用草船借得十万多支箭,的确称得上'神机妙算',但他这招是险招。诸葛亮为何冒险答应此事? 是因为他没看清周瑜的阴谋吗? 是为了显示自己的能力,还是为了气气周瑜? 答案不在课文中,只有阅读《三国演义》原著,你才能对诸葛亮对周瑜有更深刻的理解。"学生对人物探究起了浓厚兴趣,自然乐于走进原著。

再如,学生阅读《"凤辣子"初见林黛玉》后,一般都会认为王熙凤是个八面玲珑、泼辣张狂、善于阿谀奉承、喜欢使权弄势的人物。由于节选文本和学生认知水平的局限,学生往往很难全面认识人物的个性特点。为此,教师在引导学生认识文本人物形象的同时,要进行文本拓展,启发学生全面认识人物形象。此时可出示《红楼梦》第十四回,让学生读到王熙凤的另一面:责任心强、敢说敢做、精明强干。在这样的拓展阅读中,王熙凤这一人物形象更加丰满了,学生对文本人物的认识更加全面了,就更能体会到古典名著塑造人物的高超技巧。多角度地大胆比较阅读,全面认识人物形象,可以使学生产生"柳暗花明又一村"的感觉,获得"顿悟"的乐趣,感受到经典的无穷魅力。

学生的阅读能力形成需要一定的阅读量,没有量变,就不会有质的飞跃。只有通过大量阅读,才能促进学生阅读能力的形成,语文素养的提高,才能积淀丰厚的文化底蕴。文本与名著相关内容的结合阅读,不但能全面把握人文内涵,还将学生的阅读从课本引向丰厚的课外,真正实现"以课文带名著"的目的,实现大量阅读。

古典白话小说是中华民族宝贵的文化遗产。它题材丰富,内容多样,结构精湛,语言精妙,滋养了一代又一代中华儿女。教师要根据文本特点和学生认知实际,采用有效的教学策略,引领学生感受古典白话小说的魅力,激发阅读古典白话小说的兴趣,在古典文化的熏陶中逐渐提升语文素养。

参考文献:

[1] 中华人民共和国教育部.义务教育语文课程标准(2011年版)[S].北京:北京师范大学出版社,2012.

[2] 李素琴.文体意识统摄下的文学作品教学[J].小学语文教师,2013(9):12-16.

[3] 陈国安.小学语文课文中"四大名著"改写选入的反思[J].小学语文教学月刊,2013(4):4-6.

[4] 依文体定教学内容:古典小说怎么教[E].http://res.hersp.com/content/1491597.

儿童习作"失真"问题分析与对策研究

浙江省建德市乾潭第二小学　马小燕

习作真实,一是指内容真实,即写真情实感,二是目的真实,满足社会交际需要。但事实上,儿童习作中的假话、空话、套话层出不穷,"失真"情况还大量存在。为此教师应针对儿童习作"失真"问题,对教学做深入分析研究,采取有效策略引导儿童还习作以真实,让习作教学充满生机与活力。

问题一:缺失语境创设,弱化习作功能

所谓语境即语言环境,包括语言因素,也包括时间、空间、情景、对象、话语前提等与语词使用有关的非语言因素。在习作教学中,教师过多关注习作教学写作训练,追求熟能生巧的练习,忽视儿童当下的生活和阅历,导致习作的语境缺失,习作的功能无法彰显。

习作教学中创设好语境,赋予儿童习作"实用功能",让儿童的需要与习作之间建立正向关联,将生活中的诉求转化为"功能性习作",他们对习作就会充满期待,兴味盎然,言语表达动力就会生成,习作教学的发生就会顺理成章。

对策1:创设目标语境,生发习作愿望

学生只有明确了为什么要写作文,才会有表达的愿望和兴趣。例如,六年级上册学写保护环境的建议书。教学中可从环境问题着手引发学生的习作愿望:先简单回顾该组课文的学习内容,再出示资源浪费、环境污染的相关图片,交流观后感,引导学生对身边环境问题进行思考,交流生活中发现的环境问题。在思考交流中,引发学生改变环境问题的愿望,让建议书"师出有名"。有了源自内心的习作目标,学生才会发自内心地表达,习作才会充满真情实感。

对策2:创设读者语境,增强习作兴趣

习作拥有读者,写作者才有表达的兴趣和动力。为儿童习作寻找适合的读者,是增强习作兴趣的有效策略。例如,五年级上册学写说明文的习作,内容是介绍一种物品,如蔬菜、水果、玩具、文具或电器。为谁介绍? 为何介绍? 明确设定读者对象,有的放矢,习作才有意义。譬如,同是介绍教室的多媒体设备,读者可以是"远方的好朋友",可以是爸爸妈妈,也可以是爷爷奶奶。读者不同,介绍的侧重点和语言表达方式就会各有不同。心中有读者,学生才有介绍的动力,才能从读者的需要出发观察与表达。

对策3:创设角色语境,提升习作动力

作者的角色设定也是一种语境创设。不同的角色,说不同的话,写不同的文章。五年级下册看图作文"足球赛",要求学生观察图中各种人物,想象比赛的紧张、激烈。若单纯要求学生仔细观察,大胆想象,却不做语境创设,学生与图片存在现实与画面的阻隔,难以真正走入足球赛的情境,习作就容易成为客观叙述,难以表达情感,或只能表达"伪情感"。若让学生选择现场某一角色来记叙足球赛,如守门员、裁判员、观众、播报员等,学生更感兴趣,更易于用心观察、想象、体会,自然也更易于表达真情实感。

问题二:缺乏独特感受,偏离儿童生活

在习作教学中,从命题立意到选材组材,从作前指导到作后评讲,大半是在教师一手操办下完成的。久而久之,学生为他人立言,为任务表达,缺乏自我独特感受,习作严重偏离了儿童的生活。

为此,教师应关注儿童区别于成人群体、彰显儿童文化的童年生活,让习作指向每个儿童不可复制的自我世界,让儿童学会感受自己的独特生活,并敢于分享自己的独特感受。

对策1:童话创编,唤醒儿童故事

儿童阶段是想象力发展的黄金时期,富于想象和幻想,是儿童宝贵的思维品

质。教师应营造契合儿童精神的习作氛围,拓宽儿童的思维空间、想象空间,唤醒儿童心中的故事素材,引导他们创编故事,分享故事。

第一,结合阅读,仿中带创。童话故事书中蕴含着丰富的习作资源,也为儿童提供了无限的习作契机。但从读到写是一个艰难的转化过程。教师要做有心人,以优秀的童话作品引导孩子们挖掘习作素材,让他们乐于想象,易于表达。结合童话阅读进行想象习作,可在留白处想象补白,可在文末延伸续写,可进行角色转换、结构调整、文体改换等改写,可学习原文写法进行仿写,等等。

例如阅读《逃家小兔》前几个片段后,教师让学生模仿原文补写情节,唤起了他们自由想象的热烈情绪:"如果你变成园丁,找到了我,我就变成树叶,躲进树丛。""如果你变成树叶,我就变成风儿,把你带走。""如果你变成风儿,带走了我,我就变成小鸟,飞上蓝天。""如果你变成小鸟,我就变成鸟窝,等你来休息。"……孩子们插上了想象的翅膀,在改编活动中乐此不疲。

第二,联系生活,自由发挥。"说雨"是一次即景习作。利用天气突变,暴雨骤降的机会,笔者组织孩子们以"雨"为话题自由联想与表达。从雨的类型,到雨的形态、雨的季节再到雨中的人、雨中的情绪、雨中的故事,孩子们进行了层层想象。经过多级发散,一个"雨"字扩散到上百个想象点。对于儿童来说,新奇的事物,或者常见事物的新形式、新内容、新角度、新层次、新联系,更能产生具有刺激性的信息。这些信息,都是引起思维的关键因素。教师应指导学生学会捕捉信息引发思维,并将思维导向不同的角度,让学生在具体、有趣的语言游戏中打开思路,放飞想象。

第三,编写童话,体验创造。童话往往用极其丰富而又浪漫、奇幻的想象来解决生活中的一切冲突,补偿和改善现实世界,让孩子重新生活在他所喜欢的生活中。引导儿童编写童话,能激活孩子异想天开的幻想和心中美好的梦想,引发他们说话习作的欲望,丰富和发展他们的语言。儿童创编的故事尽管有着不同的主角,但这些主角身上多多少少都折射着孩子们自己的身影。他们用纯洁的心灵、纯真的愿望、美好的语言将自己幻化成真善美的代名词。童话故事中离奇的想象、正义与邪恶的较量、对浩瀚世界的憧憬与向往,让习作成为一场快乐的旅行。

对策2:活动回放,分享童年生活

教学中将与习作内容相似的画面、视频、文章片段等呈现给儿童,可唤醒他们曾经身临其境却熟视无睹的故事,让每个孩子觉得这样快乐有趣的故事在自己的生活中也同样存在。课中游戏、课间活动、主题队会、体育节、读书节、艺术节……孩子们在习作与交流中一次又一次重温各种活动场景,在文字中回味活动的无穷乐趣,在参与活动、记录活动、交流分享的过程中培养搜集、积累素材的能力。

教师在指导五(下)第二单元有关"童年生活"的习作时,出示了一张心理健康团辅课上团队钻呼啦圈的照片,学生的记忆之门被打开,你一言我一语描述起活动的过程,兴奋之情溢于言表,习作成了分享快乐最好的载体。

对策3:话题点拨,解放表达意愿

良好的习作教学应当引导儿童走出"公共生活",走向属于自己的独特生活,让他们敢于将自己真实的一面表达出来。

六(下)第一单元关于"人生第一次"的习作,如何鼓励学生写出"第一次"的真实感受呢?教师首先回忆自己童年经历的"第一次",让"第一次"之"糗"、"第一次"之无奈、"第一次"之五味杂陈引起学生的共鸣,打开他们的话匣子,让习作中的"第一次"成为原汁原味的"第一次"。

习作教学要回归儿童精神的原点,让他们自由表达,率真表达,让习作成为愉悦的对话和快意的倾诉。合适的话题能唤醒儿童天真无邪的情思,逐渐摒弃习作中的假话、空话、套话,让他们在习作与交流中逐步形成独立的人格、自由的思想。

问题三:缺少情趣表达,限制言语生长

很多教师为了让学生快速提高作文能力,将习作变成一种可按公式编辑的程序,教给学生应对考试作文的言语套路,如开头结尾的套路、过渡的套路、修辞的套路,等等。久而久之,儿童习作时思考的不再是如何吸引读者来阅读自己的作文,不再是如何让读者更加喜欢自己的作文,而是如何用上套路,适应套路。

学习言语表达,应从模仿起步,逐渐学习变化、创新,进而实现随心表达。小学语文教材对习作的编排大体从易到难、从简到繁、从写话到片段再到篇章。习作指导应循序渐进,一课一得,一篇一得,篇篇有得,如此日积月累,让学生逐步学会在情境、情感、交际等需要的变化中灵活运用所积累的语体,进行有情趣地表达。

对策1:随文练笔,丰富表达样式

习作教学应对每个儿童的言语困境进行"扶助"。这不只是精神层面的鼓励,更需要技术层面的指导,应以必要的言语路径和基本的表达框架来引导。教师在教学内容上不可贪多求全,而应将各类语体知识进行梳理,结合教材,精心细分,进行扎实训练。阅读教学中对课文中经典的表达语体进行感悟、比较、模仿,能逐渐积累丰富的表达样式。

例如,写人文章的开头有多种样式。白描式开头:刷子李专干粉刷这一行。他要是给您刷好一间屋子,屋里什么都不用放,单坐着,就如同升天一般美。(《刷子李》)

学生仿写:皮影馆在巷子的中央,巷子很长,黑白的房屋,翘起的屋檐,乌黑又显破旧的瓦砾紧挨着小巷。(《皮影戏》)

叙事式开头:1927年4月28日,我永远忘不了那一天。那是父亲的被难日,离现在已经十六年了。(《十六年前的回忆》)

学生仿写:星期二,我们班和五(2)班的足球比赛拉开了战幕。(《我们班的"足球小子"》)

背景式开头:天冷极了,下着雪,又快黑了。这是一年的最后一天——大年夜。(《卖火柴的小女孩》)

学生仿写:天空连一朵云都没有,只有那火球般的太阳,把它强烈的光芒像一枝枝金色的利箭直射下来,烫得我汗流浃背。我在心底呼唤:雪糕,亲爱的雪糕,我来了!(《都是贪吃惹的祸》)

小学六年三百多篇课文中写人的文章有近二十种开头方式,在阅读教学中注意引导学生根据课文表达需要进行体悟、比较、积累,在习作中就能根据自己的表达需要选择合适的样式进行开头,避免了千篇一律的"套路式"开头。

对策2:变化创新,活用语言文字

习作教学起于模仿,也止于模仿。从语言的积累到运用,是一个逐步内化和外显的过程。习作教学要减少对学生的束缚,鼓励学生活用语言,进行自由表达和有创意的表达。

例如,某生写《"武痴"表弟》,综合运用了《少年闰土》抓住外貌、语言、动作写人的方法和《我的舞台》以人物成长过程为线索表达中心的表现手法,并创造性地运用积累的语言还原鲜活的生活画面:

一回到家,表弟就钻进"练功房",忘乎所以地操练起来。那"乒乒乓乓"的声音真叫人心惊胆寒。我忍不住大叫:"表弟,你别把房子拆了!"表弟探出头来,狡黠地一笑:"哥,请进来欣赏我的'拆房'妙招!"我三步并作两步冲了进去。哈哈,原来惨遭"毒手"的是一堆饮料瓶。(节选)

在模仿和积累的基础上,指导学生巧妙运用语言形式描写生活,能创造出更多更丰富的语言,让表达充满活力、情趣和个性。

对策3:随心习作,抒写真我情趣

习作教学要回归本真,"我手写我心",重点要做好作前准备和作后评改。

作前准备是为了还原真我环境,创设真我体验,积累真我感受。这在本文第一、第二部分已详细阐述。

作后评改具有检查、诊断、反馈、激励、提升等作用。儿童更容易亲近儿童语言,教师可引导学生进行批注式评改。学生在亲历习作实践的基础上,以同伴作文为凭借,透过"文本"与同伴直接对话,用批注形式去感受、理解、欣赏和评价,从批注中获得灵感,引发思考。在此基础上,教师梳理、筛选与整合有价值的中心话题,以话题为凭借,引导学生二次批注,进行有针对性的细细斟酌,慢慢揣摩,用细腻的情感润泽文字,丰盈文字,点亮文字。

以四(下)《关注身边的人和事》为例。"他可是我们班出了名的懒惰大仙,每一次作业未交"黑名单"里,都有他的大名;每一次晨读不认真的"光荣榜"中,他总是高居不下。老师在时,他无奈地坐在座位上,右手握着笔,左手架着脑袋,眉头紧皱,似乎在冥思苦想什么问题似的,其实,半个小时下来,他才写了五六个字。哼,他哪里是在思考什么深奥的问题,分明就是在敷衍老师!老师不在,他就像孙悟空大闹天宫,和几个男孩子聚在一起疯玩,边玩边叫,像脱了缰的野马似的。"这是学生的习作片段。

学生进行两次批注。第一次：用批注的形式写下自己的阅读感受，与同伴面对面交流，并且在对比反思中加深理解，获得体悟，启迪思维，拓宽思路，自主修改习作。第二次批注，在首次批注基础上，展示、交流自主批注成果，对接习作目标、要求，整合中心话题。本次习作主要关注点是：

（1）内容——是否表达真情实感。

（2）表达——是否抓住有特点的语言、神态、动作来刻画人物形象。

（3）创意——捕捉让你眼前一亮的语句。

自主评改能让学生在阅读欣赏中搜集自己感兴趣的素材，在语言环境中丰富表达的方法，在相互评论中展示习作，交流沟通，促进提升，逐渐形成个性表达能力。

小学习作教学应以儿童为主体，以儿童文化、儿童精神为背景，以儿童当下的现实生活为内容，解放儿童的表达意愿，指导他们写自己的真实生活、真实思想，表达自己的真实情感，让儿童言语和精神共同成长。

参考文献

[1] 中华人民共和国教育部. 义务教育语文课程标准(2011年版)[S]. 北京：北京师范大学出版社,2012.

[2] 周一贯. 儿童习作：名正则"行"顺[J]. 小学语文教学,2014(增刊).

[3] 吴勇. 走向实效的"童化作文"教学[J]. 小学语文教学,2014(增刊).

[4] 顾振彪. 请注意四个问题——关于小学作文教学[J]. 小学语文,2014(7—8).

[5] 叶黎明. 体式 活动 语境——小学习作教学改革的方向性思考[J].语文教学通讯,2014(12).

"批注"在小学语文阅读教学中的优化策略

浙江省建德市梅城中心小学　张　琪

"批注"是古往今来常用的读书方法。在《现代汉语规范词典》中"批"的意思是：对下级的文件、别人的文章、作业等写下意见或评语。"注"的意思是：用文字解释书或文章中的字句。顾名思义，批注就是阅读时在文中空白处把对文章的注释和理解、感受和点评、思索和疑问等写下来。

语文教学中的"批注"，指的是学生在阅读的过程中，在书页的空白处用特定的符号或文字写下自己读书时的所疑、所感、所知、所想，以促进学生语文能力的持续发展。"批注"的过程，是学生真正参与阅读实践的过程，是让他们实实在在地触摸语言，理解语言，运用语言，实实在在地进行听说读写的过程，既面向全体学生，又是个体自主阅读与群体合作阅读的结合。

在实际的语文教学中，批注的使用还存在着批注方法未合理渗透、批注主题重点未突出、课内外的批注未得到有效衔接等不足，影响着批注的效能发挥。如何改变批注运用低效的状况，并借助批注，有效提高学生的语言运用能力呢？

一、"分层"推进，学会批注方法

阅读批注的内容丰富，方法多样，教师以学习目标为指向，考虑学生年龄特征，依据《义务教育语文课程标准》要求，选择适合第三学段的多种符号批注和文字批注类型，层次由易到难，由浅入深地进行教学和渗透，引领学生循序渐进地掌握运用阅读批注的方法。

(一)开设专题课,学习批注方法

掌握批注的方法，是学生运用批注的基础。在实践中，教师安排一定的课时，为学生开设了批注专题课,用集中统一的方式教给学生多种符号批注和文字批注类型,并为学生设计了《阅读批注指南》,供学生随时学习和运用。符号批注强调运用固定符号,每种符号都代表着明确的意义,这样可以提高批注的速度和质量,也便于师生、生生交流;各种类型的文字批注可长可短,关键能准确表达自己阅读文本的内心感受,批注的内容可以是对语言文字的理解,或文章写作特点的领悟,或在文本留白处的想象……当然,教学过程中,教师要提醒学生:批注的最佳方式是采用符号和文字相结合的方法。

(二)学以致用,培养批注习惯

《阅读批注指南》上的内容,学生不可能经过两堂批注专题课就掌握,教师要重视结合实例,抓住机会,把握尺度,对阅读困惑者以指导,对理解有误者以引领,对感悟肤浅者以点拨,让学生在指导中运用,在运用中有所感悟,有所启发;教师要选择批注比较细致而且有独到观点和感悟的学生批注在投影下展示。通过教师的及时引导和有效示范,让学生逐渐领悟哪些内容值得批注,怎样批注,可采用哪些方法,从而增强学生的批注能力;教师要重视选择一般水平的批注作为例子,让学生共同分析方法,共同修改批注,在此基础上培养批注的习惯,提升学生批注能力。

(三)鼓励自主,创新批注形式

引导学生依据课文自主开发和创新教材,发挥创造性,是批注方法指导的最终目标。在前期批注方法指导学习的基础上,学生能逐渐体会和把握批注的方法、角度和深度,这样的"体会"与"把握"逐步成为在批注过程中创新教材的能力。在大量学习运用的基础上,教师有意识地引导学生在分析、比较和品评中创新思维:这篇文章还可以用怎样的结构来呈现? 这样的内容还能怎样表达? 能给这句话加上你心中的标点吗? 充分发挥学生的创造性,培养学生自主批注的能力,为终生学习的目标打下坚实的基础。

二、"分类"选择,确定批注主题

阅读教学过程中,确定批注的主题很重要。它能避免因教师"一刀切"导致的批注内容相同,又能避免学生每次批注面面俱到,却蜻蜓点水,导致批注不够深入,能力没有发展,语文素养得不到提高。教师只有依据学段目标、教材内容、编者意图、学生能力确定主题,在主题批注过程中对学生进行有效指导,才能真正让学生深入语言文字构成的文本世界里,咀嚼玩味,深化理解,领悟表达。

(一)从"单元"入手,选择批注主题

编者选编的每组课文前,都以"学习提示"的方式传递两个信息:一是本组课文的学习主题(价值和目标);二是学习本组课文要掌握的技能(课文的训练点、重点、难点等)。教师要根据"单元"特点,选择批注主题。如以人教版六(上)第七组"人与动物"单元为例:

单元提示中提出:"学习本组课文,继续练习用较快的速度阅读课文,注意体会课文表达的感情,并揣摩作者是如何把人与动物、动物与动物之间的感情写真实,写具体的。"

仔细阅读和分析这段话,我们可以确定本组课文的训练点是:①要求学生用较快的速度阅读课文;②体会课文表达的感情;③揣摩作者是如何把人与动物、动物与动物之间的感情写真实,写具体的。重点和难点都集中在第三点。根据本单元的特点,教师确认了批注主题:作者是如何把人与动物、动物与动物之间的感情写真实,写具体的,这些描写表达了怎样的感情。

此批注主题将第二个和第三个训练点进行归并,使批注既体现语文的工具性,又体现其人文性,让学生在批注实践中践行编者意图,提高学生阅读、感受和分析的能力。

(二)从"文本"入手,确定批注主题

每个文本,由于其本身的内容不同、题材不同、作者不同、成文的时间不同等因素,会呈现各自的特点和特色。教师要根据"文本"特征,确定批注主题。

如以五(下)第五组课文中的《猴王出世》为例。《猴王出世》是吴承恩撰写的小说《西游记》开篇第一个故事。文本特色引用清代学者张书坤的评价,《西游记》是一部奇书。环境皆奇地,人物皆奇人,故事皆奇事,时空皆奇想,书中的诗词歌赋,学贯天人,文绝地记,左右回环,前伏后应,皆奇文也。评价中的核心字眼——奇! 教师根

据这一文本特色确定本文的批注主题："张书坤先生提出了'五奇',实在是妙! 接下来就请同学们默读课文,到文中找到印证,并批注,找出三处就很厉害喽。"

从"文本"出发,引用张书坤的评价,促使学生全身心地投入课堂中,全身心地与文本对话、与老师对话、与自己的心灵对话,才使学生写出了如此自主化、个性化的批注,可谓精妙!

(三)从"学生"入手,设计批注主题

第三学段的学生由于其能力不同,在学习水平、学习特点和学习内需上都存在差异性。教师要根据"学生"特性,设计有层次的批注主题。如在《穷人》的课文教学中,教师就设计了如下批注单:

《穷人》批注单

(第1题请每位同学都进行批注,第2、3题可选择其中一题进行批注,有时间的同学可全部完成)

1. 用"＿＿＿＿"画出描写人物对话、心理活动的语句,有感情地读一读,写一写,从这些描写中,可以看出桑娜和渔夫是怎样的人?

＿＿＿＿＿＿＿＿＿＿＿＿＿＿＿＿＿＿＿＿＿＿

2. 用"〰〰〰"画出描写环境的语句,有感情地读一读,想一想,写一写,这些描写环境的句子在文中的作用。

＿＿＿＿＿＿＿＿＿＿＿＿＿＿＿＿＿＿＿＿＿＿

3. 这篇课文的题目是"穷人",可是文中一个"穷"字也没出现,桑娜和渔夫一家真的是穷人吗? 你是从哪里看出来的? 写一写你的理由。

批注单中,第一层次批注是基础性批注(如第1题),主要针对阅读理解能力偏低的孩子,批注关键是让学生通过阅读对主人公的正面描写,把握文章主旨,提升阅读理解能力。第二层次作业强调侧面描写对人物品质的烘托(如第2题),针对有较高理解能力、学习自觉的孩子,培养阅读理解能力。第三层次作业需要学生全身心投入阅读中,在体会、分析和判断中与文本对话,理清思路,说明理由(如第3题),主要是针对语文能力较强,洞察力强的孩子,意在把学生培养成有想法、有见解的成熟读者。

三、"分段"实施，提高批注能力

"阅读批注"可以贯穿课前预习、课堂教学和课外阅读三个阶段，教师通过在这三个阶段对学生的批注能力不断进行训练，并在反馈中了解学情，点拨渗透，激励表扬，才能使学生学习过程中遇到的问题得到解决，能力得以提升，视野获得拓展，并从中受到情感熏陶，获得思想启迪，享受审美乐趣。

(一)课前预学式批注

课前预习阶段的批注，教师可结合预学单，让学生填写。课前预习时，学生刚接触课文，想法、感受、疑问最多，涉及面也最广。诸如课文的内容，精彩语句，思想感情，表达方式，写作特色，特殊的标点、字词、句段等，都可能引起学生的关注。让学生自主批注，就是给他们自主阅读、自由表达的机会。同时，教师对学生预习成果进行归类、统计，了解学生的学习起点、难点、疑点和兴趣点，及时调整教学的起点，也能提高课堂教学的针对性，使学习效果更有效。预学批注要求如下：

预学步骤	符号批注	文字批注
读通课文	用( )标出课文新词 用△△标出课文生字 用"1、2、3"标出自然段	生字扩词，给新词找近义词、反义词 想想文章主要内容是什么
读懂课文	用"○"标出关键词 用"＿＿"画出优美语句	了解作者或写作背景 赏析佳句，记录心得
课文质疑	用"＿＿"画出文章关键句 用"?"在有疑问的词句末尾标注	发现疑问，提出问题 体会主题，写写感悟

(二)课堂研究式批注

在课前批注基础上，教师引导学生基于批注，进行师生、生生间的多元对话，在不断研究中完善、深入批注，从而在读透课文的基础上，不断向学习语言文字运用进发。如教学《白鹅》一课，主要以研究式阅读为主，学生对重点词、句、段进行批注感悟；深刻领悟课文的含义以及作者运用的对比、反语以及幽默风趣的语言的写作手法；等等。

本课教学要抓住的一条主线就是课文的中心句，也是过渡句：鹅的高傲表现在它的叫声、步态和吃相中。教学中,让学生紧紧抓住这三个特点自主进行批注感悟;在批注之前,教师需要进行适时引导,比如:课文哪些词句体现了鹅的高傲? 为了表现鹅的高傲,作者运用了哪些写作手法? 等等。然后给学生充分的时间写出他们独特的感受。在交流时,要求学生有感情地朗读所感悟的句子,教师相机明确批注的形式和内容,从而让学生深入理解内容,进一步学习批注方法。这也是对学生朗读习惯的培养。最后在学生交流感悟的基础上通过朗读来升华情感。

(三)课外自主式批注

课内完成批注的得法和蓄势,还要把活水引入课外,在不断地批注训练中巩固方法,形成习惯。课外阅读阶段的批注是自由的,发散性的,因此此阶段的批注,教师充分利用学校的阅读课,鼓励学生在自由阅读时做记号,在书上留下自己的阅读思考痕迹。教师力求形式多样,对批注认真的同学及时给予肯定,并对部分同学的阅读批注进行展览。在公开展示时最大限度地让学生、教师、家长、甚至亲朋好友都参与品味与评价,如:在班中布置"课外阅读批注墙",以教师、同学间写评语和打五角星等形式反馈;在班级QQ群中开辟"批注专栏",使家长、亲朋甚至好友也参与其中。这在一定程度上满足了学生期待被表扬、被关注和与人分享的心理,使学生的情感得到熏陶,思想得到启迪,在享受审美乐趣的同时促进学生语文素养的整体提高,更使学生的批注兴趣持续激发。

批注是学生语言文字运用的综合体现,批注能力的形成,还有赖于广大教师在实践中的不断努力,在创新中寻求更多的培养之道。

参考文献:

[1] 中华人民共和国教育部.义务教育语文课程标准(2011年版)[S].北京:北京师范大学出版社,2012.

[2] 董蓓菲.语文教育心理学[M].上海:上海教育出版社,2006.

[3] 姚宇.试谈通过批注式阅读促进学生主体性发展[J].金色年华,2010(4).

[4] 杨翼.评点式阅读:迈向阅读过程的最优化[J].上海教育科研,2010(10).

[5] 赵素敏.让阅读从"心"开始——谈批注式阅读在教学中的运用[J].小学语文教学.2010(14).

单元习作视域下随文练笔的本质回归及实践

浙江省建德市梅城中心小学 张 琪

一、随文练笔的现状及思考

"随文练笔"指的是在阅读教学过程中,根据阅读内容的生发或语言表达形式的迁移进行的一种习作训练。其以实践性强、与课文紧密结合的特性,加上它形式多样、灵活机动、切入口小、完成速度快,是培养学生言语表达能力的途径之一,成为现今语文教学的新常态,方兴未艾。它的流行,一方面丰富了课堂教学形式,增加了言语训练手段,推进了语文教学的发展;另一方面,由于教师对它的认识还不够到位,制约了随文练笔更高效的开展,具体表现在:

(一)定位欠明确

有部分教师对随文练笔的定位并未明晰,将之视为阅读教学的一部分,是完善阅读教学过程的一种手段和点缀,而没有把它看成独立的言语技能锻炼途径,予以足够的重视、整体的设计。定位不明,态度方法势必不清,随文练笔的成效注定打折。

(二)目标稍模糊

教师往往容易将随文练笔看成阅读教学的点缀,目的也窄化成帮助深化课文内容理解、感受课文的人文价值,教师对学生练笔的评价限于"理解是否到位""感受是否深刻"。我们不否认它在深化课文理解、感受人文情怀方面的作用,但如果将它作为主要甚至唯一目的,终究还是片面的。

(三)展开欠系统

有些教师对随文练笔缺乏系统的眼光、整体的考量,具体实践时往往就文练文,孤立、片面地对待,练到哪里算哪里,从而陷入低水平、碎片化、重复练笔的泥淖。究其实质,是对随文练笔的序列不清楚。

要将随文练笔推向高效,为提升学生的言语技能真正发挥作用,势必要对其进行重新的思考和定位:随文练笔一定是以提升学生言语技能为最终指向的,它的实施必须从整体的角度,依据学生语言发展水平由低到高的变化,进行相应的、符合他们发展要求的、系统的练笔。落脚点在哪儿? 怎么实践呢?

思考发现,"随文练笔"和"习作"都是基于"读"后的"练",两者关系密切:目标指向相同,都是指向学生语言技能的提升的;习得途径相同,都是基于课文学习后的方法习得和运用;言语发展体系一,两者都是学生言语技能锻炼体系的外在表现。如果将"随文练笔"和"习作"结合起来,在单元的视域下与课文学习紧密结合,将"单元习作"的任务分解成"随文练笔"展开训练;将"随文练笔"深化综合,完成"单元习作",使两者相得益彰,是不是可以提高随文练笔的实效性? 基于此,本文努力使随文练笔回归本位,展开单元习作视域下的随文练笔实践,寻求一条更为有效的随文练笔实践之路。

二、随文练笔的本质回归

在单元习作视域下,有必要重新梳理随文练笔的基本特性,促其回归本质,提高随文练笔的针对性和有效性,让它真正成为促进学生言语能力发展的有效手段。

(一)回归本体性

"本体"指的是事物的主体,也即独立的个体。随文练笔和阅读教学是紧密联系的:阅读教学重在"学课文、明方法",而随文练笔重在"用方法,提技能",它们有统一的指向,但侧重不同,因而是两个相对独立的个体。让随文练笔回归本体,就是赋予随文练笔本体性的地位,把它从阅读教学的附属中解脱出来,当作语文教学中的一个相对独立而完整的教学内容来系统设计、实施与完成。

(二)回归系统性

1. 练笔内容有阶梯

习作知识是有系统的,随文练笔以习作能力的培养为主要目的,它也应该系统地展开。教材的编写者在编排教材时，依据课标要求，将习作知识分学段、年段、单元进行了序列化安排，各单元、年段、学段之间，它们都是相互联系、环环相扣的。但这个序列并没有很明显地告诉大家，而是隐含在每个单元、每篇课文当中的。这个隐性的知识序列，需要教师依据课标要求、文本特点、言语发展规律，充分挖掘文本，借助有价值的语言训练点，使之显性化。随文练笔作为读写结合的桥梁，起着由"读"到"写"关键的转化作用，它的练笔内容必然相应随着课文编排的逻辑关系，做阶梯状分步，系统性地展开。

2. 练笔操作有层次

随文练笔是基于课文语言形式的练笔，虽然是随文的，但教师却不能就文而文，脚踩西瓜皮，而要根据教材习作序列的要求，对随文练笔从整体上进行系统性的考量。实践中，一方面，要围绕学段目标、年段目标、单元目标、不同课文的文本特色，进行系统的训练。不能东一榔头西一棒槌，造成力量分散形不成合力；或者重复训练忽略了其他方面。另一方面，要系统考虑学生的实际情况，找到他们的最近语言发展区予以提升，对不同水平的学生，提出不同的要求，促使每个人都能向前跨越一点点。

(三)回归专业性

随文练笔应是一项非常专业的语言训练，其专业性主要体现在三个方面：

1. 目标指向清晰

目标决定了方法的选择和过程的展开。随文练笔的教学目标是非常明确的，就是依据习作序列要求，挖掘课文文本特色，培养学生的语言技能，这是随文练笔的总指向。具体到一个单元中，随文练笔的目标是指向单元习作要求的。单元习作重难点被分解到本单元相应的课文之中。在进行阅读教学时，就要求围绕单元习作展开随文练笔。

2. 内容确定精准

随文练笔练习内容主要是对课文中有特点的语言形式进行迁移训练。这些训练点的选择，既要充分体现习作知识序列化的要求，也要结合课文文本特点及学生的实际。经过训练，学生在掌握语言形式的同时，也一定能加深对课文的理解和感受,使理解和表达相互促进,读写结合更为紧密。

3. 评价标准科学

评价决定着随文练笔的性质和方向。随文练笔的评价要以言语形式的学习是否达成为主要标准,而不能仅仅局限于课文理解是否到位,人文感受是否深刻。教师在评价时要多问问:他(她)采用了什么言语形式? 这样的表达是否达到了目的? 这样的表达好在哪里,还可以怎么改进?"……

三、随文练笔的实施策略

叶圣陶先生说:"学生须能写作,须能读书,故特设语文课以训练之。"随文练笔作为习作技能培养的有效途径,它的实施必须在单元视域下,结合课文学习,围绕课标中习作技能培养的要求系统地展开。本文以四(上)第四单元"作家笔下的动物"随文练笔的实施为例展开叙述。

(一)多维考量,明确练笔目标

随文练笔的目标指向是非常清晰的:通过学习、理解、迁移练习课文中独特的言语因素,掌握语言规律,提升语言表达能力。只有每次的随文练笔都目标清晰、任务明确、有的放矢,才能达到提升学生语言技能的最终目的。

1. 围绕习作学段目标

《义务教育语文课程标准》是一切教学的纲,纲举目张。随文练笔目标的确定要紧紧围绕《义务教育语文课程标准》这个纲,依据不同的学段要求制定。"第一学段主要进行词句的练习,加以对段的简单性模仿与渗透;第二学段则以段的训练为主,并对文章的篇章结构进行简单的模仿。第三学段则对篇章布局提出更高要求,并能选择各式段落表达相应的意思。"随文练笔的展开,总体上围绕课标中习作的学段目标和要求,结合课文中典型语言因素,通过练习达到提升学生语言技能的目的。

2. 落实习作单元目标

单元习作目标是学段目标的分解和具体化。教材将单元习作的重难点分解到相应的阅读教学中,随文练笔的目标要紧紧围绕单元目标展开,借助课文文本特点予以突破。在确定单元习作目标时,既要区别同一册教材不同单元习作目标的相互联系,也要注意不同册教材目标之间的层次与梯度。

3.制定练笔课时目标

明确了单元习作目标,还需要制定课时练笔目标。课时目标要在单元习作目标统领下,挖掘每篇课文独特言语因素,结合学生语言实际而制定。每课时的练习目标,可以是好词佳句的积累,修辞表达的仿练,段落结构的借鉴,谋篇布局的学习。总之根据学段、单元、学生的实际,通过模仿、迁移等方法进行的言语技能训练,以提升学生的言语技能。

根据上述随文练笔目标落实的要求,笔者梳理了人教版四(上)第四单元随文练笔的目标体系,具体如下表:

表1 四(上)第四单元随文练笔目标

项目		具 体 要 求
习作学段目标		1.乐于书面表达,增强习作的自信心,愿意与他人分享习作的快乐。 2.观察周围世界,能不拘形式地写下自己的见闻、感受和想象,注意把自己觉得新奇有趣或印象最深、最受感动的内容写清楚。 3.能用简短的书信、便条进行交流。 4.尝试在习作中运用自己平时积累的语言材料,特别是有新鲜感的词句。
习作单元目标		写一写自己喜欢的动物,要具体地写出动物的特点,表达自己的真情实感。
随文练笔课时目标	《白鹅》	学习并掌握"围绕一个中心,从几方面展开叙述"的篇章结构及明贬实褒的情感表达特色。
	《白公鹅》	学习拟人等修辞和行动描写。
	《猫》	结合阅读链接,学习外貌描写。
	《母鸡》	体会先抑后扬的写法,学会简单运用。

(二)多方整合,确立练笔内容

叶黎明博士认为:"习作教学内容在课堂上最主要的落点是鲜活具体的文体习作知识,这个落点必须是极为准确的。"因此随文练笔训练内容如何确定,是否适恰,将直接决定训练成效。加之教材习作序列的隐性化设置,对教师文本解读能力提出更高的要求,因此训练内容的选择要精心,应进行多方的考量后定。

1. 紧扣单元习作目标展开

随文练笔的实践指向单元习作目标,就使随文练笔有了方向,避免陷入低效重复的窠臼。实践中,如何紧扣单元目标选择训练内容呢?

还是以四(上)第四单元为例。本单元的习作目标是:"写一写自己喜欢的动物,要具体地写出动物的特点,表达自己的真情实感。"仔细分析这个目标可以发现,它主要指向四个方面:①主题的确定——"写一写自己喜欢的动物";②题材的选择——"具体地写出动物的特点",要求学生选择合适的题材表现动物的特点;③结构的安排——"具体写出",怎么具体?怎么写?④情感的表达——"表达自己的真情实感"。所以在这个目标要求下,随文练笔练习点的选择也主要紧紧围绕这些方面,从"主题""选材""结构""情感"等方面展开分块练笔。总之,选择练笔内容时,教师要做到心中课标统领,单元目标明确,为后续练习指明方向。

2. 结合课文言语特色定位

单元习作目标与单元阅读教学看似相互独立的两条线,其实它们是走向同一终点的,都为了提升学生语言技能,正所谓是殊途同归。正如王国维先生说的"字字为我心中所欲言,而又非我之所能自言",每一篇课文都有各自独特的语文元素。随文练笔的开展,就是结合单元习作的具体要求,寻找到每篇课文中独具特色的语言表达形式予以定位,"弱水三千只取一瓢饮",找到语言技能提升的最佳突破点展开学习。

列入教材的每篇课文某种程度上说都是经典,都各自具有文本独特性:有的在遣词造句、表现手法方面别出心裁,有的在文章框架、逻辑层次方面各具特色,例如《白鹅》中作者为了状写白鹅的"高傲"而采用的结构以及各种修辞手法(如对比、拟人、反语等)。随文练笔时只有找到这些言语特色,抓住这些知识生长点和能力渐进点指导学生研究、模仿和内化,才能提高学生语言表达能力。

3. 基于学生语言原点提升

只有合适的,才是最好的。随文练笔训练内容的确定要紧扣学生的语言原点,结合他们的语言最近发展区,给予必要的练习。这就要求教师对学生有比较深入的了解,既要看到大多数学生的语言技能现状和共性问题,也要对小部分学生的个性问题和彼此差异有一定的了解。学生的语言起点比较低,距离目标很远时,就降低随文练笔的目标和要求,多开展基本训练、补充训练、强化训练,做好补课工作;学生的语言起点符合言语发展阶段要求的,就进行适时的训练,推着学生向前迈一步。语言水平比较高的学生,适当增加难度和要求;言语水平不够高的,就放宽要求,允许他们慢慢进步。

基于以上原则和要求,笔者对四(上)第四单元的随文练笔内容进行了设计和实践,具体如下表:

表2　四(上)第四单元随文练笔整体设计

项 目		随文练笔课时目标	课文语言学习点	随文练笔设计	练笔指向
单元习作目标	写一写自己喜欢的动物,要具体写出动物的特点,表达自己的真情实感	《白鹅》学习并掌握"围绕中心,从几方面展开叙述"的篇章结构。	"鹅的高傲,更表现在它的叫声、步态和吃相上"	"____(动物)的____(特点),表现在它的____"	培养学生的谋篇布局及题材选择能力
		《白公鹅》学习拟人的修辞和行动描写	"落步之前,它总要先把脚掌往上抬抬……再不慌不忙把脚掌放在地上"	联系生活,用几个动词,写出____(动物)的____(行为)	培养行动描写、细节描写的能力
		《猫》结合阅读链接,学习外貌描写	"它一身的白毛像雪似的……傲傲地动着"	"我家的____(动物)可____(外貌特点),它____"	怎么样写动物的外貌
		《母鸡》体会以情感为线索的先抑后扬的写法,学会简单运用	"我一向讨厌母鸡。……我不再讨厌母鸡了。"	"从小,我就对____(动物)充满____(爱或恨)。____(发生某件事)现在,我对它____(恨或爱)"	提升语言的表现力

(三)学练结合,习得表达方法

1.积累词句,夯实表达基础

词句是语言的基本单位,是表达的基础,积累丰富的好词佳句,对学生的语言表达能力提升具有重要作用。第二学段,处于字词教学向句段教学的过渡阶段,字词积累还是比较重要的教学任务,因此词句积累也是随文练笔的一个方面。

在课文学习中,笔者引导学生探寻课文中组字成词、组词成句方面的规律,然后借助这些规律,通过随文练笔,引导学生积累一类词语、一类句子,充实学生的语言库。例如在《白鹅》中"左顾右盼"这个词语,教师就可以先引导学生感知它的构词方式、了解它并列式的特征,然后让学生将以前阅读过的同类词语"屏息凝视、理直气壮、慢条斯理、深情厚谊"等联系起来。这个过程,学生不但经历了对词语的有效感知,而且也调动了曾经的积累,促进对自身原有词语体系的序列化整合和内化。同样的办法,我们可以借助本单元是动物主题,积累"龙飞凤舞、调虎离山"等成语。通过"它若是不高兴啊,无论谁说多少好话,它也一声不出"积累比喻、拟人等运用修辞的句子。……通过这些办法,引导学生大量积累优美、生动、丰富的语言要素,为语言运用打下坚固的基础。

2. 学习写法,增强表达力度

写法是表达效果提升的关键因素。小学语文课文采用的写作方法主要有"叙述、描写、说明、议论"等表达方法,"想象、联想、对比、象征"等表现手法,"比喻、拟人、排比、夸张"等修辞手法。借助随文练笔学习写法,激发学生内在表达动力,整合已有语言体系,提升语言表达力度。

小学语文课本语言风格清新自然、内容便于理解。但很多看似简单朴实的语言因为有了一些特殊形式的组合,效果出人意料。教学中引导学生品味这些语言妙用,并借助随文练笔迁移运用并内化。例如《白公鹅》中有这样一句话:"白鹅在浅水滩里挺直身子、扇动起两只长长的有力的翅膀时,水面上便泛起层层涟漪,岸边的芦苇也会沙沙作响。"这句话巧用夸张的写法,突出了鹅的翅膀强健有力。但如果换成"白鹅在浅水滩里挺直身子,两只翅膀非常强健有力"就少了很多的韵味。借助这一文本特色,教师安排随文练笔:运用夸张手法表现"白公鹅声音高亢"。有学生就这样写:"白公鹅站在沙滩上,挥动翅膀,扯着脖子,那嘹亮的声音吓跑了天空中盘旋的老鹰。"通过这样的随文练笔,帮助学生在迁移运用中品味、感悟和内化语言的表现力。

类似这样,在阅读教学中通过各种形式的迁移练笔,学习经典规范的语言,获取语言规律,积累语用经验,存储语言材料,增强表达力度,实现语言增值。

3.效仿结构,理顺习作逻辑

结构是文章的骨架,掌握了基本的谋篇布局的能力,就基本确保了一篇文章的成形。文章的结构主要有句子与句子之间的"段式结构",段落与段落之间的"谋篇布局"两种。相对于词句,段式结构和篇章布局更是语言逻辑关系的外在呈现,体现出严密的逻辑关系。任何段落或篇章,它的结构都是由"内容"和"形式"组成的。在教学中,通过"随文"帮助学生理解各种段式、篇章结构,通过"练笔"将结构内化成自觉意识、基本技能,明晰习作逻辑,确立篇章意识。

(1)紧扣形式,展开效仿

学生容易将作文写成流水账,很大原因是学生没有掌握一定的方法来安排材料、组合句段。借助随文练笔,学习并效仿各种段式和篇章结构,可以引导学生尽早树立结构意识。

四(上)第四单元《白鹅》,就是一篇结构非常清楚的课文。文章围绕"鹅的高傲,更表现在它的叫声、步态和吃相中"这句中心句,然后从"鹅的叫声,音调严肃郑重,似厉声呵斥;鹅的步态,更是高傲了;鹅的吃饭,常常使我们发笑"三个方面展开叙述。每个方面又是各个段落的总起句。这篇课文按"先总起再分述"的结构布局全文,分述部分同样采用"总分段式"。总分段式对于四年级的学生而言并不陌生,他们已经开始渗透简单的篇章意识。《白鹅》的学习,使学生初步感知"先总后分"的篇章结构。教学时,笔者让学生仿写动物习作的提纲,帮助学生学习掌握基本的篇章结构布局方法。

(2)关注内容,展开效仿

为了表现一定的主题,内容素材是要经过精细的选择的。教师在指导学生学习课文时,不但要引导学生搞清楚文章写了什么,更要引导学生关注为什么要写这些,作者是怎样来写的。搞清楚这些,可以提高学生的选材、布局能力。

《白鹅》这篇课文中,围绕鹅的"高傲",作者选择了鹅的"叫声""步态""吃相"三个方面的材料。教学中,引导学生思考:作者为什么要选择这些材料来体现鹅的高傲? 选择其他材料如"睡觉""玩耍"行不行? 在深入细致的辨析中,使学生明白材料的选择要具有典型性和独特性,要能够体现叙述对象的特征,这样的文章才生动吸引人。随即在随文练笔中，引导学生思考："你想表现狗（猫、兔等）的可爱（淘气、勇敢等），你会选择什么材料来体现？"通过这样的效仿，从内容选择方面培养学生的结构布局能力。

（四）拓展练笔，提升言语技能

学练结合，使学生对各种各样的表达方法有了一定的了解和领会，知道了该怎么样（用什么方法）达意传情。但是"知道"不等于"能够"，从知识到能力，需要通过大量的言语实践予以转化。随文练笔基于课堂阅读教学展开，课堂教学由于任务多、时间紧、空间单一，从密度、广度和深度上无法满足学生言语技能提升的需要。实际教学中，需要对随文练笔从渠道、内容、形式等方面予以拓展，达到提升学生言语技能的目的。

1. 由"课内"向"课外"延伸

在实际教学中，随文练笔受时间所限，有时展开过程不够完整；有些随文练笔需要结合生活实际，进行认真的观察、探究才能完成，这些情况下，我们就有必要将随文练笔向课外延伸，走进家庭、走入生活，拓展随文练笔的时空。

《猫》这篇课文本身没有外貌描写，但是"阅读链接"部分周而复和夏丏尊两位先生的《猫》片段都生动描写了猫的外貌，且是这一单元课文中外貌描写最直接、最精彩的。因此笔者将本课的随文练笔点选在动物的外貌描写上，围绕"满月的小猫更可爱"这句话，让学生抓住小猫可爱的特点，结合课文插图，课堂上写一写小猫的外貌。学生由于缺少生活中对动物外貌有意识的观察积累以及存储，只能简单写一写。笔者就将这一练笔引向课外，让学生回家仔细观察家中某一动物的外貌，学习课文"阅读链接"中动物外貌的写法，继续写一写。这样的练笔，有时间，有生活，学生写起来也就容易多了，深入多了。

2. 由"随文练笔"向"单元习作"延伸

单元习作视域下的课堂随文练笔，是以单元习作要求为目标，结合课文特点将习作要求分项落实。就每一次练笔来说，它是单一的，但这个单一是习作整体要求分解下的单一。做好了每一个单一的练笔后，要想学生能够灵活运用，还需要将这些单一的练习以"每天一练""单元习作"等形式深化、综合，积沙成塔，集腋成裘，逐步积累语言要素,推动学生言语技能的提升。

为了更好地完成"写一写自己喜欢的动物,要具体地写出动物的特点,表达自己的真情实感"这一单元习作任务,笔者将要求分解于不同课文的随文练笔之中:除了积累好词佳句以外,模仿《白鹅》的篇章布局、题材选择,借鉴《猫》的外貌描写,学习《白公鹅》的行动描写,活用《母鸡》的拟人修辞。当课堂上各个单项习作任务通过随文练笔练习以后,课后让学生走进生活,有意识地观察动物的外貌、动作等,运用课堂练笔学到的各种习作方法,通过"每天一练"再写一写动物(外貌、动作)等片段,通过"单元习作"完成由段到篇的转化,由易到难、有梯度地将练笔推向深入,最终圆满完成单元习作任务,推动学生言语技能水平的不断提高。

单元视域下的随文练笔实践,在一定程度上优化了随文练笔的形式,丰富了随文练笔的途径,但它并不是随文练笔的"唯一"。我们并不排斥随文练笔阅读教学中的"课文理解""人文感受"等发挥其他作用,只要我们客观、理性的对待随文练笔,科学、专业地实施,相信随文练笔的道路一定会越走越宽,学生言语技能提升之路一定会越走越顺!

参考文献:

[1] 王荣生.语文课程与教学内容[M].北京:教育科学出版社,2015.

[2] 潘新和.语文:回望与沉思——走近大师[M].福州:福建教育出版社,2001.

[3] 刘仁增.课文细读:指向文本秘妙[M].福州:福建教育出版社,2011.

[4] 许金苗.随文练笔新识[J].教学月刊小学版,2014(1).

[5] 刘吉才.走出随文练笔的误区——谈随文练笔的有效实施策略[J].吉林:中小学教师培训,2014(2).

[6] 吴中豪.小学语文课程与教学[M].北京:中国人民大学出版社,2010.

[7] 韩晓钰.给"练笔热"降降温[J].内蒙古教育(职教版),2014(9).

[8] 朱明丽.依托随文练笔,打牢学生的习作基础[J].基础教育研究,2015(1).

[9] 梁荣英.浅析阅读教学中如何渗透写作教学[J].现代教育教学探索,2015(3).

"写作阅读"的单元整组教学的思路与策略

——以人教版六(上)第七单元为例

浙江省建德市明珠小学 潘 君

《义务教育语文课程标准》指出:"写作是运用语言文字进行表达和交流的重要方式。写作能力是语文素养的综合体现。"可见,写作能力是一个人的核心语文能力,培养学生的写作能力应该是语文课程(主要是阅读课堂)最主要的任务。可是,长期以来,我们很多的语文课堂(主要是阅读课堂)将主要精力和时间放在"解读文本思想内容"上,把写作能力的培养仅仅放在一个单元一次的习作指导课上。上海师范大学吴忠豪教授就当前习作教学存在的问题说:"写作的指导应该放在阅读课上,大量的写作方法应该放在我们的语文课上,而不是作文课上。"课堂阅读是语文教学的主要形式,写作能力是语文核心能力,"阅读活动"能否兼容"写作活动"? 著名语文教育家潘新和教授指出:"语文教育中的阅读不同于生活中的阅读,在语文课堂里,阅读本身不是目的,而是提高言语表现素养、写作素养的手段与过程。"结合教材以"主题"来编写的特点,笔者就"写作阅读"的单元整组教学做了一些有益的思考和尝试。

一、"写作阅读"的单元整组教学含义阐释

"写作阅读",主要指在阅读教学中不仅关注文本内容,而且关注文本构成形式,探究文章是如何写的,培养学生从写作的角度去阅读,从而促进学生写作能力的提高。

"写作阅读"的单元整组教学则是在综合考虑单元主题、单元目标、单元文体以及教学形态和学生实际等诸多方面的教学,这样的课堂,主要呈现以下特点:

(一)教材的使用是为了寻找写作的对接点

以往的课堂,我们常常把课文作为学习的对象,教与学的目的就在于领会这一

篇"课文"。而在"写作阅读"的单元整组教学中,课文只是作为学习写作的媒介、途径或手段之一,重要的是借助课文来学习某一种抑或某一类文章写作的技能、方法、策略等。从写作的角度审视、解读文本,寻找文本与写作的对接点。

(二)教学过程是为了发现写作的规律

2011版《义务教育语文课程标准》的实施,课堂应该指向"语用",指向"表达"已成为我们广大一线教师的共识。在阅读教学的课堂中,我们总会看到各种形式的"读写结合"。可是,这样的"读写结合"大多是在文本感悟理解的过程中,随机插入一些写作方法、写作技能的训练或者写作知识的渗透。"写"的训练在这样的课堂里只是附带,并不是主导。"写作阅读"的单元整组教学不同于一般阅读课堂教学中的"读写结合",而是遵照写作知识或写作技能学习规律设计教学过程。

(三)教学的目标是化解写作的问题

化解学生写作中的现实问题,常用的有两条途径:其一,学生写作完成之后,教师精心批改,通过习作讲评课予以解决;其二,学生在写作之前,教师通过精心指导,方法引路,将问题在学生懵懂之前解决。还有些优秀教师则是将两条途径合二为一。"写作阅读"的单元整组教学则可以将学生的写作前置,让学生自由写作,充分暴露写作的现实问题,然后以教学文本为凭借,将暴露的问题与文本的教学对接,引领孩子实现从写到读,再从读到写,写读结合,最后让学生修改完善,写读相融,真正提高学生的习作能力。

二、"写作阅读"的单元整组教学策略

"写作阅读"的单元整组教学,要充分利用教材提供的学习资源,试图以单元为整体,打通单元内教材与教材之间的隔阂,从指向写作的角度去解读文本;教学设计则是在立足于单元主题的基础上,去研究单元的文体特色,去发现写作的规律;并且试图在阅读教学中化解学生写作的现实问题,改变传统的"读写结合"的做法,实现"写读结合"的转变。笔者以人教版六(上)第七单元为例,谈谈具体的做法。

(一)解读单元教材,让阅读与写作有效对接

1. 目标对接

教材中的每篇课文集语文知识、写作技能、情感价值于一体,既重复学生已有知识、能力的内容,又蕴含学段目标的学生最近发展区,还包括高学段学习的目标要求。教师要善于从学段目标、文体特点、文本重点出发,选准切合年段目标要求的写作阅读目标。根据《义务教育语文课程标准》对各学段目标的要求,低段的阅读教学写作意识的培养,宜围绕怎样写好句子开展写作意识的训练,在落实识字、写字、朗读的基础上,引导学生学说完整的句子,学会正确使用标点符号,学习作者的观察顺序。中年段的阅读教学宜围绕如何写好段进行指向写作的训练,凭借写法典型的文章体会总分的写法作用,感受细节描写的作用并尝试使用,学会使用修辞手法进行表达,感受并学习如何把一个意思写具体等。在低中年段写作能力扎实培养的基础上,高段的阅读教学,就可以指向如何写好篇章为主开展写作意识的培养了,如引导学生感受以下写法的作用:详略得当、借物喻人、抓住典型事例表现人物特点、运用说明方法介绍身边的事物、简单的议论文的写法、文章开头和结尾的技巧、联想等。

遵循写作教学的规律,不仅要在每一篇课文中寻找切合学生学段目标、学生学情的写作阅读教学"点"进行统筹规划,还要从课程高度、课文资源、写作素养构建等层面,思考、细化每篇课文、每堂课、每个教学环节的教学目标。

2. 内容对接

小学语文教材基本以单元形态呈现,设置阅读、口语交际、习作、语文综合性学习等内容板块。在阅读教学中习得方法,可使得口语交际、综合性学习等与作文教学相辅相成,实现阅读内容与写作的对接。

人教版六(上)第七单元共有4篇课文,即《老人与海鸥》《跑进家来的松鼠》《最后一头战象》《金色的脚印》,讲述的都是发生在人与动物、动物与动物之间的感人故事。"交流平台"让同学比较本组课文内容、写法和以前学过的描写动物的课文的

相同和不同的地方。"课外书屋"向我们推荐动物文学作品。口语交际的内容是让同学描述生活中接触到的动物以及阅读书籍中的动物故事,让同学从你的描述中体会到故事中动物的情感,加深对动物的了解和认识。习作的内容是根据古巴《起义青年报》9月29日的一则图片报道,进行合理想象,然后写一个故事,如果你不想根据上面的图片报道写故事,也可以写口语交际课上跟同学交流的内容。

如果教学只是"照本宣科""单篇推进",就聚合不了单元整体效益。在"写作阅读"理念统摄下的单元整组阅读教学就要建立单元教材之间的联系,实现单元教材内容与单元写作目标的对接——单元主题与写作目标的对接,阅读教学与写作目标的对接,交流平台与写作目标的对接,课外阅读与写作目标的对接。

3.语言对接

阅读课文由文质兼美、堪称典范的文章或文学作品组成的。学生要准确地理解教材的内容,就不可能置文体于不顾。文体就是文章的基本类型,不同的文体有自己的语言特色,有体现文体特征的写作规律。"写作阅读"的单元整组教学要发现单元的文体特点,实现文体语言与写作语言的对接。人教版六(上)第七单元是"动物小说",这类作品以动物为主人公,写了动物的"人格化"的生存状况,既影射着人类生活,又表达了动物真实的情感。这类文章最大的语言特色是将"动物人格化"以表现动物的真实情感,但具体的语言风格又会有差异。如:《老人与海鸥》一文的语言表现为情感性寓于客观性中;《跑进家来的松鼠》一课中的语言则用较夸张和艺术化的手法表现个性化;《最后一头战象》中,动物小说家沈石溪对战象的描写更趋人性化,战象的神态、行为、情感与人更为接近,细节化、深刻化是此文语言的最主要特色;《金色的脚印》则故事性更强,语言简洁、生动、富有表现力。

(二)凸显单元文体,让文体写作知识与教学并轨

人教版六(上)第七单元是"动物小说"文体单元。不同文体的课文有不同的语体,如:议论文采用的是政论语体,要求语言有严密的逻辑性、思辨性、说服力;说明文常用科技语体,对语言的准确性要求较高。动物小说也有动物小说的语体。所谓动物小说,是指以大自然中的动物为对象,借助想象和幻想,"真实"地描写动物形象和动物社会的作品。这类作品最大的特点是既善于刻画某些动物角色的鲜明个性，又特别善于组织生动有趣的故事情节，还有清晰的线索。本单元阅读教材的语体特色如下：

	形象丰满	细节生动	线索清晰
《老人与海鸥》	抓住"老人喂海鸥"时海鸥应声而来，起起落落的情态和"海鸥送老人"时海鸥的动作、姿态和叫声，刻画了海鸥对老人的一片深情。	"老人喂海鸥" "海鸥送老人"	作者抓住"老人喂海鸥""海鸥送老人"两个感人的场景，两相对照，使既有联系又相互独立的两个情节相通。
《跑进家来的松鼠》	通过对松鼠"贮藏冬粮""晾晒蘑菇""铺垫冬窝"3个具体的事例的描写反映了松鼠的可爱。	"贮藏冬粮" "晾晒蘑菇" "铺垫冬窝"	3个具体的事例有详有略，而且每个具体事例的表述作者都采用了"设置悬念"的方式，串起了一家人对松鼠的喜爱。
《最后一头战象》	垂暮的战象嘎羧自知大限将至，"重披象鞍""泪别村民""凭吊战场""庄严归去"突出了战象的本色，英雄的情怀。	"重披象鞍" "泪别村民" "凭吊战场" "庄严归去"	选择的是战象临死前的表现，现实与回忆的交融，使读者在战象近乎人的行为中感受到它的悲壮与豪迈。
《金色的脚印》	老狐狸夫妻设"调虎离山"之计营救小狐狸，"老狐狸"入"虎穴"给小狐狸做窝喂奶，突出的是老狐狸的母爱。	"喂奶" "做窝" "咬木桩"	明线和暗线穿插展开，老狐狸为解救小狐狸所做的种种努力，正太郎对狐狸一家的态度变化，使得这个故事变得丰满而感人。

"写作阅读"的单元整组教学要发现单元文体特点，凸显单元文体特点，根据文体写作知识来组织教学。

1. 聚焦形象，学会塑造形象

选择描写动物对象的原因是有多方面的，与作者的生活经历、生活环境、当地的风俗民情等都有很大的关系。本单元的动物形象有海鸥、松鼠、战象、狐狸，尽管动物类型不同，但作者都赋予了这些动物形象"人格化"的特征，体现了"动物小说"动物形象丰满的文体特点。因此教学这一类课文，旨在培养学生的"写作意识"，提高学生的写作能力，引导学生聚焦动物形象，学会塑造动物形象。如在教学《老人与海鸥》一课时，我们可以让学生画找课文中描写海鸥的句子，如"立刻便有一群海鸥应声而来，几下就扫得干干净净""海鸥依他的节奏起起落落，排成一片翻飞的白色，飞成一篇有声有色的乐谱""一群海鸥突然飞来，围着老人的遗像翻飞盘旋，连声鸣叫，叫声和姿势与平时大不一样，像是发生了什么大事"等。然后研读这些描写海鸥的句子，圈画海鸥的"动作""情态""声音"的词语："应声而来""扫""起起落落""翻飞""突然飞来""翻飞盘旋""连声鸣叫"……最后请同学说说作者为什么这么写。学生在这样的教学过程中发现作者抓住海鸥的动作、声音、情态写出了海鸥对老人的一片深情。总结写作方法,生活中,我们也可以通过描写动物的动作、声音、情态等来塑造动物形象。

2. 关注细节,着力细节刻画

优秀的动物小说留在读者心里的往往是那深度刻画的细节。教师应当用心地挖掘,并有意地让学生紧扣这些细节进行研读,体味其表达的奥秘。如《最后一头战象》一课中,战象嘎羧见到象鞍时的一处"细节"刻画得非常成功,充分展示了嘎羧对象鞍的深情和嘎羧战象的本色,教学中就要引导学生关注这样的"细节",学会细节的刻画。先请同学读读这段细节描写:"没想到,嘎羧见了,一下子安静下来,用鼻子呼呼吹去上面的灰尘,鼻尖久久地在上面摩挲着,眼睛里泪光闪闪,像是见到久别重逢的老朋友。"再请学生说说从这段细节描写中读出了什么。学生体会出嘎羧对象鞍的深情。其次让学生发现此处"细节"是如何着力表现嘎羧对象鞍的深情的。学生发现嘎羧见到象鞍就安静下来了,还用鼻子吹去上面的灰尘,鼻尖在上面摩挲着,眼睛里有眼泪。这些发现都很有价值。然后以比较阅读的形式发现改动后和原文表达效果的区别:一个"呼呼",一个"久久"让这个细节更传神,像电影慢镜头一样刻进了我们的脑海。生活中有这样的关于"动物"的细节刻在你的脑海里吗?也许是小猫想吃鱼的那个馋样,也许是小狗绕着你的裤腿的亲热劲,也许是母鸡为保护小鸡勇斗猎狗的情景……总结习作方法,动物小说要学会关注细节,着力进行细节刻画。

3. 理清线索,学会有序表达

小说总是围绕一定的线索展开故事情节的。教学中,教师要引领学生去解读,发现或明显或隐秘的结构线索。如在教学《跑进家来的松鼠》一课时,我们可以这样去引导学生发现课文用"设置悬念"的表达方式串起了3个事例。教学中,先请同学概括松鼠在"我"家做了哪几件事?("贮藏冬粮""晾晒蘑菇""铺垫冬窝"),再请同学具体读读这3个事例,试着去发现作者的表达顺序:"有一回,餐柜里的方糖不见了,妈妈把我们几个孩子叫去问,我们谁也不知道。……""第二天早晨,我们惊奇地发现篮子空了。蘑菇都到哪儿去了?……""有一天,它干脆失踪了,哪儿也找不到。也许它跑到花园或森林里去了吧?我们心里空落落的。……"方糖不见了,被松鼠当冬粮贮藏起来了;蘑菇不见了,被松鼠晾晒起来了;有一天松鼠不见了,原来是躲在烟囱里过冬了。作者用"设置悬念"的形式把3个事例有机地结合起来,言之有物,言之有序。又如:《老人与海鸥》一文,可以抓住"老人喂海鸥""海鸥送老人"两个感人的场景,对比教学,理清课文的表达顺序;《最后一头战象》则可以抓住表示时间的句子理清课文现实与回忆交融的写法。《金色的脚印》一课则是一方面研究正太郎对狐狸一家的态度,另一方面研究狐狸为解救小狐狸所做的种种努力,教学的双线推进可以帮助学生理解课文一明一暗穿插展开的写法。如此采用对比教学、双线推进教学、概括主要事例教学、抓住重点句子等方法来帮助学生理清课文线索的同时,帮助学生在写作时以"主要事件贯穿全文""时间顺序贯穿全文""两相对应的画面连接全文"等为线索,进行有序地表达。

(三)落实以生为本,让习作与阅读并驾齐驱

《义务教育语文课程标准》指出:"学生是语文学习的主体。""写作阅读"的单元整组教学要充分发挥学生的主体地位,以化解学生习作中的现实问题为核心目标,将阅读指向写作的理念落到实处。

1.前置习作,从"写"到"读"

和传统的学完一组课文再进行习作的做法不同,"写作阅读"的单元整组教学中"单元导读课"上不光让学生了解本单元的学习内容,概括本单元的学习方法,更重要的是知晓本单元的习作目标,如人教版六(上)第七单元的习作目标是:写写人与动物或动物与动物之间的故事,要写出动物的情感。在阅读教学和口语交际之前就布置学生去阅读有关动物的书籍,观看有关动物的影视作品,采访和动物有特殊关系的人(如动物饲养员、宠物店老板、动物医生),饲养小动物,观察动物等活动,丰富学生对动物的认知的同时,独立写一写自己感兴趣的有关动物的故事。把习作任务、习作活动前置,实现"从读到写"到"从写到读"的转变,落实以生为本,真实地暴露学生习作中的现实问题。

2.诊断习作,从"读"到"写"

学生完成作文后,教师认真批改作文,找出通病,整理典型案例,作文讲评和阅读教学同步进行。在人教版六(上)第七单元的前置性习作作业中,笔者发现共性的问题是:叙述故事过于笼统,细节的刻画不够生动;情感的表达过于苍白,没有载体。如何在阅读教学中破解学生习作中存在的问题。如在教学《跑进家来的松鼠》一课时,先梳理出示学生习作中表达对动物的喜爱之情的典型语言:"松鼠乖巧、驯良多么惹人爱呀!""啊! 这只小猫可真可爱! 它的家就在那间柴火间里,我看着它甜甜入睡的样子,心想:它真是可爱的小生灵呀!""我喜欢外婆家的金鱼,我还要继续观察它们,研究它们。"再对照课文,发现课文没有直接表达喜爱之情的句子,然后引导学生思考:课文有没有表达对松鼠的喜爱之情? 作者又是如何做到的呢?学生发现:课文虽然没有直接写喜爱松鼠,但是松鼠住在我们家"贮藏冬粮""晾晒蘑菇""垫窝过冬",可以保留自己的"天性",就是对它最大的喜爱。最后抓住"天性"展开交流,作者为什么选取这3个具体的事例来表达对松鼠的喜爱之情。总结课文的成功之处是:通过具体事例来表达对动物的喜爱之情,具体事例的选择围绕保留"天性"展开。以这样的教学形式来解决学生习作中的现实问题。秉承"一课一得"的思想,在阅读教学的课堂教学中以学生习作的"典型问题"为切入口,寻找阅读与"习作问题"的对接点,引发学生思考。

3. 后续习作,写读相融

"写作阅读"的单元整组教学在"单元导读课"明确单元习作教学目标,进行独立习作;在"主题阅读课"诊断学生习作,把学生习作的"典型问题"和阅读教学有效对接;"单元习作课"则是本单元习作的深化指导。整个过程从写到读,从读到写,写读结合,读写来回,达到读写相融,写读相融,切实提高学生的写作素养。如学生的前置习作《我和小狗》没有写出我和小狗之间的和谐默契:"小狗蛋蛋是个十足的小吃货。我打了一碗饭从厨房里走出来,蛋蛋早就在等我了,我把食物扔给它,它就三下五除二地把食物解决了,然后眼巴巴地看着我,我只好又扔了一块肉骨头给它。"以《老人与海鸥》一课为凭借进行教学之后,让学生修改自己的习作,展示学生文章前后的变化:"我打了一碗饭从厨房里走出来,小狗蛋蛋摇着尾巴朝我走来,眼睛一直盯着我,生怕我逃走似的。我坐了下来,蛋蛋便顺势把前爪搭在我腿上。我不理它,它就用爪子轻轻拍我,我没有办法,只好扔了一块肉给它。蛋蛋一看到食物,完全不顾及任何形象,马上扑了上去,三下五除二就把食物解决了。然后,蹲在地上,小尾巴不停地晃着,眼巴巴地望着我,我只好又扔了一块骨头给它。"

把"前置习作""诊断习作""后续习作"贯穿在"写作阅读"的单元整组教学的始终,真正以生为本,让写作与阅读并驾齐驱。

"写作阅读"的单元整组教学立足单元整体,目标指向习作,在阅读教学的过程中落实单元文体写作知识,解决学生习作中的现实问题,对"阅读教学"兼容"写作教学"做了一些研究和探索。但是,"写作阅读"的单元整组教学,还有很多问题值得探究,如不同年段的"习作阅读"的单元目标序列的建构以及年段与年段之间如何衔接与推进等,我将对此进行不懈的努力和研究。

参考文献:

[1] 中华人民共和国教育部.义务教育语文课程标准(2011年版)[S].北京:北京师范大学出版社,2012.

[2] 傅登顺.寻梦十年——乡村特级教师傅登顺语文教改观[M].浙江:浙江教育出版社,2013.

[3] 叶黎明.写作教学内容新论[M].上海:上海教育出版社,2012.

[4] 潘新和.语文:表现与存在[M].福建:福建人民出版社,2006.

[5] 李海华."指向写作的阅读课"的隐忧与对策[J].语文教学通讯(C),2014(9):19—21.

[6] 孙双金.语文教学的五点主张[J].小学语文教学(会刊),2014(9).

单元课文视域下习作过程性指导的有效策略研究

——以人教版六(上)第五单元"人物主题单元"例谈

浙江省建德市明珠小学　潘　君

2011版《义务教育语文课程标准》和2001版《义务教育语文课程标准》(实验稿)相比,删除了"写作知识的教学力求精要有用",修订为"写作教学应抓住取材、立意、构思、起草、加工等环节,指导学生在写作实践中学会写作",补充了"立意"环节,提出了"指导"学生写作实践的要求。修订后的《义务教育语文课程标准》重视学生的写作实践,强调过程的指导。

人教版小学语文教材按"主题"编写单元,"读写结合"的单元体例特征明显,单元课文就是单元习作的范文和例文。可是,长期以来我们的习作教学比较忽视单元课文对单元习作的指导作用,习作指导课重视作前兴趣的激发,作后评改的深化,忽视了作中的指导,导致学生在习作实践过程中盲目地写,习作水平受个人的智力因素、情感因素等方面的影响较大。如何针对教材的编排特点,充分发挥单元课文的示范作用,在扎实而灵动的习作实践活动中提高全体同学的习作水平,笔者就单元课文视域下习作过程性的指导策略,做了一些有益的研究和尝试。

一、习作素材向习作题材转换:捕捉　提炼　优选

写作是一个"写什么""怎么写"的过程。"写什么"是解决习作题材的问题,是写作的起始阶段,也是习作过程性指导的首要环节。习作素材向习作题材的转换是习作过程性指导的关键。"巧妇难为无米之炊"强调的就是素材的重要性,"巧妇难为'烂米'之炊"强调的是素材的质量。习作素材转换为习作题材,不是一个自然转换过程,而是一个依据主题、个体认知与情感表达的需要,对习作素材筛选、提炼、再加工、再认识的个性化行为过程。生活素材是原生态的、粗放的、无序的,这里的生活素材是指在广阔生活的背景下,通过习作主题捕捉到的与习作内容相关的所

有素材。习作素材是对生活素材的提炼、加工和升华,从中优选出的具有典型性、逻辑性和情感性的习作素材才可以作为习作题材。这是一个从捕捉生活到提炼素材到优选题材,从面的考虑到点的突出的过程。笔者以人教版六(上)第五单元为例,谈如何指导学生把习作素材转换为习作题材。

(一)围绕单元主题,捕捉生活

学生的习作素材来源于生活,生活即作文的道理大家都懂。可是在现实的习作教学中,学生没东西可写的问题却依然存在。这就需要教师引导学生从广阔生活中去关注某一类或某一种生活。如人教版六(上)第五单元是"人物主题单元",笔者就让学生留意生活中形形色色的人。这里的生活可以是现实生活,还可以是学生的阅读生活,包括阅读影视作品、经典小说、儿童文学等,去体察这些作品中人物的一举一动,一颦一笑,以便签的形式记录下来。这里形形色色的人可以是身边熟悉的人,可以是仅有一面之缘的人,可以是亲人长辈,可以是同学伙伴。把学生的着眼点从生活的大舞台聚焦到人物的生活,包括个体的生活。同样,如果是"动物主题单元",就可以把生活的视角引向和动物有关的生活。这样围绕单元主题,捕捉生活为单元习作储备大量的生活素材。

(二)借助思维导图,提炼素材

习作素材是对生活素材的提炼、加工和升华。如何提炼、加工和升华,我们可以改变单元课文的学习方式,借助思维导图的形式,形象直观地帮助学生从生活素材中提炼习作素材。人教版六(上)第五单元除了《有的人》是诗歌以外,其余三篇都是用"典型事例"写出"人物特点"的范文。教学中,笔者改变以往学生找"典型事例",概括"人物特点"的教学模式,在此基础上引导学生根据"人物特点"画思维导图,如图1。

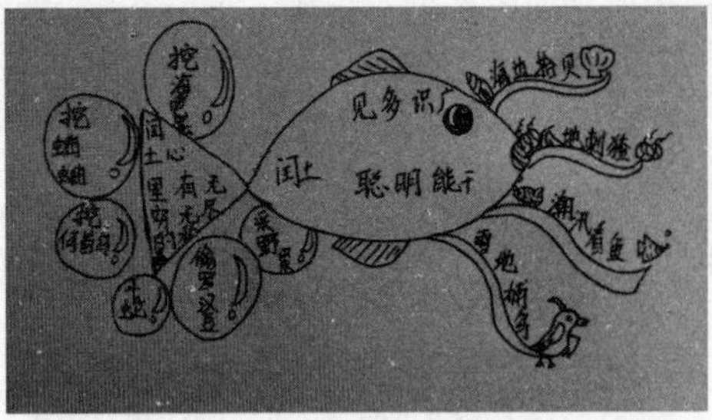

（图1:《少年闰土》思维导图） 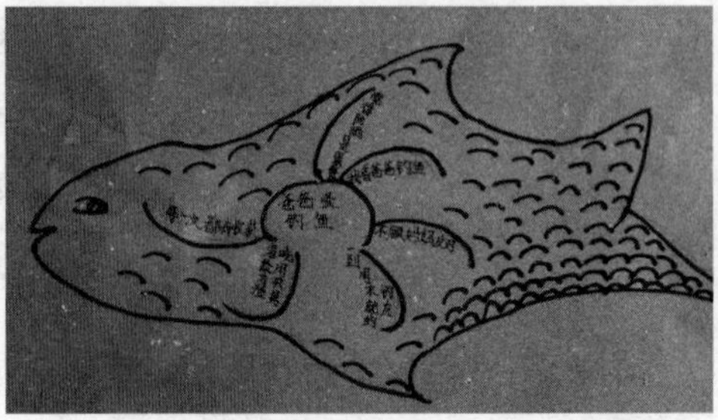　　（图2:《爸爸爱钓鱼》思维导图）

单元课文是以写作结果的方式呈现给读者的。学习课文的写法，以画思维导图的形式展示作者提炼习作素材的过程，不失为一种行之有效的方法。而且画思维导图的过程就是引导学生围绕一个"主想"从生活素材中提炼习作素材的过程。

（三）实施纵横比较，优选题材

人教版六（上）第五单元《少年闰土》一课中提到"闰土的心里有无穷无尽的稀奇的事，都是我往常的朋友所不知道的"。可是，面对"无穷无尽的稀奇的事"作者只选取了"雪地捕鸟""看瓜刺猹""潮汛看鱼""海边拾贝"这4件事作为习作题材，这就是优选具有典型性、逻辑性和情感性的习作素材作为习作题材。这个优选要结合表达主题的需要，考虑事件之间的逻辑联系以及作者的情感，进行纵横比较，表达同样的主题做到"人无我优，人有我新，人新我奇"。如图2的思维导图，这位同学是想通过"不顾妈妈反对去钓鱼""省吃俭用只为买渔具""一到周末到处约钓鱼""钓鱼技术高超""每次都有收获"展示"爸爸爱钓鱼"的形象，这么多习作素材，哪些可以成为习作题材呢？引导学生从"优""新""奇"的角度进行纵横比较，觉得"省吃俭用只为买渔具"和"不顾妈妈反对去钓鱼"这两个事例比较"新"，是这位同学的爸爸和一般的钓鱼爱好者不一样的地方。通过这样优选题材写出来的文章表达角度新颖，给人耳目一新的感觉。

二、习作知识向习作技能转换：勾连　呈现　内化

"写什么"问题解决了，那么"怎么写"就成了习作过程性指导的核心。单元课

文视域下指导学生"怎么写"要从整个单元的角度"统筹安排",联系教材中与"单元主题"相关的习作内容和习作知识,明晰单元习作目标,习作指导的重点落实在梳理文本习作知识上,让习作知识成为学生习作的"工具"。然后对习作知识进行归类整合,把学生获得的陈述性知识内化为策略性知识,实现习作知识向习作技能的转换。

(一)勾连教材,明晰习作目标

笔者所在的学校实行分段教学,这样的教学安排往往导致一部分教师没有从课程的高度去解读教材的编排体系,单元习作教学往往凭借经验,要么面面俱到,要么浅尝辄止,习作教学不能瞻前顾后,没有充分发挥教材的优势,合理准确地定位单元习作教学目标。人教版小学语文3—6年级教材设置了4次人物主题单元习作,见下表:

表1　人物主题单元习作

教材分布	单元主题	单元课文	习作内容	习作要求
三(上)第二单元	发生在名人身上的平凡小事	《灰雀》《小摄影师》《奇怪的大石头》《我不能失信》	我们身边有许多熟悉的人,他们身上有许多值得写的事。这次习作就来写熟悉的人的一件事。	写熟悉的人的一件事。
四(下)第七单元	人们通过努力获得成功的故事。	《两个铁球同时着地》《全神贯注》《鱼游到了纸上》《父亲的菜园》	在我们身边,有很多值得敬佩的人。选择其中的一位,通过具体事例,夸夸他们执着追求的精神。	通过具体事例,表达对人物的敬佩之情,留心人物外貌、语言等方面的描写。
五(下)第七单元	作家笔下的人物	《小嘎子与胖墩儿比赛摔跤》《临死前的严监生》《"凤辣子"初见林黛玉》《刷子李》《金钱的魔力》	写一个特点鲜明、能给人深刻印象的人。	运用课文中一些写人的方法,写出人物某一方面的特点。
六(上)第五单元	认识鲁迅	《少年闰土》《我的伯父鲁迅先生》《一面》《有的人》	用一两件事介绍你的小伙伴。	要写出人物的特点。

教材的4次人物主题单元习作在内容的安排上都是读写人的文章再学着写人,非常重视单元课文对写的引导与示范作用。习作要求从"用一件事写人"到"用具体事例写人,留心外貌、语言等方面的描写"再到"运用课文中写人的方法写出人物某一方面的特点",最后到"灵活运用写人的方法,写出人物的特点"。由浅入深,呈螺旋上升的趋势。综合教材的编排特点,习作要求的设置,年段目标的考虑,人教版六(上)第五单元的人物习作目标是联系已有的习作知识,深入学习单元课文的写法,贯通知识之间的联系,灵活掌握人物习作。

2011版《义务教育语文课程标准》第四学段的习作教学目标中提出要"提高学生独立写作能力",本单元的习作教学还起着承前启后的作用,要梳理文本习作知识,对习作知识归类整合,把陈述性的习作知识内化为策略性的习作知识,为学生能独立写作写人文章做好准备。

(二)梳理文本,呈现习作知识

人教版教材的课文文质兼美,是案例中的典范,美文中的经典,在滋养学生心灵的同时,兼任学生写作范文角色,具有榜样与示范作用。明晰课文的写法,运用课文的习作知识是习作过程性指导的重要环节。针对人教版教材单元编排的特点,笔者试图根据不同的单元主题,不同的文体特点引导学生梳理隐藏在文本中的"习作知识",让"习作知识"清晰地呈现在学生面前。

人教版六(上)第五单元是"认识鲁迅"单元,除《有的人》是诗歌外,其余三篇都是写人的记叙文。《少年闰土》是鲁迅的小说作品,通过"典型事例"塑造了少年闰土这个人物形象;《我的伯父鲁迅先生》以倒叙的手法回忆了鲁迅先生生前的往事,使鲁迅先生的音容笑貌清晰可辨;《一面》的作者阿累对鲁迅先生仰慕已久,以电影镜头推进的方式让鲁迅这个人物向读者款款走来。

同样是写人,因为作者的身份、个人经历等因素的影响,在语言表达上会呈现个体差异。但相同的是本单元的文章或抓住人物的语言、动作、外貌、神态,或抓住典型的事例,或抓住细节描写等凸显人物形象的写作手法。如《少年闰土》开头就描绘了月夜下闰土刺猹的形象,因为这是鲁迅深藏心中30多年的闰土最清晰的形象,课文后面又具体讲述"看瓜刺猹"的情节,两者之间既独立又有联系,采用了集中与分散相结合,景事相通的写法,使人物形象跃然纸上。

除了单篇梳理文本的习作知识,教学中还要有意识地引导学生发现共性的表达方法,如本单元的三篇课文都采用了"典型事例"写人的方法,外貌描写在其中都有体现,动作的描摹是把人物写"活"的关键。在单元课文视域下的指导学生"如何写",就要像这样把自己读出来的习作知识通过教学转换清晰地呈现给学生。

(三)归类整合,内化习作技能

上文提到的人教版六(上)第五单元的3篇写人的记叙文中外貌描写都有体现,但表达的效果不尽相同。《少年闰土》一课中闰土的外貌清晰,紫色的圆脸、头戴毡帽、项戴银圈,一个家人疼爱的海边少年形象;《我的伯父鲁迅先生》是一篇回忆性记叙文,外貌描写似有似无,分散描写重点反映其表情的变化;《一面》中作者虽然是第一次见到鲁迅,但是对他倾慕已久,描写时由远而近,从整体到部分,最后对人物外貌的描写如电影特写镜头般定格,进行浓墨重彩的细致刻画。

教学中,笔者不仅对本单元的一类"习作知识"进行归类整合,还注意回顾整理人物主题单元中的课文,拓展阅读课外写人的文章,把分类的"习作知识"内化为学生的习作技能。以下是笔者整理的人教版3—6年级教材4个人物单元16篇课文里有关外貌描写的段落:

"就在金鱼缸边,我认识了一位举止特别的青年。他高高的身材,长得很秀气,一对大眼睛明亮得就像玉泉的水。"

——四(下)《鱼游到了纸上》

"这个姑娘打扮与众姑娘不同,彩绣辉煌,恍若神妃仙子:头上戴着金丝八宝攒珠髻,绾着朝阳五凤挂珠钗;项下戴着赤金盘螭璎珞圈;裙边系着豆绿宫绦双鱼比目玫瑰佩;身上穿着缕金百蝶穿花大红洋缎窄褄袄,外罩五彩刻丝石青银鼠褂,下罩翡翠撒花洋绉裙。一双丹凤三角眼,两弯柳叶吊梢眉。身量苗条,体格风骚,粉面含春威不露,丹唇未启笑先闻。"

——五(下)《"凤辣子"初见林黛玉》

"他正在厨房里,紫色的圆脸,头戴一顶小毡帽,颈上套一个明晃晃的银项圈,这可见他的父亲十分爱他,怕他死去,所以在神佛面前许下愿心,用圈子将他套住了。"

——六(上)《少年闰土》

"我向里面望了一下——阴天,暗得很,只能模糊辨出坐在南首的是一个瘦瘦的、五十上下的中国人。"

"他的面孔黄里带白,瘦得教人担心,好像大病新愈的人,但是精神很好,没有一点颓唐的样子。头发约莫一寸长,显然好久没剪了,却一根一根精神抖擞地直竖着。胡须很打眼,好像浓墨写的隶书'一'字。"

"黄里带白的脸,瘦得教人担心;头上直竖着寸把长的头发;牙黄羽衫的长衫;隶体'一'字似的胡须;左手里捏着一枝黄色烟嘴,安烟的一头已经熏黑了。"

——六(上)《一面》

通过这样的归类整理,学生发现并不是所有写人的文章都要进行外貌描写,外貌描写不光可以写人物的长相,还可以写人物的服饰、佩饰,不光可以集中描写,还可以分散描写。外貌描写要突出人物的特点,比如《鱼游到了纸上》一课中的外貌描写就抓住了人物的眼睛进行描写,因为年轻人是一位聋哑人,所以他的眼睛就显得特别明亮,《少年闰土》一课的外貌描写则抓住了佩饰"银项圈"突出了闰土的可爱,《一面》中的外貌描写反复突出鲁迅的"瘦"则是为了表现鲁迅把整个生命都献给了民族解放事业。外貌描写除了要突出人物特点,按一定的顺序来写,还可以运用巧修辞、反复写等手法。把零散的习作知识系统化,把模糊的习作知识分类化,把一类习作知识学深,学透,久而久之就内化为自己的东西了,再带着这样专业的眼光去阅读写人的文章,所得就非同一般了。

三、习作技能向习作能力转换:突破 提升 贯通

"语文课程是实践性课程,应着重培养学生的语文实践能力,而培养这种能力的主要途径应该是语文实践。"2011版《义务教育语文课程标准》中的这段描述明确了语文是一门实践性课程,是一门活动性课程。习作能力的提高一定是在有针对性的练习,丰富多彩的习作活动、扎实灵动的习作指导课中达成的。

(一)一课一练,单项突破

针对教材一个单元一次习作的编排体系,如果把提高习作能力仅仅放在一个单元一次的习作课上,这是难以达成的。笔者认为比较好的方式是在单元文本阅读课堂抽出时间让学生进行有针对性的习作练习,单项突破单元习作的重难点。人教版六(上)第五单元习作指导课之前,笔者经常会在阅读课堂上针对学生实际,选择合适的时机,让学生练习写人文章的单项技能。如学习《少年闰土》一课,从班级同学中选出一个"模特",让学生选一个角度(或重点写服饰或重点写长相等),用有顺序、巧修辞、显特点的方法进行人物外貌素描。学生在很短的时间内根据表达的需要,片段精彩纷呈:"她白白的皮肤好像冰山上的雪莲,两弯淡淡的眉毛更衬托出她雪白的皮肤。一双小小的眼睛,乌黑发亮的头发上戴着一个草莓发夹。""高挑的身材,瘦削的脸,时常穿一件大棉袄,头上戴一个粉红色的发夹,笑起来的时候总是微抿着双唇,好似一个淑女。""她那水灵灵的大眼睛宛如一泓清泉,她那粉嘟嘟的小嘴巴就像小樱桃,她那迷人的笑容就像灿烂的花朵。"

学生片段中有的抓住眼睛重点刻画,有的抓住服饰细致描写,有的按一定的顺序对外貌进行有序描写。像这样的指导,"同一模特"写出不同的特色,避免了千篇一律,习作灵动丰富。

《我的伯父鲁迅先生》的一课一练环节,笔者放在伯父和爸爸为车夫包扎伤口的段落学习之后,感受伯父和爸爸相互配合的动作,对比闰土捕鸟前后连贯的动作,看篮球比赛的视频,写一段人物相互配合的动作或前后连贯的动作。动作描写有了指向,学生的表达也有了清晰的方向。《一面》学完之后笔者设计了创设情境写对话的练习,要求写好提示语的变化,提示语在前突出说话的人,提示语在后强调说话的内容,提示语在中间往往表示意思的转折,提示语的省略是为了对话的需要。带着这样清晰的习作知识去练习,学生就会试着去推敲揣摩语言了。如此一课一练,一课一得,把单元习作的重难点分散在阅读教学中,以形式多样的练习单项突破。

(二)主题活动,综合提升

单元习作教学除了以一课一练的形式突破学生的单项习作技能,还可以设计一些学生感兴趣的主题活动,让学生参与其中,乐在其中,在言语活动中融习作技能。针对人教版六(上)第五单元"人物主题单元",笔者设计了"我写你猜""校园达人秀""名著人物介绍"等主题活动。在"名著人物介绍"主题活动中,笔者引导学生通过阅读《小学生鲁迅读本》向读者介绍书中的人物,孩子们介绍阿Q、孔乙己、闰土、祥林嫂等人物,既能活用名著中的语言,更有自己对写人文章方法的运用,如吴悦儿同学介绍的孔乙己:"这个站着喝酒,唯一穿长衫的人就是孔乙己,他似乎很可笑,又似乎很可怜;似乎很有学问,又似乎很愚蠢。不管如何,他是能使酒店里所有人快活的人。"寥寥数笔勾勒出的孔乙己既是鲁迅笔下的孔乙己,也是孩童视野中的孔乙己,这是对人物独特的理解和表达。

结合单元主题开展的习作主题活动,把课堂延伸到课外,引导学生更加深入、细致地观察身边的人物,灵活运用写人的方法介绍人物,而且能带着专业的眼光去阅读写人作品,能把作品中的人物用自己的语言进行介绍。以这样的形式变作文为活动,从观察到写,从读到写,不仅激发学生的习作兴趣,增强学生习作的读者意识,而且综合提升了学生的观察、阅读、表达的能力,真正实现了语文课程以活动促能力发展的理念。

(三)单元习作,融会贯通

主题单元习作是综合选材、构思、言语表达等多方面的技能,在读懂题目要求的基础上独立成文的过程,是对主题习作的融会贯通,是习作能力的综合体现。人教版六(上)第五单元人物主题单元习作,笔者改变以往单篇学课文,单独习作的模式,阅读课堂中重视一课一练,语文实践活动中设计主题习作活动,开设单元习作指导课,分解习作难度,分步达成习作目标。在单元习作指导课上教给学生审题的方法,关注学生在本次习作中存在的真实的问题。因为通过上文的阐述,人物主题单元的习作过程性指导,笔者希望学生浸润在"写人生活"中,通过梳理习作知识、分类练习、分步达成的方式,在单元习作课上学生能水到渠成,融会贯通地表达。

但是,真实的情况是学生的能力是有差异的,在单元习作指导课上还要重视学生个体,及时地给予指导和帮助。如有一位学生提出想通过"幽默的自我介绍""夸张的肢体语言"介绍科学老师高老师,只是不知道如何开头。这位同学对高老师上课的印象深刻,笔者就引导她模仿《少年闰土》一课的开头,把人物设定在特定的环境中,适时的点拨启发了学生的思维:"教室外,水池里的荷花开得特别红,鱼儿在欢快地游来游去。教室里,一位年过半百的老师正在给学生上课,那老师长得高高瘦瘦的,穿着一件格子短袖,看上去很精神。同学们认真地听着,不时发出会心的微笑。"这样的开头和后面小作者描述的高老师"称自己是年级组长""做瘫倒状说明骨骼的重要性"浑然一体。如此,针对学生个体的差异,在学生"悱愤"状态下"启发",帮助学生实现习作的融会贯通,提高习作能力。

习作能力是一个人的核心语文能力,是对观察能力、搜集选择材料的能力、阅读提炼的能力、整理归纳的能力、言语表达的能力等多方面能力的综合考量。教师要帮助学生搭建各项能力提升的平台,架起各种能力之间转换的桥梁,通过有效的习作指导夯实学生习作基本功,落实单元习作目标,提升学生的习作能力。

参考文献:

[1] 中华人民共和国教育部.义务教育语文课程标准(2011年版)[S].北京:北京师范大学出版社,2012.

[2] 傅登顺.寻梦十年——乡村特级教师傅登顺语文教改观[M].杭州:浙江教育出版社,2013.

[3] 叶黎明.写作教学内容新论[M].上海:上海教育出版社,2012.

[4] 王荣生.写作教学教什么[M].上海:华东师范大学出版社,2014.

[5] 杨春荣.单元整体思维引导下的读写结合[J].小学语文,2015(4).

[6] 龙素敏,原绿色.浅谈利用教材文本指导学生习作的策略[J].语文教学通讯,2015(9).

[7] 王学进.探寻习作过程性指导的有效策略[J].江苏教育(小学教学),2015(6).

例谈第三学段课文的习作价值及教学策略

浙江省建德市明镜小学 黄雪梅

语文课程是一门学习语言文字运用的综合性、实践性课程,承载着培养学生听、说、读、写等语言文字运用能力的任务。到了第三学段,在学生已经初步具备了语言文字运用能力的基础上,《义务教育语文课程标准》提出:"在阅读中了解文章的表达顺序,体会作者的思想感情,初步领悟文章的基本表达方法",也就是说在学生已经能够读懂文章"写什么"的基础上更重视"怎么写"。

为此,要培养学生良好的习作能力,要把阅读与习作结合起来,从习作的角度来看教材,充分挖掘课文中的习作价值,提升习作实效。

一、第三学段课文的习作价值

《义务教育语文课程标准》对第三学段的习作要求是:"内容具体,感情真实。能根据内容表达的需要,分段表述。"即第三学段学生的习作要做到"言之有物,言之有情,言之有序"。以这些要求来看我们的教材,用课文来指导习作,最终实现课程目标。

(一)所选内容贴近生活可读性强——言之有物

言之有物是指文章有具体的内容。选编进入教材的课文,都是内容贴近学生生活,可读性强且符合学生阅读,学生容易产生兴趣。

例如五(下)第二组以童年为专题的课文,选择了《古诗词三首》《冬阳·童年·骆驼队》《我的发现》《祖父的园子》和《儿童诗两首》这五篇课文,从古代、现当代、国外的多个侧面来展示儿童生活的有趣与快乐,用贴近学生生活的角度去反映童年的多姿多彩。

又如五(上)第三组说明性文章,《鲸》作为精读课文放在主题单元的第一篇,课文层次分明,条理清晰,语言简练准确、平实质朴,运用多种说明方法把鲸的特点说明清楚。紧随《鲸》后面的略读课文《松鼠》,则是一篇知识性、科学性、趣味性都很强的文艺性说明文。它以准确性说明为前提,以形象化描写为手段,在说明角度、表达方法、语言风格等方面与《鲸》有很大不同。学生阅读这样的文章,兴趣极其浓厚。

教材中这些贴近学生生活的作品容易引起学生的兴趣,使学生产生表达的愿望,为学生模仿写作奠定兴趣基础。

(二)文质兼美情感真挚易于共鸣——言之有情

基于学生情感、态度、价值观培养的要求,第三学段选择了文质兼美、富有文化内涵和时代精神的文章作课文,使学生既能从中学习语言,又能陶冶情操,在情感、态度、价值观方面受到启迪和教育。

以六(上)为例,《詹天佑》《穷人》《只有一个地球》《少年闰土》《我的伯父鲁迅先生》《月光曲》,这些课文文质兼美、历久弥新,《草虫的村落》《中华少年》《这片土地是神圣的》《老人与海鸥》《最后一头战象》《伯牙绝弦》这些课文情感真挚,容易引起学生的共鸣。

教师在教学中抓住触发学生情感点的词句进行朗读、品味,激发学生的情感共鸣,引起学生表达的欲望,学生一定能够在情感的熏陶中习得"言之有情"。

(三)表达特点鲜活便于学生内化——言之有序

从第三学段课文所选内容、取材、文体特点及表达特点来看,每一个专题,都根据语文学习目标,既对人文内涵给予充分关注,又注意总结、归纳表达方法,所选课文的习作特点明显,存在极大的习作价值,适应儿童阅读和模仿,有利于习作教学的落实和实施。

从写法上来看,课文中运用了许多写作方法,如描写、抒情、说明等表达方法,想象、联想、象征、对比等表现手法,比喻、拟人、夸张、反问等修辞手法,这些都是可以在教学中让学生模仿内化的。

还有高年级的谋篇布局、句子与句子之间的段式结构、行文思路等,在课文中都很有特点。在教学中,教师都可以根据文章的特色,利用课文的课型特点,引导学生关注文本的语言特色。

二、第三学段课文习作教学策略

挖掘课文本身的习作价值,引导学生以课文为范本,从语言表达、选材、文体等角度进行训练,提升学生习作的综合素养。

(一)习作方法的迁移

课文就是习作的例文,教师在教学过程中,抓住文章的结构等特点,让学生进行习作方法上的迁移。

1. 结构

《义务教育语文课程标准》明确指出第三学段学生要"在阅读中了解文章的表达顺序",到了小学高年级,学生要在阅读中掌握文章篇章结构的特点,并应用于自己的习作中。

如五(下)《彩色的非洲》一文教师开始有意识地引导学生学习教材中的开头和结尾首尾呼应的方法,在课堂上进行习作的练习。六(上)《山雨》一文,是一篇文质兼美的抒情散文。课文是按雨来、雨中、雨后的顺序写的。老师直接引导学生关注课文的写作顺序,感受声音由远而近、由轻及重的动态过程,然后指导学生用同样的顺序来模仿写一写雨的变化过程。

2. 取材

第三学段习作指导应该关注学生材料的选择是否具有典型性,是否具有代表性。在课文教学中,教师可以充分引导学生关注教材中选取的材料的特点进行迁移。

对于学生比较容易关注的取材,让学生自主发现,体会取材之妙。比如五(上)的《桂花雨》这篇略读课文,选择了"摇桂花"这样学生喜欢的题材,让学生自主体会作者在"摇花乐"和桂花雨中体现童年的快乐,进而学习文章取材的方法,写一写自己童年的快乐,吸引读者。

对于学生不易捕捉的取材信息,教师在教学中引导学生发现。如五(上)的《学会看病》一课,母子之间的对话是显而易见的,能够从母亲看似"冷漠"的语言中感受到母亲的爱。但是本文最有特点的是对母亲心理活动的描写,母亲矛盾的心理活动线索推进着文章的行进,学生要发现这样的题材是很不容易的。

学生对于取材是比较陌生的,生活中并不常见的课文,教师重在指导学生怎样来搜集资料,以及整合运用信息进行文章的组合。如五(下)的《丝绸之路》《把铁路修到拉萨去》中的地理、气候等信息都是学生平时不常接触的,甚至是完全陌生的。在这样的课文教学中,应当注重指导学生怎样来搜集资料,用搜集来的资料进行文章的组合。

(二)文体特点的把握

一般的文章体裁是与相应的表达方式相配套的。同一类型的内容,因体裁不同,其表达方式是不同的。学生在习作中如果能遵循文体导向,选用合适的表达方式,写起来会得心应手。

第三学段的课文文体特点鲜明,教学中教师依据课文文体,帮助学生把握文体特点,有意识地帮助学生就一篇课文上升到一类文章体裁的共性特征的归纳,从而引导学生习作,进行文体创作。

1. 凸显文体的阅读特性

文体是人们在长期的写作中约定俗成的文本样式,每一种文体都有其特定的结构、语言、技巧等方面的特点。为此,我们在教学中,要依据不同的文体,设定不同的教学目标、教学内容,进行教学,凸显不同文体的特点。

如五(上)的《小苗与大树》是一名小学生对季羡林的访谈录,通篇都是对话。教学中,在反复自读把握主要内容后,可以进行分角色朗读或模拟采访。而《松鼠》《假如没有灰尘》这样的说明性文章,如果还是采取朗读这样的教学方式,结果一定是不理想的。教师可以采用讲读、比较、列表等形式,让学生理解内容、习得方法,提高阅读能力。

2. 理清文体的结构方式

不同文体的文章有其不同的结构方式。

叙事类文章的结构如果是按照时间推移安排的,就要引导学生关注表示时间的词语。如果是按照地点的变换来安排结构的,就要重视表示地点的方位词语。按照事情发展过程安排结构的,一般要注意按照事物发展顺序或者作者思想感情的发展脉络进行结构的分析。

如《学会看病》一文,以母亲的感情的变化为行文的脉络。在教学中,教师引导学生在初读课文的基础上,让学生按照课文前的阅读提示,边读书边勾画出描写母亲语言和心理的句子,体会母亲感情的变化,明白这一课的结构方式。

说明性文章一般以事物的几个方面来构篇。在教学中,教师应当从全文出发,让学生发现课文是从哪几个方面来说明的。

诗歌也有其自身的结构方式,在小学阶段,借景抒情、情景交融的结构方式最为常见。

3. 明晰文体的语言风格

不同文体的文章,在语言表达的要求上是不同的。说明文要用准确形象的语言表达出事物的功用特点。议论文要通过周密辩证的语言来阐述自己的观点。叙事类文体的文章,以叙述性的语言为主要表达方式。

在教学中,教师要引导学生搞清楚文体的语言风格,学习运用不同的语言来模仿习作。如《山雨》是一篇散文,作者以独特的感受、神奇的想象和联想、清新的笔调向读者展示了一幅有声有色的山林雨景图。课文语言生动形象,作者善于通过视觉和听觉所及,发挥合理而新奇的想象和联想,并运用比喻、拟人等修辞手法,描绘出山雨的特点。搞清楚这些语言的特点后,学生可以进行模仿创作。

第三学段的课文中,有叙事性的文章,有诗歌,有说明文,有剧本,有相声,如果不搞清楚文体的结构方式和语言风格,学生很难在习作中体现出不同文体的特点,写出的东西不伦不类。

(三)言语表达的内化

言语的习得,最终的结果是运用,也就是学生对言语的吸收和内化。到第三学段,学生已经有了一定的语言积累,能够在习作中表达,学生比较陌生的表达方式需要教师在阅读教学中予以指导。

1. 内心的描写

到第三学段,学生在习作中应该会一些细节描写,而心理活动的描写则是细节描写中的一个极其重要的组成部分。

很多学生的心理活动描写极其简单，"我心里想……"这样的句子苍白乏味。教师要引导学生尝试用心理活动的变化过程来形成文脉组织文章。《学会看病》一文当中"母亲"的心理活动描写就可给学生以很好的范本。

母亲一开始态度坚决地要求儿子自己去看病，喋喋不休地教儿子看病的程序，因为听见儿子沙哑的嗓音，"心立刻就软了。是啊，孩子毕竟是孩子，而且是病中的孩子"，决心开始动摇。当儿子摇摇晃晃出门后，母亲开始陷入后悔、自责之中，"两个小时过去了，儿子还没有回来"，母亲忐忑不安。儿子终于看病归来，母亲又重新找回了勇气。

这样的心理活动的描写形成文脉串联全文。教师在教学中引导学生发现这样的秘妙，然后进行写法上的迁移，仿写儿子的心理活动。

2. 对比的巧用

对比是写作中的一种常用的写法。它通常将不同事物或同一事物的不同两面列举出来，加以对照，突出矛盾双方最本质的特征，使形象更加鲜明，起到相辅相成的艺术效果。

在第三学段课文中，有很多运用对比的方法来突出形象的地方。例如《慈母情深》一文中，母亲的多处动作描写形成鲜明的对比，教师在教学中引导学生深挖对比方法，感受母亲深沉的爱。

第一处对比："背直起来了，我的母亲。转过身来了，我的母亲。褐色的口罩上方，一对疲惫的眼睛吃惊地望着我，我的母亲……"与"母亲说完，立刻又坐了下去，立刻又弯曲了背，立刻又将头俯在缝纫机板上了，立刻又陷入了忙碌……"。对母亲动作一慢一快的对比，突出了母亲挣钱的艰辛。

第二处对比："母亲掏衣兜，掏出一卷揉得皱皱的毛票，用龟裂的手指数着"和"母亲却已将钱塞在我手心里了"。母亲数钱时动作的细致缓慢与母亲给我钱时的动作快速形成强烈的对比。

第三处对比："我"家境的贫寒与母亲慷慨给我钱买书的强烈对比。

教学中，教师引导学生找出这些对比强烈的地方，让学生通过朗读感受、体验，再链接自己生活中母亲对自己关爱的小事，仿照这样的对比方法写一写。

此外,还有《地震中的父与子》中父亲与其他父亲的对比,六(下)《我的舞台》中作者练毯子功时奶奶的神情与"我"的心理描写形成的对比,都是可以指导学生迁移仿写的。

3. 详略的突出

课程标准指出第三学段习作要求"能根据内容表达的需要,分段表述"。到小学高年级,学生能够根据表达的需要分多个段落进行习作。但是在实际教学中,我们常常会看见很多学生做不到对所写的材料进行有详有略的表达,而是平均用力,导致作文主题不突出。

在阅读教学中,教师可以将很多课文可以作为例文来指导学生进行详略表达的学习。例如六(上)的《我的舞台》一文,作者为展示自己学习评剧的成长历程,选取了四个题材:

还没出生,便在娘胎里"登台唱戏"

刚会走路,小床成了演戏的舞台

后来,跟随母亲演出,场场必到

六岁以后,拜师学艺

这四个题材的选用都是为了体现"舞台对我有着神奇的吸引力"这个中心,前面的三个题材都的确让人感受到舞台对"我"的神奇吸引力,然而,仅仅有吸引力是不够的,要有真本事,还要刻苦磨炼。所以作者把自己六岁拜师学艺写得很详细,很具体。

以课文为例文,教师引导学生联系自己学习某项特长的经历,说一说可以选取哪些题材来体现自己对这项特长的喜爱,然后选取自己刻苦练习的部分具体展开,让学生写一写。

(四)单元习作的紧扣

现行的人教版语文教材以主题为单元,一组教材里无论是单元导语、课文,还是口语交际和习作、回顾拓展里的交流平台、日积月累,都紧紧围绕着同一主题编排设计。课文的习作教学就应该紧扣单元习作教学,使之形成一个有机的整体。

1. 贴近单元习作练习

课文中有的指向阅读方法的教学,与单元习作的联系不大,但更多的课文与单元的习作教学紧密联系,教师在设计教学时应该寻找单元习作的训练点,以教材为范本指导学生完成单元习作。

六(上)第五组主题为"走近鲁迅",单元导语中明确指出"学习描写人物的一些基本方法",单元习作中也要求写一篇写人的作文。这组课文中的两篇略读课文是《一面》和《有的人》。《有的人》是诗歌,不适合学生模仿习作。《一面》当中对于鲁迅的外貌描写,由远及近,由粗到细,由整体到局部,像电影中的长镜头拍摄手法,非常有特色。教学中,教师可以抓住描写鲁迅外貌的句子展开教学,引导学生采用这样的描写方法进行模仿习作。单元的习作教学就可以在略读课文教学中完成了。

2. 弥补习作目标模糊

人教版教材的单元习作目标是比较模糊的,如六(上)第一单元主题是"感受自然",在"口语交际·习作一"中给出三项选择,可以是"把自己想象成大自然中的一员,融入自己的感受"习作,可以是"选取生活中的几种音响,或者仔细听一段音响的录音,展开想象,把想到的,感受到的写下来",也可以是"暑假生活真是丰富多彩。你可能游览了风景名胜,可能参加了有意义的活动,也可能帮父母做了一些力所能及的事,你是不是有什么收获想和大家分享呢?"这样的单元习作,没有明确的文体要求和表达要求,教师不知道从哪个角度进行指导。

其实在这组教材的单元导语中明确指出"学习本组课文,要注意体会作者是怎样细心观察大自然的,有哪些独特的感受;还要体会作者是怎样展开联想和想象,表达这些独特感受的。"作为一组教材,应该是一个有机的整体,习作要求和单元学习要求紧密联系,教师可以本单元的课文《山雨》为范本,让学生听一段"雨"的音频,展开联想和想象的同时仿照《山雨》的写作顺序进行习作,这样就可以不用再到后面去为完成单元习作而习作了。

以课文习作教学为抓手,则可以从单元主题的角度,弥补单元习作内容要求、问题要求、表达要求的不明确。

3. 鼓励学生个性习作

《义务教育语文课程标准》对第三学段的学生习作提出"珍视个人的独特感受"的要求。在教学中,教师应鼓励学生习作个性的表达,为学生的个性习作提供有利条件和广阔的天地。

　　学生从教材中习得写作方法并进行模仿创作后，教师可以给学生提供多种展示的舞台。写循环日记、优秀习作软墙张贴、出版班报班刊，都是可以让学生获得创作成就感的途径。

　　此外，模仿《半截蜡烛》写了剧本之后，让学生把《晏子使楚》改成剧本进行演出；模仿《小苗和大树》写了访谈录之后，让学生在社团课上进行现场采访的展示。展示的方式不一定完全是通过文字，演一演，说一说，多种形式结合，会让学生积极性更高。

　　总之，第三学段课文有着极高的习作价值，在教学中教师应关注习作方法的迁移、文体特点的把握、言语表达的内化及学生个性习作的鼓励，让学生在课文的习作教学中学会习作。

参考文献：

[1] 丁有宽. 丁有宽小学语文读写结合法[M]. 济南：山东教育出版社,1999.

[2] 巢宗祺. 全日制义务教育语文课程标准解读[M]. 武汉：湖北教育出版社, 2002.

[3] 曹鸿飞. 略读有道——小学语文略读课文教学研究[M]. 杭州：浙江教育出版社, 2014.

[4] 潘新和. 语文：表现与存在 [M]. 福州：福建人民出版社,2006.

[5] 郭开平. 语文八论[M]. 上海：上海大学出版社,2008.

小学第三学段人物细节描写教学策略研究

浙江省建德市明镜小学 黄雪梅

一篇好的文学作品,能够引起读者共鸣的往往是细节描写。人物作品中,让人对角色印象深刻、回味无穷的也就是那些精彩的人物细节描写。《义务教育语文课程标准》指出习作教学重在指导学生写真情实感的作文,让他们有话可写,而真情实感的习作就是靠一个个细节描写来体现的。第三学段,有很多写人的课内阅读,有写出人物鲜明特色的习作要求。很多语文老师强调学生要写出真情实感,要有人物细节描写,但在实际教学中却存在行为缺失、方法匮乏等问题。学生人物细节描写的能力普遍缺失,加强细节描写的指导成了人物习作教学的当务之急。

一、人物细节描写存在问题及必要条件

当前第三学段学生习作中人物细节描写存在的问题比较多,具体表现为:人物描写千人一面,缺乏人物个性;教师对学生人物细节描写缺少指导,或教师本身缺乏方法的储备。

同时,一个好的人物细节描写必须立足情境,联系语境,体现心境,营造意境。立足情境,能够带动学生情绪,引起学生的共鸣,调动学生的学习积极性,从而达到教与学的和谐统一与最佳的教学效果;联系语境,才能指导学生写出恰当准确的人物细节描写。此外,人物细节描写必须把特殊的生活经历和感受,细心的观察,乃至阅读的积累作为第一手材料,而教师的功能就是指导学生提炼、细化、表达。

二、人物细节描写行之有效的教学策略

学生习作中普遍缺少个性的、生动的、有味道的人物细节描写,在教学中,教师应当引导学生模仿、观察、对比、想象,并为学生提供各种平台、支架,发展学生思维,优化学生语言。

(一)妙用经典写人文章,模仿迁移学细节

经典文学作品中有很多精彩的人物细节描写,对学生习作具有示范作用。但在已有的阅读教学中,不管是课内还是课外阅读,重视理解,忽视了语言的表达,更忽视了细节描写方法的提炼。教师要发挥好经典的引领、示范作用,以阅读推动习作,带领学生模仿经典。

1. 人物鉴赏

经典人物细节描写作品,在人教版第三学段的教材中有很多。如五(下)"人物描写一组"《小嘎子和胖墩儿比赛摔跤》中的心理、动作描写,《临死前的严监生》的两个手指头的细节描写,《"凤辣子"初见林黛玉》中的外貌、语言、服饰、动作描写,都具很强的代表性、典型性,在刻画人物形象,披露人物性格特点方面起到极其重要的作用。教师在教学中,抓住这些细节描写,带领学生细细品味、赏析,体会作用。

除此之外,可以从教材延伸到课外,拓展阅读这些经典作品的原著,鉴赏更多的经典细节人物描写。如学完《"凤辣子"初见林黛玉》后,指导学生阅读《红楼梦》,带领学生欣赏描写林黛玉的细节描写。林黛玉初进贾府时,自觉寄人篱下,所以说话、做事总是步步留心,时时在意,不肯轻易多说一句话,多行一步路。所以她的语言、动作、心理时时刻刻都体现她的这一特点。在王夫人房里,王夫人见她来了,便往东坐。"黛玉心中料定这是贾政之位,因见挨炕一溜三张椅子,也搭着半旧的弹墨椅袱,黛玉便向椅子坐了。王夫人再三携她上炕,她方挨王夫人坐了。"这段话中黛玉因见王夫人往东坐了这样的动作,就敏感地意识到那是贾政的位置,见有椅子在炕旁,就选择了坐在椅子上,可见她很细心,时时刻刻都在留意观察。王夫人再三携她,"方挨"着坐下,可见她自尊自爱,不肯让人说一句

闲话。这样细腻的动作描写和心理描写,活脱脱把一个初进贾府,自尊自爱,步步留心,时时在意的黛玉在读者眼前展示出来。

经过课内教材与课外阅读鉴赏,学生对经典人物产生情感,在情感的基础上加深了对人物细节描写的理解,知道可以通过人物的动作、语言、神态、心理的描写来刻画人物形象,揭示人物特点。

2. 经典模仿

阅读是模仿的基础,模仿是学生习作很有效的方法。在经典细节描写中习得人物的各种细节描写方法以后,学生可以对它进行延续语境的模仿练笔。

如欣赏了林黛玉初进贾府的一些动作、心理、神态、语言的描写以后,让学生写一写"我心目中的黛玉",要求他们通过不同的细节描写来体现林黛玉的性格特点。

有同学模仿写林黛玉到邢夫人房间的动作、心理描写:"一进到房内,就看到邢夫人正坐在桌旁大椅子上喝茶,桌子右边还有一张大椅子空着。邢夫人请她在右边椅子坐下,黛玉料想那张椅子是贾赦之位,又见炕边有三张稍小的椅子,就挨着小椅子坐了下来。"

虽然模仿不了曹雪芹的文笔,但是学生在这样的仿写中,还是能够体现出林黛玉心思缜密,敏感细心,初入贾府小心谨慎的特点。

经常性地对文学经典细节描写进行模仿练写,学生会较好地掌握人物细节描写的方法。

3. 迁移练笔

迁移是对已有学习进行的一种继续和巩固。通过赏析经典作品中的细节描写和模仿练习后,让学生进行迁移练笔,是一种深化和提高人物细节描写的方法,学生在灵活运用中,形成能力。

五(下)第七单元的习作训练是写一个特点鲜明的人。教师引导学生发现身边林黛玉式的敏感、细心、娇弱、爱哭的同学,以"我的同学赛黛玉"为题,对之前所学的各种人物细节描写进行迁移练笔。

教学中,先让学生说说你觉得班里有没有像林黛玉的同学,她的什么特点让你觉得很像林黛玉,再让学生讲讲从哪些细微的地方发现了她的这个特点。学生会从动作、语言、神态等多方面进行描述，最后让他们尝试写下来。

有同学这样描写："她从我的身边走过，不小心碰掉了我的文具袋。我抬头看了她一眼，还没有说话，她就先红了眼圈，俯身捡起了文具袋，用蚊子般细小的声音说了句对不起，低着头站在那里不动了。"只是把同学的文具袋碰到了地上，同学之间经常发生的极小的事情，她就"先红了眼圈"，这样的一个神态描写，把这个同学敏感、娇弱的特点表现出来了。

语文学科的实践性决定了以经典作品引领，学生在模仿迁移中练笔是细节描写教学中最常见也是最有效的方法。

(二)巧用生活交际情境，身临其境学细节

为学生创设生活场景，为学生搭建人物细节描写的生活场和交际场，指导学生观察，提供学生生活观察的平台，其目的在于引导观察，获取体验，捕捉素材。教学中，巧妙利用生活交际情境，让学生身临其境，能够更好地发现人物描写细节，感受人物描写的细节魅力。

1. 巧设生活情境，激发学生兴趣

情景设置要做到吸引学生眼球，真心投入。设置方法有很多，课堂上教师可用深情并茂的语言讲述并设置情境，学生现场活动情境设置，利用多媒体视频欣赏设置。选择哪一种方法由教师根据教学需要选择。教师营造的生动的语言情境，示范性的语言表达能够对学生起很好的指导作用。现场活动对学生来说更能引起情绪上的共鸣，学生投入情境的速度会更快。而视频创设情境，能够在教师指导的时候，利用"定格"等方式，帮助指导观察。当然，多种创设方法综合使用，对学生细节描写的指导会更有效。

以五(下)第七单元习作"写一个特点鲜明的人"为例。教师先用语言讲述设置一个悬疑的情境，告诉学生这节课要为书店寻找一个可能偷走了一本非常珍贵的书籍的犯罪嫌疑人，将学生置身在这样一个情境中，接着出示一段书店的视频，让学生观察视频中出现的人物，观察人物的动作、神态，从中发现犯罪嫌疑人。

学生都喜欢做侦探，有了这样的情境设置，学生参与学习的积极性高，对视频中的人物细节观察很仔细。

2. 巧设交际语境，引导观察细节

语境的创设，让学生在一定的语境中进行交流运用的训练，即立足于交际的表达，是习作训练与真实习作的有效接轨。在情境设置的基础上，教师可以定一个重点环节，甚至可以用设备重播等方式，引导学生观察细节，进行交流。

在明确任务是根据人物的动作、神态的细微变化寻找犯罪嫌疑人后，教师组织学生根据片段中自己的观察发现进行讨论、分析，如一个黑衣男左顾右盼，经过书所在的位置曾有短暂的停顿等，可以锁定他为犯罪嫌疑人。

教师将视频定格在犯罪嫌疑人的特写镜头上，引导学生观察他的外貌，描述他外貌上的特点，用简笔画的方法在黑板上给犯罪嫌疑人画像。

在交际语境的创设下，有了教师的指导，学生知道了怎么观察人物的细节。

3. 巧用过程指导，关注表达重点

创设情境的目的在于引导观察，获取体验，捕捉素材。但是如果仅有情境，没有表达的介入指导，学生对观察所得就如蜻蜓点水。

犯罪嫌疑人的肖像画完以后，要写一段文字对画像进行描述，才能张贴出来，进行通缉，这就是表达。对犯罪嫌疑人的外貌进行描写，要让大家更好地找到他，就要抓住嫌疑人外貌的主要特点进行重点描写。

肖像画好后，老师直接就让学生写一段话，对其进行描述。第一次有同学是这样写的："中年男子，个子不高也不矮，有点胖，脸形方方的，眉毛不太浓，脸上有一颗痣。"

将这样的描写放在投影上，大家一起来分析，是不是抓住了犯罪嫌疑人的特点？照这样的外貌描写，能不能让大家明确犯罪嫌疑人的样子？怎样才能写出犯罪嫌疑人的外貌特点？

"个子不高也不矮"是一个笼统的概念，应该具体地指出"身高165cm左右"，"脸上有一颗痣"其实是这个犯罪嫌疑人最大的特点，但是不明确，应该写出"左脸靠近耳朵处有一颗黑豆大小的痣"。

经过集体的讨论修正，整理出犯罪嫌疑人的样子是："男，40岁左右，身高165cm左右，体形偏胖，脸形较方，左脸靠近耳朵处有一颗黑豆大小的痣。"

有了这样的过程性指导，学生知道了怎么观察，明白了怎么表达，并在自我对比中知道了细节描写的重要性,在教学中关注重点,是有效的人物细节描写教学。

(三)妙借游戏还原,观察中学细节

游戏是儿童认知学习的最好平台。游戏过程本身就有很多细节,学生在游戏当中能够完成从思维到文字创作表达的转换,是提高学生观察及细节描写能力的有效方法。

1. 还原生活场景

人物细节描写习作教学中引入游戏能够还原生活场景,使学生在游戏中发现生活中不曾注意的细节。教师在游戏中引导学生观察人物细节,发现人物细节,帮助学生提取素材。

游戏设计是还原生活场景的关键。人物细节描写的游戏设计关注趣味性,更关注细节描写的要求。如教师为了让学生观察人物的动作、表情来猜测人物的心理活动,可以设置游戏"读心术"——"发试卷",这样一个几乎经常会看见的生活场景,让学生参与游戏中,仔细观察人物的动作、表情,进行猜测。

类似于"发试卷"这样来自于真实生活的游戏,是学生平时不会关注,却很能够体现人物心理活动的,很值得老师引导观察、发现。

2. 还原细节场景

游戏习作教学最大的一个好处是可以还原细节场景。大部分小学生对生活细节缺少敏感,而游戏习作可以帮助教师还原细节场景,引导学生观察、发现、猜测。

如"发试卷"这一个游戏中,请一个事先准备好的同学上台做演示动作、表情:把头低下去,目光躲闪。演示同学因为提前准备,要把细节做到位,动作表情先做得比较夸张,演示一次以后,再以正常的状态演示一次,告知学生观察以后面那次为准。

通过这样的动作表情,学生猜测这个同学的心理活动。猜测也可以分成几个步骤进行:

你观察到他做了一个什么样的动作表情?

发生了什么事情,他会做这样的动作、表情?

做出这样的动作表情的时候,他的心里在想什么?

这样的细节场景还原过程,学生兴趣高,观察仔细,猜测的可能性多,思维发散。

3. 突破习作难点

游戏引入人物细节描写习作教学中,可以突破学生细节描写的重难点,使学生的描写细腻、丰满。

在学生观察、猜测出多种可能性以后,引导学生将自己的猜测写成一段文字,以第一人称"我"写一段心理活动,最终以这段心理活动的展示来决定谁是真正有"读心术"的人。

教师指导学生根据刚才猜测的环节,在心理活动中写出动作表情、发生的事情和心里的想法,如:"我心里忐忑极了,生怕老师公布出我的分数,我把头轻轻地低了下去,目光躲闪着,脑袋里浮现出妈妈知道我的分数以后那生气又失望的表情,我还是让她失望了……"这样写出来的心理活动才能细腻、丰满。

在最终确定拥有"读心术"的人后,教师带领学生一起回顾反思,归纳总结出此次游戏任务完成的意义,并对心理细节描写的观察过程进行梳理,明确细节描写的作用。

在人物细节描写教学中,引入游戏活动,学生自主性学习为主,在完成游戏的过程中掌握细节描写的方法,寓教于乐。

(四)明晰人物描写类别,分类聚焦写细节

人物细节描写的方法有很多,但是在不同的语境、情境中,要选用恰当的细节描写才能起到刻画人物性格,揭示人物内心世界,表现人物细微复杂情感的作用。在人物细节描写教学中,教师应引导学生正确认识各种人物细节描写,并能根据不同的语境运用不同的细节描写。

1. 分类

在小学阶段,学生主要需要学习运用的是人物动作、神态、语言、外貌及心理活动这五个方面的细节描写。

写"一个特点鲜明的人"教学中,教师可以带领学生回顾第七单元学过的一些人物细节描写,出示三篇课文中多个细节,如:小嘎子的动作、心理;严监生的动作、神态;"凤辣子"的外貌、语言、动作;曹小三的心理,刷子李的动作,托德的

神态,老板的语言等。这些细节没有规律地排列,让学生发现内在规律进行"连连看",最后将连好的细节描写进行梳理、分类。

有了这样的梳理分类的过程,学生对人物的细节描写就有一个整体的认识。

2. 聚焦

对人物的细节描写有了整体认识以后,教师带领学生聚焦于某一类细节描写方法,进行实际的迁移运用。

如写一个同学打篮球的动作,怎么写具体、写生动,大家七嘴八舌。先说说这个动作可以分几步完成:接球—运球—投篮。接球的动作可以怎么描写,接球以后怎么转身,运球时怎样冲破拦阻,投篮的时候是什么样的分解动作。你补充一个细节,我补充一个细节,一步一步地引导学生将打篮球的动作讲具体,讲生动。

最终指导学生将这些细节写下来,组织成一个连贯的动作,如:"他接住队友的传球,一个干净利落的转身,冲破重重的包围,快速奔向篮框。忽然,他停住了,虚晃一枪,闪过对方队员的抢断,双脚一跃,同时抛出手中的篮球。进球了!"这样的动作描写一气呵成,让每一个读者牢牢记住了这个技艺高超的篮球小子。

聚焦实践,是引导学生学习运用人物细节描写的有效方法。

3. 组合

人物的细节描写要结合语境,结合情境,不同的语境、情境要采用不同的细节描写方法。但是在一个具体的语言环境中,是多种细节描写综合运用来体现人物特点的。

如描写篮球小子打篮球的技术高超,动作描写是主要的细节描写,除此之外,外貌描写、神态描写、语言描写都可以穿插进行。在运球的奔跑过程中,头发的样子,衣服被风鼓起的样子;做假动作的时候的神态表情;进球后兴奋的呐喊……这些细节描写,都可以丰富人物的形象。

在聚焦连续性动作的基础上,让学生加入其他不同的细节描写,写出篮球小子的技艺高超的特点,如:"他接住队友的传球,一个干净利落的转身,冲破重重的包围,快速奔向篮框。他的球衣在风中呼呼作响,似乎每一个细胞都在享受着奔跑的快感。忽然,他停住了,嘴角微微一抿,虚晃一枪,闪过对方队员的抢断,双脚一跃,同时抛出手中的篮球。'耶',进球了!"

将单类聚焦的动作描写与组合后的描写进行对比,学生会发现人物形象更丰满,人物特点也更鲜明。

在这样的分类聚焦、组合中,学生掌握了人物细节描写的方法,反复实践,人物描写更形象生动。

(五)巧变句子优化语言,具体生动写细节

一个被咬了一口的苹果,可以让人产生无限的联想。很多年前流行的"新概念"作文大赛,就是以头脑风暴的方式拓展句式,激活了学生的思维,催生了无数的优秀作文。人物细节描写教学中,教师采用多种句子变换形式,可以有效地激活学生的创作思维,丰富细节描写的层次,使人物描写具体生动。

1.加一加,加出人物描写具体性

加一加,就是拓展句子,加入细节的成分。一种是一句话的拓展,给学生一句最简单的只有主要成分的句子,让学生不断地增加修饰语,不断地限制条件。还有一种,就是以某一句话作为总起句,让学生增加细节,把句子写具体。假如基础较差的班级,可以先进行一句话的拓展练习,基础较好的班级,可以针对性地选择后一种方式进行练习。

比如一句话的拓展练习,给学生出示"妈妈坐了下来"这样一句话,让学生在前一句的基础上一次添加一个描写,最终描写出妈妈疲惫地坐下来的动作过程。

妈妈坐了下来。

妈妈慢慢坐了下来。

妈妈扶着桌子,慢慢坐了下来。

妈妈一手扶着桌子,一手按着肚子,慢慢坐了下来。

妈妈一手扶着桌子,一手按着肚子,慢慢坐了下来,无力地趴在了桌子上。

妈妈一手扶着桌子,一手按着肚子,慢慢坐了下来,无力地趴在了桌子上,闭上了眼睛。

妈妈一手扶着桌子,一手按着肚子,慢慢坐了下来,无力地趴在了桌子上,闭上了眼睛,一句话也说不出来。

这种逐句递加的限制的方式,可以充分发挥学生的想象力,调动他们的潜

能,笔下的细节描写也就渐渐地丰满起来。等到学生已经很好地掌握这种方式后,可以采用一句话作为总起句的方式再做更详细的练习。

2. 变一变,变出人物描写生动性

好的描写一定离不开细节,细节描写要少用形容词,多用名词、动词。在习作中,很多学生会用上各种带上评价性的形容词,而这些形容词往往不能细腻地揭示人物内心世界。变一变,就是将形容词变成名词、动词,将描写展开,将形象的画面与生动的语言结合在一起。

如"我看见一个小女孩,长得瘦瘦的,看上去很可怜。"这个句子中有两个带有评价性的形容词,"瘦瘦的""很可怜",那么到底有多瘦,为什么很可怜,都让读者觉得很模糊。变一变,将这两个形容词变成名词,具体地描写出小女孩的样子。"瘦瘦的"变成"苍白的小脸,突出的颧骨","看上去很可怜"变成"冻得发紫的嘴唇,不到耳朵的头发贴在头皮上"。读者的眼前瞬间有了画面,句子里不出现"瘦"和"可怜",但是就能感觉到是真的瘦,真的可怜。

学生在这样的变一变中发现,变形容词为名词,将所见具体地写出来,让人看见。这样的细节描写变抽象为具体,使无形变有形。

3. 反一反,反出人物描写个性化

运用细节描写可以使人物形象更加鲜明,无论是美,是丑,是善,是恶,都可以在细节描写中变得栩栩如生。但即使是同一种细节描写,因其所要刻画的人物不同,也是不同的。

反一反,就是在教学中,让学生先用某一个细节描写的方法写一个片段来凸显某个人的特点,然后再让学生用同样的方法来写一写与之对立的人物。通过这样正反对比的方式,感受细节描写刻画不同人物的作用。

如同样是写人物的外貌,写小偷的外貌和警察的外貌就是不一样的。写小偷的眉眼,可以说"贼眉鼠眼",写警察的眉眼,可以说"浓眉大眼"。同样是憔悴、疲惫的样子,小偷应该是"苍白憔悴的脸上,一双闪烁着惶恐的眼睛",警察应该是"苍白憔悴的脸上,目光仍然如炬"。

教师先让学生写小偷的眉眼,再对应着写出警察的眉眼,先写出小偷的憔悴、疲惫,再写出警察的疲惫,憔悴。两相对应,细节描写应该符合人物的性格特点就准确无误了。

加一加,变一变,反一反,拓展激活了学生的思维,使学生干巴巴的语言变得丰富,变得生动。

此外,人物细节描写教学还有让学生进行影视欣赏,与原著进行互文对照;精心锤炼,关注语言表达、修辞运用等策略。人物细节描写要关注多元评价,给学生搭建更多展示的平台,让学生在成功体验中掌握细节描写的方法,感受细节描写的奥妙。

参考文献:

[1] 中华人民共和国教育部.义务教育语文课程标准(2011年版)[S].北京:北京师范大学出版社,2012.

[2] 叶黎明.写作教学内容新论[M].上海:上海教育出版社,2012.

[3] 傅登顺.过程性指导与分类修改的习作教学适配策略[J].教育科学论坛,2015.(8).

[4] 王荣生.我国的语文教学课为什么几乎没有写作教学[J].语文教学通讯(B),2007(12).

小学语文阅读教学中关键词语运用的策略研究

浙江省建德市童家小学 王 华

在阅读教学片段中借助关键词进行研读深思,通过教师巧妙地引领学生走进课堂,走进文本,去理解,去感受,去领悟,去体会。笔者认为主要有以下策略:

策略一:借词悟情,促进阅读教学有效实施

在词语教学中,常用的老三样的学习方法,总是脱离了语境,就词解词。而这种单纯的教词方法,只能词是词,文是文。而语文阅读教学中,可以巧妙地结合"词"和"文"的学习,把词放到具体的语言环境中,让词变成抒发情感的工具。借词抒情,促进阅读教学的有效实施。

课 例:《我盼春天的荠菜》教学片段

师:齐读课文第二段,你知道了什么?

生:我很"馋"是因为我很"饿"。

师:很"饿",那时的我以什么来充饥呢? 请你找出这些词语。

屏幕出示词语:

嫩蔷薇枝 才开放的映山红

青豌豆 青枣 青玉米棒子

马齿苋 野葱 灰灰菜 荠菜

师:谁来读读这些词语,大家发现没有,这些东西都是植物,而且是作者小时候吃过的植物。当张洁饥饿的时候,她连自己也没想到她饿得竟连——(生齐读词语)都吃。

师:当她饥饿的时候,她能吃到的也只能是这些植物——(生接读这些词语)

师:这些食物,让饱尝饥饿的张洁有了东西可吃,解决了饥饿。你觉得张洁对这些植物有着一种怎样的情感。

生:喜爱、期盼。

师:饱尝饥饿的张洁,对这些植物,都有着一种特殊的感情。一起再读这些植物的名字——(生齐读这组词语)

案例分析:"馋"是张洁去吃这些野菜的原因,而"馋"的真正原因并不是"嘴馋",而是"饿"。这些植物能填饱肚子,使张洁有着一种特殊的感情,便对春天充满了希望。

在这个阅读片段教学中,紧扣这组词语。通过三次语境的创设,引导学生去反复体验感悟。借助植物名称的词语,挖掘了词语背后流露出的情感,有效地加强了学生对文本的解读和理解。这样一来,整组词语以它们独特的意象进入孩子的精神世界中。读着这些词语,孩子们脑海里浮现出来的,是年幼的张洁吃这些植物充饥的一幕幕情景,当词语被延展成一幅幅鲜活的画面时,也被赋予了情感的温度,也就达到了阅读的效果。

策略二:借词感悟,促进阅读教学有效实施

在阅读教学中,词语的教学是个"软肋"。词语教学总是"千课一律"——认读、理解、巩固,老三样教学。教学仅仅是为了帮助学生"扫清阅读中的障碍",教学方法单一、机械。这样的词语教学缺少了感悟,缺少了与语言环境的融合。

理解文章中的关键词在表情达意中所发挥的作用,可以让我们更轻松地理解文本,促进阅读教学有效实施。怎样才能更好地借助语言文字来感悟和理解呢?在阅读教学中,我们可以抓住关键词,借词感悟,入情入境,更好地理解和感悟,达到预设的效果。

课例:《伟大的友谊》教学片段

师:马克思和恩格斯之间有着一份怎样的友谊呢?

生:他们之间的友谊是伟大的。

师:他们之间有着深厚的友谊,但为什么把他们之间的友谊称作是伟大的友谊呢?(读文理解)

生:他们会互相帮助。

师:你能从文章中找出形容他们互相帮助的词语吗?

生:竭尽全力。

师:你是怎么理解"竭尽全力"的?

生:用尽自己的全部力气。

师:你能用文中的内容,说说什么是竭尽全力吗? 用以下句式:

"当谁怎样时,谁总是竭尽全力地帮助。"说说他们之间的互帮互助,体会友谊的伟大。

生:当马克思流亡时,恩格斯总是竭尽全力地帮助他。

生:当马克思一家一贫如洗时,恩格斯竭尽全力地帮助马克思渡过难关。

生:当恩格斯逃亡身无分文时,马克思竭尽全力地帮助他,从病床上挣扎起来,寄出了自己所有的钱。

生:他们在工作上也是竭尽全力的。

……

师:他们的友谊是伟大的,无论是生活上还是工作上,他俩都竭尽全力地在帮助对方。

案例分析:生细读文章后,从关键词"竭尽全力"入手,结合教师出示的句式,不仅结合语境理解了"竭尽全力"的含义,而且学生能用自己的语言对文章的内容加以整理并表述出来。这个过程就是理解和运用的过程。这个过程实际上是学生围绕"竭尽全力"对文章反复进行感悟研究,更好地理解文本要表达的意图。把文本的内容巧化为学生的语言,这就是一个内化的过程,也是学生对语言文字的一个实践感悟的过程。在这样的基础上,再去引导学生理解和感悟文本就简单多了,理解阅读更是迎刃而解了。

策略三:借词想象,促进阅读教学有效实施

苏霍姆林斯基说过:"要让词深入儿童的精神生活里去,使词在儿童的头脑和心灵里成为一种积极的力量,成为他们意识中带有深刻内涵的东西。"在词语教学中,我们可以通过想象品读来"复活"词语的本来面目,更有效地理解文本,从而促

进阅读教学的有效实施。

课例:《在大熊猫的故乡》教学片段

师:课文中有很多词语非常美,更写出了环境的美,我们来欣赏一下

(出示词语):

苍绿幽静 鸟鸣声声 郁郁葱葱 泉水清清 箭竹茂密 流水涓涓

师:谁来读读这些词语?

师:请你再去读读其中的某个词语,想象一下,你的脑子里出现了怎样的画面?

生:我读"泉水清清",仿佛看到清澈见底的泉水。

生:读着"苍绿幽静",我仿佛来到了郁郁葱葱的原始森林,里边很静很静,偶尔传来几声悦耳的鸟鸣声。

生:我读"鸟鸣声声",好像看到了许多美丽的小鸟在树林里边飞边叫,周围满是清脆的鸟鸣声。

师:读着不同的词语,你的脑子里一定会出现不同的景象。孩子们,学词语就要学会想象,这样就能把词语学活了。

案例分析:教学时,通过指导学生运用写景的关键词语进行情景描述,发挥想象。学生的想象是五彩缤纷的,随着一幅幅画面的逐渐展开,词语丰富的内涵生动地投射到学生的心湖上。在这样的课堂教学中,学生舒展想象,入境地朗读,读出了词语的内涵,读出了自己的情感。在想象中品读词语,更有效地促进阅读教学的实施。

策略四:借词朗读,促进阅读教学有效实施

抓词语品语感,反复读,激发情感。在读的基础上,促进学生对文本的理解和感悟,从而有效地实施阅读教学。

课例:《十里长街送总理》教学片段

师:没有约定,没有商量而动作一致叫什么?(板书:不约而同)

(导读,增强气势,加深印象)

师:(引读)不约而同地——

师:(引读)送别总理,人们不约而同地——

生:(接读)站直了身体。

生:(接读)摘下帽子,

师:(引读)不约而同地——

生:(接读)眼睁睁地望着灵车,哭泣着,顾不得擦去腮边的泪水。

师:(引读)就好像有人在——

生:(接读)无声的指挥。

师:指挥人们行动的到底是什么?(提示:请注意带点的表示动作、神态的词。从这些词中,你体会到什么?)

师:对,正是这种对总理的无比崇敬和失去总理无限悲痛及永别总理的无限眷恋之情在指挥着人们。人们就是以这样的情感来送总理的。

师:带着这种感情,我们再来读读课题;再来读读这个句子。

案例分析:本片段阅读教学过程中通过抓住关键词"不约而同",由教师进行引读,在理解"不约而同"的意思的同时,通过朗读增强学生对文本的理解,引起情感的共鸣,更好地引领学生走进文本,理解内容。在这样的基础上,阅读教学的实施早已水到渠成。

策略五:借词练习,促进阅读教学有效实施

在教学词语时,我们可以设计一些小型的作业,让词语在具体的运用中,通过话题的引领,呈现出它特有的灵性,促进阅读教学有效实施。

课例:《十里长街送总理》教学片段

师:在这十里长街上,百万群众等候着灵车的到来。文章具体向我们介绍了哪些人?

生:老奶奶、青年夫妇、少先队员

师:他们是怎样等待的,请你读一读。

(生读句子,体会写法)

师:读着读着,你的眼前仿佛还看见了谁? 请拿起笔写一写:你仿佛看见了谁,他在怎样等待着。请用上"等待、张望、焦急、耐心"这些词语。

(生动笔写)

交流,反馈。

师:你说,你写的时候是一种怎样的心情,你要表达的是一种怎样的情感?

生:很伤心,很难过。

生:对周总理十分的敬爱。(对周总理的爱戴之情油然而生。)

案例分析:在这片段中,教师根据文中对老奶奶、青年夫妇、少先队员的学习写法,设计了一个模仿练习。在实际的写话练习中,学生通过对词的运用、句的表达、领会文章的中心,体会字里行间流露出的真情。在这样的作业实际和操作中,阅读理解便自然有效地得以实施了。

策略六:借词拓展,促进阅读教学有效实施

在教学中,我们课内知识与课外知识的有机结合,为多重思维的拓展提供了良好的平台。这样的阅读教学,抓住关键词,进行有效地阅读教学。

课例:《孙悟空三打白骨精》教学片段

师:白骨精"诡计多端",请你用三十六计分析一下,白骨精施展了哪些诡计?

(进行讨论整理,结合三十六计的知识,学习课文)

生:"美人计"。

生:"金蝉脱壳"。

生:"离间计"。

……

师:真是计中有计,环环相扣,阴险之至,这就叫作——

生:诡计多端。

案例评析:在话题的设计中,教师抓住了"诡计多端"这个关键词,设计了"白骨精'诡计多端',请你用三十六计分析一下,白骨精施展了哪些诡计?"方案进行阅读教学。教学时,笔者结合了课外知识——"三十六计",对"诡计多端"一词进行解读和延伸,带领学生沉入多重文本,提高知识的整合度,有效地进行了阅读教学。

对文本的理解很多时候都不是在第一时间就能解读成功的。有时,需要层层地深入、剖析,才能逐渐明朗,学生的理解有一个由浅入深、由外而内的变化过程。阅读教学,就是在教师的不断引领下,向着文本内涵不断"进军",直到"攻克"的一

个过程。而抓住关键词,围绕关键词语,在层层剖析中,让学生对词语有更深的了解、认知、掌握,辐射到全文,促进学生更好地解读话题,理解文本。

课例:《落花生》教学片段

师:同学们,在那晚的花生收获节上,"我"有什么收获?

生:懂得了做人要做一个像花生一样有用的人。

师:"有用"? 怎样的人算是有用的人呢? 让我们先来了解花生有什么用吧!

生:榨油,味美,价钱便宜。

师:花生的用途也是"我"今晚的收获,那么"我"还有什么收获呢?

生:学会做人,做有用的人。

师:那么"我"要做怎样的人才算是有用的人呢?(出示作者的简介)

师:你能说说,作者的"有用"体现在哪里吗?

(生对照许地山的生平事迹,分析出怎样的人是"有用"的人)

师:许地山——落花生,他的一生做到了像花生那样"对人有好处""有用的人"。

案例分析:围绕"有用"这一关键词进行阅读教学,要找出"有用的人"并不难,关键是教师如何引导对"有用"一词的理解。学生给出的答案定是:"所以你们要像花生,它虽然不好看,可是很有用。""人要做有用的人,不要做只讲体面,而对人没有好处的人。"这样的答案还是停留在文字的表面,比较肤浅。如何引导学生走进文本,走进作者的内心,去真正了解作者通过文字所要表达的真正的意思呢? 教学时,围绕"有用"一词,采用了层层剖析,层层深入的形式。从花生的作用入手,进行铺垫,再从分析作者的经历入手,理解有用,最后从作者名言入手,通过这三步的深入,让"有用"一词变得不再单调,不再肤浅,更有深度了,更妙的就是借助了"有用"一词,有效地实施了教学内容。

策略七:借词实践,促进阅读有效实施

课例:《荷花》教学片段

师:大家读读具体写荷花形状的句子,并归纳文中描写荷花有哪几种样子?

生1:("花骨朵""饱胀得马上破裂似的""展开两三片花瓣儿""全展开了,露出嫩黄色的小莲蓬"……)

师:先仔细读课文,想想你要表演哪个样子的荷花,再设计好怎样用一只手来模仿,然后表演给大家看,说说这样表演的理由。

生1:把右手举起,五指撮合,伸出了小指和食指,说这是才展开两片花瓣的荷花(小指和食指),其余的还没展开呢!

生2:只是把右手举起,五指撮合,说"我表演的是荷花的花骨朵"。

生3:也是把右手举起,五指微微撮合,说"我表演的和刚才不一样,这也是花骨朵,但'饱胀得马上要破裂似的',你们看,快开了",赢得了一片掌声。

生4:别出心裁,已经在掌心用彩色笔画了嫩黄色的小莲蓬,上来后,把右手举起,五指张开,说"我的这朵荷花全开了,中间还有一个嫩黄色的小莲蓬……"课堂里响起了热烈的掌声。

生5:高举右手,五指张开,可他一会儿向上,一会儿向下,一会儿向左,一会儿向右……对着大家解释说:"我表演的是课本中那句话'一朵有一朵的姿势。看看这一朵很美,看看那一朵,也很美'。"同学们的掌声更热烈了。

案例分析:重视实践运用既是语文学习的基本规律,也是探究性阅读的一个重要特征。换一个角度看,探究的过程本身就是学生对语文知识能力乃至自身的生活经历、认识经验的综合应用。对于课文中描写各种不同姿态的荷花,作者的语言十分准确、优美,但文字毕竟是一种抽象符号,抓住以上词语来教学,同学们在边读、边思、边想象的基础上,用一只右手来模拟荷花的各种形状,把抽象的文字通过实践的表演变为形象的造型,从而对语言描述有了更深的感悟,增强了审美意识,效果自然就大不一样了。

策略八:借词质疑,促进阅读有效实施

语文课堂是最具有生命活力、创造性的课堂,阅读是读者对读物的再创造过程。在语文教学中,引发学生对文本的超越,把学习的主动权还给学生,培养他们的创新意识和主体精神,正是语文学科主体性教学视界中一个耀眼的光点。如在阅读教学中,我们可以预置一些开放性的话题,广开"学"路,充分展示学生的个性。第一,提倡鉴赏性。教师对作品的"释意"不应成为学生"释意"的规定与规范,作为个性阅读,彼此的感受不会是千篇一律的,"一千个读者就有一千个哈姆雷

特"。我们应引导学生怎样去"悟",怎样去多元化地鉴赏。只要是悟之有理、言之有据的见解,我们都要珍视与尊重,鼓励每一位学生喜欢怎样欣赏就怎样欣赏。第二,提倡批判性。要鼓励学生抓住文中词语质疑问难,敢于对教师、教材挑刺。在教学活动的设计中,教师要善于为学生创设质疑释疑的情境,给他们各抒己见的氛围。因为学生提出的问题往往是他们最想解决的,也是他们最爱研究的。

课例:《记金华的双龙洞》教学片段

师:有位同学质疑"能通过一条小船的洞怎么能说是'孔隙'呢? 这里将其说成'孔隙'正确吗?"

生1:我从"仿佛到了个大会堂""聚集一千或是八百人""不觉得拥挤"等描写中,体会到外洞是非常大的。而通向内洞的那个口子,确实小得像个"孔隙"了。

生2:说"孔隙"的小是和外洞相比较的,我也觉得没错。

生3:课文中还有"内洞比外洞大得多,大概有十来进房子那么大"说明内洞更大了,那个通道就显得更小了,真只是个"孔隙"。

生4:其实过"孔隙"的那条船是很小的,课文中说"上船后只容两个人仰卧",所以"孔隙"真的很小。

生5:我觉得主要还有人过孔隙的那种感觉,人仰卧在船底,还会觉得要被山石"擦破鼻子",说明这个通道有多小。

……

师:大家学得很好,说得很对。说它是个"孔隙"是跟外洞的大和内洞的更大比较着说的;特别是作者写人过"孔隙"时那种危险的感觉,更突出了那可真是个"孔隙"了。读书就得这样整体地理解。

案例分析:最好的阅读往往是在学生的质疑之中,教师要有开放的意识,要关注主体的学情;而阅读教学的展开也要依靠学生,教师要有开放的胸怀,相信学生能自己解决问题,教师只是在一旁顺学而导就行了。案例中的学生紧紧抓住"孔隙"一词,在教师开放意识的引导下进行质疑探究,促进阅读教学有效地展开。

通过教学实践,在阅读教学中借助关键词阅读开展教学能充分尊重儿童的学习主体地位,从儿童的视角看问题,帮助儿童在阅读过程中释疑解惑,并且引领学生去自己解决问题,读懂课文,从中实现学语习文、情感熏染的根本目标。但词语离不开具体的语言环境,不能因为重视了词语教学而忽略了文本的语言环境,也不能因为重视了词语而加重词语的理解深度和难度,加重学生负担。总而言之,无论是语言文字的训练也好,人文情感的陶冶也好,词语理解都是一个很好的突破口和切入点。在文本阅读教学中抓住关键词进行研读深思,让词语在语文课堂阅读教学中呈现出更多的光彩。

参考文献:

[1]中华人民共和国教育部.义务教育语文课程标准(2011年版)[S].北京:北京师范大学出版社,2012.

[2] 张海峰.例谈语文阅读话题的构建[J].贵州教育,2006(22):11-14.

[3] 朱文君.一沙一世界 一花一天堂[J].小学语文教师,2006(6):15-17.

"主题日记":第三学段习作教学的
有效策略探寻

浙江省建德市童家小学　王　华

　　习作能力是语文综合素养的体现,它在语文教学中的重要性是不容置疑的。可学生为习作而苦恼,觉得无话可写,无章可循。究其原因,习作与学生生活、学习过程严重脱离,学生无内容可写,形成了"巧妇难为无米之炊"的尴尬局面。特别是进入第三学段,如何让学生继续保持写作热情,逐步提高写作水平,这是摆在高年级语文老师面前的一个难题。仅靠"课内习作每学年 16 次左右"的训练量和整班指导习作的方法是很难达到的。在语文教学中,笔者尝试以"主题日记"的形式,即围绕某一个固定的主题,以日记的形式指导学生进行不间断的记录,对学生常规的作文训练进行有效的补充,从而提升学生习作能力。

一、"主题日记":形式翻新,习作兴趣浓厚

　　"主题日记"习作训练前需先制定好相关习作计划,确定好相关主题,设立好训练的目标要求。然后在教师指导下学生组合成习作小组,围绕主题按梯度、分层次有序连写主题日记。评改阶段先由组内的同学相互交流、分享习作,互动评改,再以教师评点、家长评议留言等方式进行评价,从而达到习作能力提升的目标。形式有如下几种:

(一)个人连载

　　学生围绕某个主题连续性地进行日记练写。每一个主题,学生可根据自己的程度连续完成 3—4 篇日记,基础较好的学生要完成 5—6 篇。这也就避免学生写日记时无话可说的困惑。如指导学生完成观察小动物的日记时,组织学生一连好几天都观察同一种小动物,然后从小动物的外形特点、生活习性、饮食习惯、睡眠等情

况进行观察写作。学生兴趣浓厚,每次也都会有不同的话题内容可写。

(二)小组循环

除了学生个人围绕某一主题连续写日记,教师还可以对传统日记形式加以改进,经常推陈出新,以保持学生连续日记的热情。首先从分组着手。全班学生以小组为单位,一段时间内都围绕某个主题,进行写作。他们共用一本笔记本,每个人将自己的日记完成后依次传看,既监督促进小组同学每天都必须完成日记作业,同时教师批阅后小组间还可以互相学习、传阅,学习小组同学的优秀习作。同时教师还组织小组同学进行互相评改,让他们在互帮互学中得到提高。

(三)全班接力

还可围绕一个主题进行全班接力,待全班学生完成后,便形成一本主题日记集。教师再从中选出优秀习作进行指导、学习、传阅,让学生学会同样写一件事、写一种物,从不同的角度,用不同的体裁来完成,丰富学生习作内容,学到不同的写作方法,一举多得。

二、“主题日记”:缘于生活,习作题材真实

(一)营造自由开放的生活空间

生活中蕴藏着无穷无尽的教育资源。主题日记的首要任务就是把学生带出课堂,走进大自然,走进丰富多彩的生活,让他们围绕主题参与社会实践,让他们拥有自己的见闻、感受,为写出富有个性色彩的习作打好基础。当然生活素材并不完全等同于习作素材,教师需将生活中的教育资源进行筛选、整合、提炼,有机地融入课堂中,激发学生习作的兴趣,丰富课堂的内涵。

(二)激活学生独特的生活体验

习作过程是在不断地内视、发现、理解已有的生活体验,而已有的生活体验也在不断地演绎着习作的生命,学习过程和生活实际构成了一个循环体。学生对生

活的观察和感悟是作文呈现个性化的基础。每个学生个性不同，对生活的体验必然不同。主题日记就是指导学生围绕一个主题进行作文，要引导学生发挥各自的创造性，用自己的声音和性格说话，写出自己独特的生活感悟。同样记一次春游活动，可以写景，可以写春游的快乐，也可以写在春游中发生的事。允许学生对同一题材，有不同的立意；同一中心，有不同的选材；同一内容，有不同的表达。这样，学生的作文就会呈现"横看成岭侧成峰""浓妆淡抹总相宜"的生动局面。

（三）主题确定有浓郁的生活气息

依据《义务教育语文课程标准》，根据学生实际书写表达能力的梯度，把握目标定位，归类主题，从而确定学生书写阶段性的主题。主题确定均来自身边的实际生活。

表1 "主题定向"表

阶 段	主 题	目标定位
第一阶段	校园生活篇	从贴近学生生活的人物着手，记录发生在他们身上的趣事，让学生对写日记产生兴趣。
第二阶段	身边小事篇	略
第三阶段	观察日记篇	学生对写日记产生一定的兴趣后，就要训练自己有意识去观察、记录事物，做生活中的有心人，训练观察、积累、思考，做更进一步的书写表达。
第四阶段	时事新闻篇	略
第五阶段	观读后感篇	略
第六阶段	童话故事篇	以童话连载的形式书写日记，提高学生思维能力和想象能力，培养学生高尚的人格，促进人文品质的提升。
第七阶段	科幻想象篇	略

这些主题日记的写作，首先应当教会学生多注意对生活的观察，留意身边发生的事情。当教师确定一个日记写作的主题之后，也可以带领学生走进生活、体验生活，让学生学会将发生的一些事情与日记主题联系起来，这就解决了学生"不知道日记应当记什么"的难题。如在学习四年级上册《那片绿绿的爬山虎》这篇课文之后，就可以将观察自己种植的一株爬山虎为主题，让同学们将每天观察到的变化，如种子的发芽、长出嫩叶到长大开花等写成日记。当然并非都是爬山虎，教师可以适当调整，通过这种主题日记的方式，让学生养成观察生活的良好习惯，培养出写

作主题日记的兴趣。

三、"主题日记":跟踪记载,习作内容具体

主题日记主题确定后,教师需有计划分阶段地进行目标达成指导,每一次的内容也是具体实在的。

表2 "日记习作"表

时 间	主 题	日记内容	目标达成
第一阶段	校园生活篇	1. 与校园生活中的口语交际相结合。 2. 任选自己校园里的人物作主人公,可以是同学、老师或校园工作人员等。	锻炼了学生联系生活实际,再现真实人物的能力。
第二阶段	身边小事篇	1. 与农村生活中的口语交际相结合。 2. 选择邻里或具有典型形象的身边人物作主人公。	略
第三阶段	观察日记篇	1. 与观察相结合。 2. 养成观察某一物——家禽、农作物等,并做好观察记录。	锻炼了学生观察、记录、思考事物的能力,培养他们做个有心人。
第四阶段	时事新闻篇	1. 与口语、观察力相结合。 2. 关注并认真搜集生活中的信息——身边美化建设、交通突发事件、国际国内重大新闻等。	略
第五阶段	观读后感篇	1. 与阅读相结合。 2. 品读、体会其他人眼中的人物、生活、社会等。	略
第六阶段	童话故事篇	1. 与阅读、想象相结合。 2. 任选(动物、物品等)为主人公,想象它们之间的联系,表现主人公的精神。	锻炼了学生想象思考的能力,培养了学生高尚的人格。
第七阶段	科技想象篇	1. 与阅读、想象相结合。 2. 发挥自己的想象,写出心中美好的设想和愿望。	略

(一)第一、二阶段目标达成指导

在教师指导下学生分成小组后,教师指导学生按目标梯度练写有序主题日记。写一个主题就是写一个完整的故事。在人物出场前,就像我们看到的儿童小说一样,先铺设环境的描写,预设主人公的生活将会是怎样的。

在《校园生活篇(一)》教学时,笔者引导学生首先确定要写的主人公,可以是校园的门卫、食堂的工作人员、清洁工、老师或者是我们的同学;再依据人物身上的显著特点而铺设环境(时间、地点、景物)。人物可以是通过外貌描写或人物言行举止直接出场,紧接着出场的便是跟人物有关联的事件。

当写好一个主题的第一篇日记时,学生就会开始花更多时间和精力,关注自己作品中的主人公,将他们工作、生活中平时不引人注意的事件挖掘出来,成为自己日记中的素材。学生学会关注自己、关注生活,日记就开始不断注入源头活水,永不枯竭了。《校园生活篇》《身边小事篇》的练写中,学生通过连续写这个主人公身上发生的事件,把这个人物身上的精神品质淋漓尽致地表达出来。立足生活,巧妙安排,把握时机,学生很快走上了写"主题日记"这条"道路"。

(二)第三至第五阶段目标达成指导

当学生能把生活中的人物通过文字活灵活现地表现出来,已经基本具备完整再现真实生活的能力之后,教师要指导学生特意去关注生活中看到的事物、听到的事件和阅读文本,去做生活中的有心人,训练其观察、记录、思考的能力,进行更进一步的练写表达。

《观察日记篇》的练写是教师指导学生对日常生活进行经常性的细致观察所做的记录。它可以一日一记,也可以数日一记;可以写成一篇完整的文章,也可以只写一个片段,没有开头和结尾,非常灵活。坚持写观察日记,使学生了解生活,了解社会,积累素材,丰富日记内容,提高了学生的观察能力、分析能力和文字表达能力;因为没有对学生有太多的文字数量要求和题材要求,这还培养了学生写日记的兴趣。

练写《时事新闻篇》,教师需指导学生关注和搜集生活中的信息。素材可以是学生生活中看到的,也可以是广播、电视的新闻报道。学生像"小记者"一样写下真实的事件,并发表自己的所感所想。它是某个事物的连续记载,比如结合身边的新闻案例,抓住时机,让学生每天观看电视新闻。学生通过家喻户晓的真实事件的日记记载,记录事情的原委和自己的所悟所感。

《观读后感篇》的练写是学生阅读一本书,读到哪儿读后感就写那一部分,再读再写,一直把整本书读完。教师指导学生对文本阅读中人物、事物进行再认识和思考,从他人、他物看到自己在学习、生活中的优缺点和心理活动,让学生在日记中分析,在日记中总结,在日记中提高。

(三)第六、七阶段目标达成指导

前几个阶段的内容与学生现实生活息息相关,可以在生活中找到写日记的素材。这让学生首先做到了点滴积累,有了量的积累才能达到质的飞跃。当完成一个又一个主题时,学生自然而然有一种成就感和对学习的热情,自信心增强了,那么从具体到抽象,从简到难、由浅入深的目标就能有效达成了。《童话故事篇》《科幻想象篇》是学生通过合理的想象,连续写篇章。教师首先让学生展开想象的翅膀,确定主题和中心;指导运用拟人、夸张等手法,使日记生动、合理;从想象的合理性中,使自己和同伴受教育、悟道理。

"实践出真知"。基于生活体验的主题日记练写,学生感觉到的不是无病呻吟、瞎编乱造,而是如清泉流水般的情感在日记中流淌。这是日记的自然状态,也是写日记的最高境界。"主题式日记"教学追求的就是这样一种境界。当然,"主题日记"一定要原创,这是主题日记的第一要求。偶尔读到类似模仿的作品,必须问学生后加以证实;其次是真实,即便是原创,内容大大失去真实性的日记由同学们、老师或家长阅读后否定。

四、"主题日记":巧妙组合,写作方法多样

《义务教育语文课程标准》指出:"写作教学应贴近学生实际,让学生易于动笔,乐于表达,应引导学生关注现实,表达真情实感。""易于动笔,乐于表达"成了老师和学生心中的痛。因此,在主题日记习作教学中,实施"有话则长,无话则短""体裁不限,不拘一格"的教学策略。

(一)组合巧妙,形式多样

"主题日记"不同于作文,它在内容长短上没有严格的限制。"言为心声",内容的多少可根据心情而定,但要表达真情实感。因此,学生习作本上既有少于一百字的"微博",也有二三百字的"日记",还有四五百字的"作文"。由于没有了字数的限制,学生没有过多的压力,写起来更轻松些。自然那些赘述的、喊空口号的、矫揉造作的表达也随宽松的政策"销声匿迹"了,取而代之的是自己喜怒哀乐的真实流露。学生的习作本成为孩子们宣泄情感的地方:有和好朋友闹别扭不知所措的"愁",有爸妈离婚的"悲",有欣赏自然的"醉",有身边人对自己不理解的"苦",有受

老师表扬的"笑",有读书带来的"喜"……

(二)体裁不限,不拘一格

整个小学阶段学生接触多种文体的教学:记叙文、说明文、议论文、诗歌、散文、古诗等,多样的体裁造就了语文课本的多彩。为此,我提出了主题日记体裁的多样性,给学生更多的空间,去自由地、放纵地"我手写我心"。比如:散文《特别的散步》、诗歌《家乡的河》、随笔《无私的母爱——读<狼王梦>有感》……多样的体裁,不拘一格的表达装扮着日记本。多样化的表达,让学生的心灵有了自由驰骋的空间,随意的表达、真挚的抒发已把"要我写"变成了"我要写",燃起了学生写作的欲望。

(三)启发重构,创意习作

"主题日记"要发挥学生的想象力,将故事改编,用不同的方式来叙述……使学生的思维不囿于主题。学生的习作会产生新的组接,习作会更有创意。求异是每个孩子探求未知的动力。

"主题日记",学生写的是同一个主题,而日记题材却完全不受限制。学生从真实的生活中去寻找题材,从真实的环境中去寻找感受,在阅读、批改真实的文章中互相学习,共同提高。学生的作文水平大幅度提高,不少同学能写出见解独到、语言精练的文章。也正因为每个学生的感情自然而然地在每篇日记中"倾泻",把自己的心声表达在文字里,学生、家长、老师在评改中引起共鸣,能读懂小作者的心,也增加了彼此间的交流,达到很好的教学效果。

学生习作水平的提高,不是靠语文教师课堂上几十分钟的全力以赴,或是读破一本薄薄的语文书就能达到的。"主题日记"无疑点亮了学生内心渴望表达、乐于表达的明灯,激起了他们思维碰撞的火花,促使他们走向"善于表达"。

参考文献

[1]王建辉."主题式作文教学"初探. [J].中国小学语文教学论坛:全国小语会会刊.2003(11):17-18.

[2]沈大安.小学语文教学案例专题研究[M].杭州:浙江大学出版社,2005.

[3]窦桂梅.窦桂梅与主题教学[M].北京:北京师范大学出版社,2006.

[4]周一贯."儿童作文"教学论[M].宁波:宁波出版社,2007.

[5]朱水根.小学作文教例剖析与教案研制[M].南宁:广西教育出版社,2005.

小学语文中低段童话课文教学
有效性策略探究

浙江省建德市新安江第一小学 蒋雅斐

童话已经成为一种面向儿童的主要文学体裁,并在人教版小学语文教材中占了相当大的比重。以人教版小学语文课本为例,童话体裁的课文在低年段约占25%的比例,在中年段也达到约8%的比例,可以说童话教学是小学语文教学尤其是中低段语文教学的重要组成部分,须引起足够重视。

一、童话文体教学的缺失

中低段儿童都喜爱读童话,但对于童话课文的学习却并不热衷。若把童话视作是让生识字写字、接受教育的载体,和其他任何一篇课文一样,并没有把童话当作童话去教,那就忽略了编者编入童话的另一种意图——唤起孩子们阅读童话的欲望,并在阅读中发展学生的想象能力。主要表现为:

1. 对童话文体特征的忽视。不少老师意识到童话与平常课文教法的差别,按平常课文教学方法进行教学。

2. 对儿童想象力培养的缺失。老师注重课文朗读、内容分析,甚至思想教育,却对最重要的儿童想象力的引导做得远远不够。

3. 偏重知识灌输,忽略个性化阅读。"一千个读者就有一千个哈姆雷特",同一个童话不同孩子来读,却不能读出不同的精彩。阅读理解的个性化严重缺失。

4. 童话教学理论知识的疏忽。总以为童话是幼稚的,浅层的,易懂的,只适合小孩子看的,连童话教学方法的理论知识也鲜有老师重视。

二、中低段童话课文教学有效性策略探究

(一)听听故事,描绘形态,融入情境

童话课文语言总是生动活泼、富有儿童情趣的。中低年级的学生又是天生的幻想家,可依据他们爱幻想的特点,在整体感知课文时,配上音乐、图片,描述故事内容,用听录音朗读课文,或者教师自身朗读水平好的可绘声绘色地认真读一遍课文,请孩子们专心静听。这样,运用描述的表象进行直觉的形象思维,引导儿童通过联想走进童话中的幻想世界。

1. 创设情境,为孩子营造童话的美丽花园

创设情境,快速为孩子搭建童话的世界,引领我们的孩子走进童话的美丽花园。

例:《风娃娃》的导入部分

(1)猜谜激趣:云儿见它让路,小树见它招手,禾苗见它弯腰,花儿见它点头。孩子们,猜猜看,它是谁?("风!")

(2)揭题:今天,我们认识的新朋友就是来自风家族的一位小成员——"风娃娃"。(师板书:风娃娃)"风娃娃长着一张胖乎乎的小脸蛋,一双圆溜溜的大眼睛,真可爱。"(师边叙述,边板画"风娃娃"图像)

(3)读题,问:想和风娃娃交朋友吗?那就和风娃娃打个招呼吧。

(有趣的谜语及可爱的画像都是小朋友最喜欢的,一下子拉近了孩子们和"风娃娃"的距离)

2. 浸润童话世界,让孩子不带任何压力

童话教学中一个很值得关注的问题就是要保证故事情节的完整性,不能忽略了篇的重要,要注意让学生在整个童话故事的空间里去思考。学生能站在全文的角度来思考,故事也就会以一个完整的形象根植于学生的心中。

无论是低年段的《美丽的小路》《夏夜多美》《两只小狮子》等,还是中年段《巨人的花园》《小木偶的故事》等,无论是教师深情并茂、绘声绘色地朗读,还是静静地听录音配乐的完整朗读,对初学课文的学生来说都是一个重要的感性的体验,省略不得。

3. 插图、配乐等辅助教学手段的使用

童话课文往往具有很强的故事性和画面感,而童话课文中连环画插图也不少。例如:《雪孩子》《小熊住山洞》《小壁虎借尾巴》《小蝌蚪找妈妈》《酸的和甜的》,这些五彩缤纷的连环插图为童话故事增色,也增强了直观性。在教学时,注意引导学生观察插图,学生观察图画的过程中,势必要仔细研读文字,思考童话要表达的意思,融入理解,从而进入情境中。另外,在听故事时,或在故事重点部分教学时,好的音乐也能促使学生身心投入模拟的情境中。

(二)读读背背,品味语言,内化成诵。

著名特级教师薛法根说过,文本的语言有三个层次,一是适合现时儿童交流的伙伴式语言,学生能听懂也能自由运用表达;二是适合儿童发展的目标式语言,学生经过学习、模仿就能学会的语言;三是适合文学作品的精粹式语言。童话的语言描绘了童话中如诗如画的情境,塑造了童话中鲜活的人物形象,童话的语言像童话的故事情节一样具有魅力。教师有意识地引导学生通过各种方式来学习、体会童话的语言,学生对童话这种体裁的表达方式会有更多的了解,也有利于学生品味语言能力的提高。

1. 角色朗读,品析童话语言特点

童话是一种角色作品,"角色"是指童话作品中的各种各样的"人物",所以童话朗读可多采用角色朗读,角色朗读时要读出"人言物语,鸟鸣虫喝"及神话般的奇丽,特别要读好角色是"怎么说"的。

(1)有强烈代入感的。例:《两只小狮子》片段。

①一只小狮子整天练习滚、扑、撕、咬,非常刻苦。②另一只却懒洋洋地晒太阳,什么也不干。③一棵小树问懒狮子:"你怎么不学点儿本领啊?"懒狮子抬起头来,慢吞吞地说:"我才不去吃那苦头呢!"小树说:"那你以后怎样生活呢?"懒狮子说:"我爸爸和妈妈是林中的大王,凭着他们的地位,我会生活得很好!"

第①部分教学:

A. 指名读。

B. 贴出"滚、扑、撕、咬"四幅图片。

C.请四个学生把"滚、扑、撕、咬"四个字贴到相对应的图下。(引导学生把图和词相对照,理解这四个动词的意思)

D.指导学生朗读这一句,这四个动词要读得清晰,词与词之间要注意停顿。

E.学生再练读,边读边想象小狮子练功的情景。

第②部分教学

A.指名读。

B.看图说说这只小狮子的样子。

C.请学生表演"懒洋洋"的样子,并把"懒洋洋"这个词贴到黑板上恰当的狮图上。

D.看着图,把懒洋洋的样子读出来。男女生对读,把两只小狮子的不同表现读出来,边读边加上动作。

第③部分内容以读代讲的形式灵活运用,自由读、指名读、赛读、组内合作读、分角色读,读还要有重点,特别是最后表达情感的句子,一定要多读,并且读中有指导,例如:读对话,读出疑问句的语气,读懒狮子的话,要加重词调。

像这样有强烈代入感的课文朗读,在中低段的许多童话课文教学中可以得到运用,如《春雨的色彩》《陶罐和铁罐》《小柳树和小枣树》等。

(2)区别角色语言不同的。例:《巨人的花园》巨人语言教学片段。

师(出示句子):自己小声读一读,有什么发现?

生:每句话中都有一个感叹号。

师:她发现了每句都有感叹号。知道为什么吗?

生:开始的感叹号说明他心情急躁,说出的话也很粗暴。下面的感叹号说明他的心里很诚恳,很诚心地谢谢那个小男孩。

师:你体会到他心情变化了,那么老师还想问,前面你说他的语言很粗暴,两次粗暴一样吗?

生:我觉得不一样,一开始纯属粗暴,后一次说滚出去,如果再联系一下课文的话,发现他还是有点疑惑的。

师:说得特别好,你能读一读吗?(生读)

师:从你的朗读中老师感受到了巨人的心情变化,如果让小木偶像巨人那样说话,巨人像小木偶那样说话,你觉得这样可以吗?

生：不可以。

师：说说你的理由。

生：让小木偶像巨人那样说话没有粗暴感，巨人像小木偶那样又没有着急的感觉。

师：老师想告诉大家，在写人物的语言时，要注意符合人物的特点、人物的性格。

2. 读读背背、内化成积累

在朗读的基础上，要熟读成诵，即读读背背。背诵，是积累语言的好方法，背诵是学习言语的方式，背诵是学习"怎么说"，背诵是内化他人语言为自己的语言，活用经典语言离不开背诵。

例：《盘古开天地》第四段教学：

这一段语言非常有特色，语言中所描绘的画面感，暗示了学生的想象性阅读和背诵方法。可先引导学生关注段落中的特点①总起句；②偏正结构的短语的运用；③变化的动词；④描写盘古身体变化时的整个句式特点；⑤标点符号。

再让学生试着背一背。

（三）说说演演，说明结构，演出体验

不同作者笔下的童话有共性也有区别，共性便是幻想这一本质特点的存在，而区别点在于不同作者的不同表现特点，比如文本的结构。在课文中，一个词语、一个句子、一个段落，都有自己的表达方式，都有自己的结构。比如词的结构有主谓、并列、偏正式等，句子结构有主谓宾定补状，还有句型、修辞、句子关系等，自然段结构有总分、因果、并列等，文章结构也有并列、总分、对照、顺承等。

1. 读读说说，体会词语、短语结构

在低年段童话课文的课后练习中，出现了大量的读读说说、读读写写等有关词语、短句的练习，教师切不可错过机会，让学生直面感受词语的结构。

例：《雪孩子》（动词、形容词的并列结构）

又唱又跳　　又细又长

又__又__　　又__又__

《小熊住山洞》(从单字到词语到短语的过渡)

束 一束束 一束束美丽的鲜花

个 ＿＿＿＿ ＿＿＿＿＿＿＿

《夏夜多美》(叠词,节奏美)

青青的假山 青青的

2.说说、演演故事,生发整体结构意识

童话故事结构主要有以下三种:

①重复法,即故事中的几个情节相似,如《纸船和风筝》《去年的树》《泉水》等。

②对比法,即故事中的两个情节成对比关系,如《小柳树和小枣树》《美丽的小路》《小白兔和小灰兔》等。

③时序法,即以时间为顺序安排故事情节,《丑小鸭》《巨人的花园》等。

(1)说故事:

例《纸船和风筝》课后练习:

"我要把这个故事讲给妈妈听。"

使学生在说这个故事中体会到:

A语言的简洁。

B情节的反复,如"纸船漂呀漂,漂到小熊的家门口""风筝乘着风,飘呀飘,飘到了松鼠家门口""小熊很难过;松鼠也很难过"。为什么多说了一个"也"?

C故事的波折。

(2)演故事:

例《泉水》第2—5教学片段:

①师:默读第二段,泉水来到哪里用横线画出,看到什么用曲线画出,说了什么用波浪线画出。

②集体交流。

③朗读指导,读出泉水快乐、激动的心情。

④口语交际:如果我就是山里的姐姐,你就是泉水,你怎么邀请我来打水,师生交流,生生交流。

⑤总结学法:画—读—演

⑥引导学生运用画、读、演小组合作学习,类似段落3—5段。

⑦拓展运用:叮咚的泉水还会流到哪里? 一路上他还会看到些什么? 为大家做什么?

泉水流到＿＿＿＿＿＿＿(什么地方),＿＿＿＿＿＿＿(遇到了谁),泉水说:"＿＿＿＿＿＿＿＿＿。"

文章在这几段中使用的重复结构师生通过表演充分得到了解。

(3)单元整组式的结构总结。(四(上)第三单元)

课 题	主 角	情 境		事 件		结 局
		时间	地点	主要问题:开始发生了什么事?	故事经过:接下来发生了什么事?	
《巨人的花园》						
《幸福是什么》						
《去年的树》						
《小木偶的故事》						

3.说出好奇心,演出创造力

在许多童话的课后都安排了重点练习,以培养孩子的说话能力,并激发孩子好奇心和求知欲,可围绕这些练习和思考,生发出让学生说的内容,并体会童话的幻想魅力。

例:《风娃娃》风娃娃,我知道人们为什么责怪你。

《小鹿的玫瑰花》为什么说小鹿的玫瑰没有白栽?

《我是什么》你在生活中看到过水在变吗?

《回声》你听到过回声吗? 是什么时候听到的?

《丑小鸭》丑小鸭这时候会想些什么呢?

爱表演也是儿童的天性之一,童话课文中有许多篇类似剧本,非常适合表演。如《陶罐和铁罐》《酸的和甜的》等在课后练习中都提出了表演的建议。在表演中,儿童能更主动地去理解文章,把握形象,充分感受童话文学的形象美,同时又在特有的情境中进行了生动的言语训练。

例《幸福是什么》表演课本剧:

在学完这课后,课后有一练习"我想和几个同学合作,把课文内容演一演"。

①分角色朗读。

建议:在这个过程中,要对学生的眼神、语气做指导,为演做好准备。

②学生排练,教师巡视。

③汇报演出。

四年级的学生演课本剧,可添加许多丰富的想象元素,能将文中的三个孩子是怎样寻找和认识幸福的过程更清晰地展现。在孩子们揣测表演技巧以及理解角色心理的过程中,也能促进他们的心理素质、社交能力和创造力的发展。

(四)写写编编,绘出梦想,织出神奇

中低段学生思维发展处于想象力"敏感期",在童话故事中,喜欢加入大量的想象,有为文本的主人公打抱不平,也有对其行为的质疑,还有对故事的发展的"期待"等。在教学中根据这一特点,可因文本而异,让学生仿写、补白、续编或改编童话,这样既引导学生体会童话的情节美,也有助于学生丰富词汇,培养学生的表达能力,发展想象,培养学生的创新思维。

1. 仿写词句

仿写是仿照例子写句子或者短语。低年段的仿写从字词和短语开始,名词对名词,形容词对形容词,词性对仗工整,忌话题脱离,结构不一。

例:《从现在开始》

神气极了　荡来荡去　立刻喊起来

可怕极了　跑来跑去　立刻欢呼起来

　　极了　　来　去　立刻

2. 课文补白

在进行童话课文的教学时,要充分挖掘课文资源,尤其善于抓住故事的"空白",利用课文的"留白",创造性地让学生填空白之处,拓展、丰富文本的内涵与意蕴。

例:《去年的树》

"唱完了歌,鸟儿又对灯火看了一会儿,就飞走了。"

这时候,鸟儿会怎么想呢?

这里的"又对着灯火看",千言万语,百感交集,可顺此引导学生走进想象的神奇世界。

学生补白可以从复述部分故事情节、鸟儿内心心理活动等方面入手。

3. 改编或扩写故事

经典童话千古流传,童话形象、故事情节都已基本定型。教师可以引导学生根据已有的童话形象和基本故事框架重新改写,或沿用经典童话的结局重新构思续写故事情节。

扩写童话故事就是启发学生将所提供的原来比较简单的片段,通过合理的想象,将它扩充成内容具体生动的童话故事。

4. 续编童话

续编童话故事可以有效地培养学生的想象能力和语言表达能力。

如在教学《丑小鸭》时,充分利用文本,设计了两个想象写作练习。一是在丑小鸭被迫离家出走时,给家人写一封告别信。二是在丑小鸭变成天鹅之后,让学生写一封报喜信。要求学生通过对故事的解读,进行角色的换位,用朴实的语言写出自己的感悟。然后指导学生结合自己的想象续编童话故事。

5. 写感受

写感受一般来说在高段语文教学中比较常用,在中低段也可以尝试着让学生简单说说写写自己对童话的思考和受到的启发。

例:《陶罐和铁罐》

读了这个故事,我想到了……

学生思考故事得到的启发。(每人都有长处和短处,要看到别人的长处,正视自己的短处)拓展延伸,联系生活中的事情。(知道实践,做个谦虚、不骄傲,汲取别人长处的孩子)

参考文献:

[1]中华人民共和国教育部.义务教育语文课程标准(2011年版)[S]. 北京:北京师范大学出版社,2012.

[2]李怀源.童话教学一二三[J].小学语文教师,2009(10):12-14.

[3]孙建国.儿童文学视野下小学语文教学研究[M].北京:光明日报出版社,2013.

[4]汪潮.低年级科普童话怎么教[J].小学语文教师,2011(10):4-5.

感悟成长篇

用"课文"来教"语文"

——由《与象共舞》磨课经历想到的

浙江省建德市大慈岩中心小学　余晓玮

王崧舟老师曾说过这样一句话:"磨你千遍也不厌。"一直以来,我无法领悟其中的内涵。今年5月,我有幸代表学校参加建德市小学语文青年教师优质课评比,经历了凤凰涅槃般的磨炼,真正体悟到这句话的含金量。这次执教的是人教版五(下)第八单元的《与象共舞》,是篇略读课文。在近一个月的四五次磨课过程中,我对自己的许多观念进行了大刀阔斧的修改,并带着全新的设计走进课堂。这是一个自我提高、自我成长的过程。

备课历程:经历凤凰涅槃般的磨炼

因为学校要先进行初选,推荐一位参加赛课,所以只给大家三天时间准备。考虑再三,我决定上略读课文,一课时完成,看了下所任教的五年级下册,《与象共舞》这篇课文有浓浓的异域风情,而且大象聪明有灵性,孩子们一定也喜欢,于是就决定上这一课。想着略读课既体现从整体入手,又有重点环节的细读原则,做到"粗中有细""略中有精",于是匆匆设计了第一稿教案:

1. 介绍泰国是"大象之邦"。

2. 初读课文,检查字词,概括每个自然段段意,初知课文大意。

3. 切入学习第五自然段"共舞"部分,通过移情体验、有感情朗读感受人与象的亲密和谐。

4. 总结课文,仿照课文总分结构写一段话介绍泰国的大象。

试教下来后感觉很糟,概括自然段的段意就花了很长时间,显然是指导方法不到位;孤立地学习"共舞"部分,没有回到整篇课文,使学生只对人与象共同舞蹈的欢乐、亲密无间的表面情景有所体会,但对人与象之间像战友共同作战、似朋友亲密无间、有灵气会开玩笑、是国宝和谐共处的情感没有深入体会,主要是缺少前面四个自然段的学习;而且后面仿照用总分结构介绍大象,由于没有前面对总分段式学习的铺垫,显得有些突然,写话时间也不够。总之,问题一大堆,最重要的是没有关注阅读能力的培养,只为了教课文而教课文,课堂教学效果令人不满意。

痛定思痛,经过同伴一通劈头盖脸的批判之后,我沉下心来,反复地读《与象共舞》,细细琢磨文本的秘妙所在:这篇课文的语言特色是什么? 略读课文是精读课文的有机延伸,是将精读课文习得的方法进行实践运用,本课教学中如何体现? 通过这节课的教学我要留给学生什么"语文"的东西? 于是,一番绞尽脑汁后我又对教学设计进行了"大手术",第二稿教学设计出炉了:

1. 谈话导入,着眼"异域"。

2. 浏览课文,说领略到的泰国风情,借助《威尼斯的小艇》第四段先概述后分述的写法概括自然段意和主要内容。

3. 课题切入,精读第五自然段"共舞"部分,体会人与象的亲密无间。

4. 小组合作探究:1—4自然段和"与象共舞"有什么联系? 理解"与象共舞"的深层含义,用先概述后分述的方法来写一写人与象和谐共处的情景。

5. 推荐阅读《与象共舞》一书,延展泰国其他"风情"。

这一次试教下来,许多环节得到了大家的认可:引导学生借助前面一课《威尼斯的小艇》第四段先概述后分述的写法概括自然段意和主要内容,关注了学习方法的指导,培养的是学生的阅读能力;在精读第五段"共舞"的基础上小组合作探究1—4段和"与象共舞"的关系,对课题含义的理解有一定帮助;用先概述后分述的方法写一写人与象和谐共处的情景,既是对段式写法的巩固运用,也是对课文场景的有力营造。但问题还是存在:如果要借助《威尼斯的小艇》第四段的写法来概括段意和主要内容,那借班上课时还要先把《威尼斯的小艇》这一课也去上了;"共舞"部分的学习总缺少那么点情趣,课堂上异域风情还不够浓厚;小组合作探究的有效性有多少,而且"1—4自然段和'与象共舞'有什么联系?"这种提问方式也不是很好;课堂上有明显的赶超现象,显然这些地方都值得细细推敲。

于是,我再度陷入困惑。再次捧起课本,再次查找资料,再次陷入沉思,白天是"与象共舞",夜晚是"与象共舞",就连做梦也都是"与象共舞"。课文只是学语文的

"例子",是可以替代的。我们可以用这一篇课文来教这些语文知识、方法,也可以换一篇课文来教这些语文知识、方法。那么《与象共舞》要给孩子们的是什么? 教学要贴近文本,贴近学生,必须抓住文本的秘妙之处。

经过对文本的再度细读,我修改了教学设计,将借助《威尼斯的小艇》第四段的写法来概括段意改为自己发现写法特点、总结概括方法,关注的是学生自主学习能力的提升,而不是跟着教师走;通过理解课题的字面意思,将假设自己来写这篇文章会写些什么,与作者的写了什么进行对比,体会课文写法上的特色;精读第五自然段后,回读前四个段落,体会"与象共舞"的深层含义。经过细细琢磨之后,最后定稿为:

一、谈话导入,初读课文,说说领略到的泰国风情。

二、整体感知,领略"风情"。

1. 从课题切入,理解字面意思,换位思考:如果我来写会写些什么。

2. 引导概括第一、第二自然段的段意,发现先概述后分述的段式特点,总结借助中心句概括段意的方法,并运用此法概括第三至第五自然段的段意,串联中心句概括主要内容。

3. 通过对比,引导发现本课的写法特点:只有最后一段写了"共舞"。

三、课题切入,精品"共舞"。

1. 重点研读写大象跳舞的语句,通过有感情朗读、场景再现、移情体验等方法体会大象跳舞的情趣。

2. 重点研读人与象共舞的情景,通过想象说话,让学生分别把自己当作大象、人群,创造气氛朗读,体会人与象的亲密无间,理解"与象共舞"的深层含义。

3. 回读1—4自然段,交流人与象之间亲密无间、和谐共处的场景。

4. 播放人与象和谐共处的图片,用先概述后分述的方法来写一写。

四、推荐阅读赵丽宏的《与象共舞》一书,延展"风情"。

课堂演绎:收获不曾预约的精彩

赛课那天,课上得比较成功,课堂上洋溢着浓浓的泰国风情,师生完全沉浸在人与象的那份亲密、和谐之中。听课老师也一致认为:这是一堂扎实有效的高段语文课,特别是能在概括段意、主要内容时肯花这么长的时间,且有具体方法的指导,值得肯定,因为学生从中获得的是一种能力。我认为,这节课的成功,主要是理念的成功,从习作本位的角度出发,设计整节课,以"如果你来写这篇文章会怎么写"这一问题来贯穿整课,引发学生从怎么写的视角去学习课文,发现本文的写作特色——"与象共舞"一语双关,最后一段点题升华。在关注篇章写法的基础上又引导学生关注段落先概述后分述的特点,并引导借助中心句概括段意、主要内容。这就避免了在"写什么"的问题上纠缠不清,对学生语文素养的习得是极有用的。略读课文的教学很容易出现两极分化,要么蜻蜓点水,粗枝大叶地什么都学,又什么都没学好;要么像精读课文那样细讲细读,什么都不肯放。在这一点上,我自认为处理得比较好:以精读重点段"共舞"部分来带动其他四段的学习。

但也存在一些问题,比如怎样创设一个更有吸引力的磁场,让学生完全沉浸于人与象和谐共处的情场中。再如怎样通过教师的引导把学生的思考引向更深入。一堂课的结束,其实是一个研讨话题的开始,是我们思考的开始。

教后反思:实现用"课文"来教"语文"

都说数学清清晰晰一条线,语文模模糊糊一大片。语文课怎么上真是仁者见仁,智者见智,说法各不相同。这次赛课,最大的收获不是获了什么奖,而是我对课文的处理有了切身的体验,对语文教学有了更深的理解。好课是磨出来的,不是一两个星期的磨,也不是一两个月的磨,而是一辈子的磨。好课缘于好的设计,好的设计不是照搬过来的,不是大家拼凑的,而是自己琢磨出来的。总归一句话:越读书越觉得自己学识浅,越上课越觉得自己道行浅。回顾三次磨课全过程,我切实感受到,语文教学要实现华丽的转身——从教课文到教语文,是那样的艰难,那样的痛苦——那是对昨天自我的全盘否定之后的转身!

(一)有舍才会有得

以前,我更多关注的是怎么教,一篇课文什么地方都舍不得落下,通通要说要学。现在,我觉得教什么比怎么教更重要,因为一篇课文不等于教学内容,要学会取舍。怎样选定教学内容? 赵镜中先生告诉我们:首先要依据课文合理开发课程内容。这篇课文究竟要教什么,教师要非常明确。现在每一篇课文除了生字新词,其他应该教什么,课程内容是不清晰的,所以,老师对语言的敏感度、对课文的写作特色的捕捉提出了更高的要求。一句话:要捕捉文本的秘妙之处,要上出课文的特色来。比如《与象共舞》共五个自然段,从结构上来说是并列的。这样的课文上起来我们经常会犯一种面面俱到的错误,所以需要对课文内容进行大胆取舍。比如我舍去了前4段的教学,只选取与课题紧密联系的重点段——第五段来学习、感悟,从而体会人与象和谐美好的主题,牵一发而动全身,这就是"用教材",取舍之间彰显的是智慧。而且从教学效果来看,这种取舍无疑是准确的。一堂课时间有限,如何让学生在有限的时间里得到更多的收获,关键在于教师的取舍。第二,要根据学生的特点合理地选择课程内容。一篇课文可以选择的语文课程内容很多,这需要教师自己去选择。现在我们的语文课教的内容往往太多、太散,教师解读文本时认为有价值的都要教,但都是教过,不求教会。所以要根据自己班里学生的实际需要确定教学内容,以学定教,顺学而导很重要。第三,依据认知规律有效设计教学流程。要教会学生,其教学流程应该是"认识领会——实践运用——反思总结"的过程。语文知识的教学、语文学习方法的教学都应该这样设计教学流程。在《与象共舞》这一课中,我就设计了先让学生自己概括一、二两段的段意,引导后发现先概述后分述的段落特点,总结借助概述部分的中心句概括段意的方法。然后运用这一方法快速概括后面三个自然段的段意,串联段意概括主要内容。最后让学生运用先概述后分述的写法写一段人与象之间和谐共处的画面。这样的学习过程就是依据学生的认知规律科学设计的,效果自然好。

(二)用"课文"来教"语文"

教课文,就是把课文的内容当作教学的主要目标;而教语文,是指以课文为"例子",指导学生掌握语文知识和语文方法。如今教学要求我们从"教课文"转向"教语文"。语文教师应该是"用"教材来教"语文课程"的"教学内容"。那么以前的阅读教学普遍重视内容,文章的内容是人人都看得见甚者理解的,而"文章怎么写,为什么这么写",是学生最容易忽视的地方,也是我们教师很少涉及或者根本就不涉及的地方,但它又是课文"语文性"最强的地方,最具体的地方,也是我们学习这篇课文最重要的地方。这对于大多数人来说当然是一个"秘密"。

任何一篇文章的学习都是学生语文素质形成体系中的一个链条，我们不能仅仅只是教一篇课文，获取这篇文章中的知识，我们应该以这篇课文为例子来教语文。《与象共舞》要给孩子们的"语文"是什么？是概括段意、主要内容的一种方法，是学习略读课文的方法，是语言文字的运用。所以，课堂上我们运用较多的方法是以默读为主，采取多种阅读的方式：跳读、浏览、略读，当然也有"共舞"部分的精读。我们重视个人对阅读的理解，重视文与文、书与书、书与人之间的联结。教学时，我们始终想着把学生作为一个阅读者，想着他在真实的阅读过程中，应该练习掌握哪些技巧、策略，才会对提升他的阅读能力真的有帮助。因此教学设计主要是站在一个阅读者的立场来思考的，例如：一位真正的阅读者，为了掌握文本的内容，在阅读前会做什么来帮助自己更容易理解将要阅读的文本；进行阅读时，如何恰当地运用策略掌握文本的内涵、对文本进行赏析，或是以自己的观点响应文本；至于阅读后，则引导学生进行自我反思，在这次的阅读活动中，采取了哪种策略来帮助理解。因此课堂教学的重点，不仅是读懂作品的内容，学会了文本中的相关语文知识，更重要的是怎么读懂一篇文章，怎么去欣赏一篇文章。

感谢这次赛课，让我有机会直面自己的教学，剖析自己，批判自己，从而在纠结、疼痛之中更新自己的教学理念，提高自己的教学水平。

阅读是一场静悄悄的储蓄

浙江省建德市大慈岩中心小学 余晓玮

人生有两大幸福:一是做自己喜欢做的事,做得让自己满意;二是和自己喜欢的人在一起,给他们带来欢乐。

我的这两大幸福,皆因阅读而得。

阅读之于人生,可以说是一场静悄悄的储蓄。所谓静悄悄就是不经意、自然而然、潜移默化。不论你愿意与否。

虽然整个小学时光,回忆起来也只读了几本小人书,一两本《作文大全》,但就因为这少得可怜的阅读,让我尝到了作文在县里获奖的甜头。之后对阅读的热爱超过了对电视剧的期盼。初中三年,我在《故事会》中静悄悄地,储蓄着最原始的文学养料。

晚饭后,带上一本笔记,伴着寒暑暮色,于清风之中,朗月之下,泡在阅览室两个小时,这在我读师范期间是经常性的活动。《茶花女》《呼啸山庄》《简·爱》……我遨游在书海中,如久旱的枯苗,贪婪地吸吮甘露。我透过微黄的纸页看到铮铮的中国男儿周树人,以"寄意寒星荃不察,我以我血荐轩辕"的气概,用他手上尖锐的笔写下对一个民族的呐喊;我看到永葆童心的三毛,用"一个人至少拥有一个梦想,有一个理由去坚强"的原则走遍世界,把撒哈拉沙漠变成她稿纸上朴实而闪亮的星星,被执着的心牵引着在石头上创造世界;我看到瓦尔登湖畔的梭罗,凭"深深地扎入生活,吮尽生活的骨髓,过得扎实,简单"的期望,把心融入自然,把自然放在笔下。大把的自由支配时间,弥补了我义务教育九年阅读浅陋的缺憾,静悄悄地储蓄下了对爱、对理想、对人生更为丰盈而成熟的理解。

上班,结婚,生子。工作上的忙碌,柴米油盐中的琐碎,当纷扰的生活让人惶惶不安,茫无头绪时,我烦躁,我迷茫,我痛苦,甚至有时,我觉得我就是没有思想、没有灵魂的机器，我在习惯性地应付一切。我想逃离，寻一方静土。

于丹说，我们关注外面的世界太多，关注个人的内心太少。庸常的生活，外面世界的是是非非容易让人魔性滋长。余秋雨先生选择栖身深山密林，让疲乏于尘世的生命熨帖在清静孤寂的中正图书馆。朱自清先生在心里颇不宁静时邂逅了那一池的荷花，那静静如流水的月光，那月光辉映的荷塘。品悟最高的，莫过于李开复。不回避外面的世界，不刻意筑建凡尔登湖畔的小木屋，身在纷纷扰扰中静听清晨笃笃的敲门声，沏一壶茶，看云卷云舒。

慢慢地，我明白了，所谓的静，不在于身，而在于心。

重拾书香。阅读让我安下心来，建立起生活的条理。宁谧的夜晚，我为在这样一个浮躁的社会，自己守住了一颗恬静的心而有些许的自豪。读书让人不俗。任世事浮沉，我只愿做一个读书人。任世人笑我痴，讥我傻，我自策马啸书林。

而此时阅读所带来的快乐，更多缘于与儿子一起共读。我们与《逃家小兔》一起《猜猜我有多爱你》，我们驾着《神奇校车》去看《查理和巧克力工厂》，我们在《蓝色的海豚岛》幻想《假如给我三天光明》。透过桑桑的眼睛，我们同看世间冷暖，共品五味杂陈；跟随当年明月，我们一起坠入明朝的历史长河中……书香渐渐浸润彼此，充盈一家三口的茶余饭后。阅读丰盈了情感储蓄，丰富了生活储蓄。让人欣喜的是，这三四年时间里，我的几篇文章相继在各级期刊发表；儿子的作文也屡见报端，屡获小奖。

周国平说，人生最好的境界是丰富和安静。安静，是因为摆脱了外界虚名浮利的诱惑。丰富，是因为拥有了内在精神世界的宝藏。

而储蓄下安静和丰富的，正是阅读。

记得一定要"用心"

浙江省建德市寿昌第二小学 陈伟平

很喜欢全国劳模李素丽的一句话,"认真做事能把事情做对,用心做事能把事情做好!"感觉唯有用心去做事了,才能把事情做得尽善尽美。

为此,我习惯把这话送给我的学生,我希望我的学生都能从小事做起,认真把每件小事做对的同时,用心把每件事情做好。

上午第一节课下课,从教室回办公室,在走廊遇 学生,挺文静的一女孩,她轻声叫了一声老师好,我习惯性地回了一句你好,然后便擦身而过。她赶上来,问了一句:"老师,我能问你个问题吗?"她眨着眼睛。"行呀!你问就是!"我停下脚步。"你经常和我们说,认真做事能把事情做对,用心做事才能把事情做好,你能举例和我说说,什么是认真,什么是用心吗?"对于这一问,我愣住了。"如何回答呢?……"无意间瞥见了她头上的蝴蝶结,灵机一动,"你早上戴蝴蝶结的时候,很仔细、很小心地把它戴在你的头上,这就叫认真。你在戴蝴蝶结的时候,还要照着镜子,找出摆放最好看的位置和姿势,把蝴蝶结戴好,就像你现在戴起来,很美,这就叫用心!"学生似懂非懂,我也算如释重负。

回办公室,细想,何为用心呢?

我想为人也好,做事也罢,用心者首先必须"有心",必须让心灵、让灵魂在场,否则,一切活动便成为"无心"之作。没了心灵的参与,交谈成了空洞的措辞,交往成了固定的程序,尊重成了虚假的空壳……没有了心灵,谈何有情有义,没有了心的行为,谈何观照与自在,虚伪、造作自然应运而生。

用心方能生智,为此,用心者,一定是在用自己智慧、灵气在运作。想起《浮生六记》里面的内容。芸娘和丈夫喝着粗劣的茶叶时,便在思考如何才能让粗劣的茶叶变得不粗劣。为此,芸娘就把茶叶放在未开的莲花中,用绳子绑上,早上露水未干时再拿下来。第二天晚上月光下，再放到另一朵莲花中，连续三天后，粗野的茶叶也能喝出清香的莲花的味道。我想这就是用心，用心地在生活。让生活因为有心的参与而有了心灵的温度与幸福。

中午空闲时间，看了于丹的《重建中国的精神与灵魂》，颇有感触。在中华优秀传统文化中，有我们这个民族的顶级大智慧，让个体在面对大变化的时代时，能够坚持一些万变中的不变，比如人性的善良、有尊严、明是非，等等，这些都是我们民族文化的精神与灵魂。然后我们却依旧浮躁，甚至整个社会都处在浮躁、急功近利的大环境下，在这样的时代，我们需要的是重建我们中国的精神和灵魂，来安顿我们浮躁的心灵。而这一切的基础，一定是让我们个体安顿好自己的心灵，带上心，用心生活、用心工作、用心体现洋溢中国的精神与灵魂，我们才能重建起国家的精神与灵魂。

记得用心，记得在前行的时候，让自己的灵魂跟上自己的脚步。

学会等待

浙江省建德市寿昌第二小学 陈伟平

"我愿意用一生的时间,去等这个小男孩把花束束好,用他5岁的手指。花绳绕过来,刚好要系上的时候,另一端又突然滑走了。孩子,你慢慢来,在淡水街明亮的阳光里,在石阶上,等你把花束好,用你5岁的手指。"

——龙应台《孩子你慢慢来》

女儿悠悠今年到了该上小学的年龄,但自觉悠悠在行为、习惯等方面还比较稚嫩,恐怕一时适应不了小学的生活,在"上与不上"的问题上纠结良久。朋友知道此事后,推荐我阅读龙应台的《孩子你慢慢来》一书,颇有收获。

在这样一个人心浮动的年代,也许我们需要的是一种复归于宁静的等待。

从某种意义上来说,每个人的人生都是一场不长不短的等待。

"有约不来过夜半,闲敲棋子落灯花"是友情的等待,"月上柳梢头,人约黄昏后"是爱情的等待;总是处于黑暗之中的海伦·凯勒在守候着虚拟的"三天光明";唯美的海子总在期待"春暖花开";鲍尔吉·原野在寂寞里等待着詹姆斯·拉斯特的琴声……甚至,每一个人在出生之后便开始等待着那永远不会落空的生命的圆寂。

有人曾经统计过,一个人的生命中起码有三分之一的时间花在了"等待"中。等待,有时漫长,甚至会消耗尽我们的一生,譬如等待真爱的到来,等待死亡的降临;有时等待又很短暂,譬如等待下课,等待考试成绩的揭晓,等待新的一天的开始……

等待有一丝神秘,有一份憧憬,它最需要的是耐心。不是所有的等待都会有结果,不是每一种期望都会成为现实,所以等待的滋味往往并不好受。就拿等人来说吧,等的一方比被等的一方要受煎熬,就像惜别之后留守的一方比离开的一方更觉凄凉。客人未到,等候的主人面对的是静止的时间;一方离去,笼罩着留守一方的是空虚的时光。

敲完以上几个字的时候，悠悠走进书房，用小手拍了拍我的肚子，叫到"老头子爸爸，肚子饿了吗！"先前，问她为什么要叫我老头子爸爸，她说，因为我已经长白发了，长白发了就是老头子了，所以，兴奋的时候会叫我老头子爸爸。是呀，自己已近不惑之年，真的还有时间让自己等待吗？

等待，因其有所希冀而令人兴奋，又因等待的过程无所事事而使人百无聊赖。然而，不论等待是漫长还是短暂，正是这些长长短短的等待，使我们的人生充满希冀，使我们有勇气走完我们漫长的旅途。有时，等待只是人生旅途中的一段小憩，小憩结束了，我们的旅途需要继续；有时等待只是一个过程，过程终结了，新的旅途又在等着我们。也许无所谓结果，无所谓终极目标，只要活着，你就得等待些什么，我们需要这一个一个的过程组成我们完满的人生。

家是孩子阅读的宁静港湾

浙江省建德市新安江第二小学 朱月红

> 你或许拥有无限的财富，
>
> 一箱箱的珠宝与一柜柜的黄金。
>
> 但你永远不会比我富有——
>
> 我有一位读书给我听的妈妈。
>
> ——《最受美国人喜爱的诗》

一个孩子就是一个家庭的缩影，爱书的孩子大多是有才华的孩子，孩子在上学之前也许就已经确定了他语言能力的强弱。正如王林博士所言，家庭是发展孩子语文能力的重要场所，不同家庭孩子的语言能力是有差异的，造成这种能力差异的不是家里的玩具，而是耳朵里所听到的话，不同形式的语言是孩子最珍贵的礼物。

做法一：展示优秀书香家庭风采，促书香家庭构建

一年级时，我就开始走访书香氛围浓厚的家庭，在走访的过程中，我一直在记录，记下每个家庭做得好的点点滴滴，拍下每个家庭的书桌、书架、书房或渲染家庭读书氛围的照片。

很多家长认为孩子一旦能自己阅读，"亲子阅读"就可以停止了。其实太早停止和孩子一起阅读是个大错误，即使他已能自己阅读。专家提醒，和孩子一起阅读多晚停止都不算晚，在13岁以前，孩子的听力理解水平远远高于阅读理解水平，相比较自己阅读，他更容易理解一些被大声念出的语句和概念。通过和孩子一起阅读，孩子很轻松地就扩大了自己的词汇量，而且不管多大，他都会喜欢这种和你之间一对一的阅读交流。

当真实而可信的例子摆在家长面前的时候，效果比老师介绍要好得多。在向

家长发出倡议后，便向他们展示了在走访与调查过程中搜集的资料。当同班其他孩子的真实例子展现在自己的面前时，家长深深看到自己的差距，很自觉地从心理上决定要改变自己孩子的阅读现状、家庭书香氛围的创设。

做法二：开展"假日串门阅读"活动，促书香家庭构建

"假日串门阅读"是指组织住得很近的孩子在假日集中到某一个孩子的家里进行阅读，可以几个孩子共读一本书，也可以几个孩子分别读自己感兴趣的书。这个活动实现了阅读资源共享，家长在相互的参观中又促进了书香家庭的建设，有时学生家长之间的相互影响是很大的。这个活动还增加了孩子的阅读兴趣，几个孩子一起读书，是件很愉快的事情。这会促进孩子去读某一本书，并且增强读完这本书的意志。

这个活动在进行了一段时间后，收到了比较好的效果，孩子们觉得周末变得精彩了，读书更有伴了，也更喜欢读书了。家长看到了自己与人家的差距，打麻将的时间少了，陪孩子的时间多了，对孩子的读书问题有了新的思考。下面摘录几位家长发自肺腑的话：

王路遥妈妈：真的很感谢老师，你组织的活动让我看到了自己的不足。我会多花时间陪孩子读书的！

邓廷涵爸爸：这种活动真好，让我学到了很多引导孩子读书的好方法，我真的想多带孩子到几个同学家去读读书！

做法三：借助学校校讯通，做足读书推荐工作，促书香家庭构建

家长之间的相互推荐、相互启发固然很好，它在最大程度上引起了家长构建书香家庭的兴趣，但是它是比较凌乱的，缺少系统性的，所以在家长有了兴趣和愿望的基础上，教师正确和适时的引导显得尤为重要。家长在孩子读什么书、怎么读的问题上是很模糊的，所以教师这时就应该发挥一切力量给家长必要的指导。这时，学校向每位家长开通的校讯通给教师的指导工作带来了很多方便，教师的很多读书推荐就可以很方便地进行。

一次性地投资给孩子买很多书，有些家长会很舍不得，但是隔一段时间买几本

书,时间长了,便会有很多书。因此每学完一些课文,我就向孩子推荐几本书,并用短信的方式通过校讯通要求家长购买。摘录几条推荐阅读的短信:

《昆虫记》是法国的昆虫学家法布尔写的,是一部严肃的科学著作,又是一部优秀的文学作品,读起来饶有兴趣。请家长为孩子准备这本书。让孩子好好地读读这本书,你的孩子会爱上这本书的。

《爱的教育》这本书的内容很感人,真的很适合四年级的孩子阅读,希望家长让孩子拥有这本书。

孩子的生日、六一、圣诞节、新年……一般家长都会给孩子一份礼物。每到一个节日,我都会给家长发一条短信,建议家长把书当礼物送给孩子。

生日:祝×××同学生日快乐!作为孩子的父母今天是值得纪念的日子,一定会给孩子准备一份礼物,精美的食物,孩子吃完就忘了,漂亮的衣服,不久也就旧了。唯有书本,孩子能越读越有滋味,买一些适合孩子阅读的书送给孩子吧,它永远不会过时,它会带给孩子知识,带给孩子力量,带给孩子智慧……

新年:新年的钟声就要敲响了,孩子马上要长大一岁了,你找好他成长的道路上的伙伴、导师了吗? 送给孩子几本书吧,让他成为孩子成长道路上的引路人!

每个学期开始,我都会发给学生一份本学期的阅读书目,其中有必读书目,还有选读书目,之后我还会用短信方式通知家长,希望家长能给孩子配齐这些书。

走在探寻语文之美的路上

浙江省建德市乾潭第二小学　马小燕

近日,特级教师傅登顺老师带领我们这批工作室学员,走进了湖州市吴兴区新风实验小学。在这里,我有幸领略了全国名师盛新凤老师的风采,近距离感受了"和美语文"的无穷魅力。

在实施新课改的这十多年来,我国小语界面临不少挑战和困惑。教与学,师与生,讲与练,内容与形式,言语与情意,工具与人文,等等,究竟孰轻孰重,委实难以准确把握,往往从一个极端走向另一个极端。为此,盛老师提出了"和美语文"的观点,追求"对立统一"的"两极融通之和"及"言意相谐之美"。这为在各种"对立斗争"中无所适从的一线教师提供了新的思路。

中国美学强调协调之美,在审美观照中遵循协调原则。协调原则讲究融合性,即努力追求在相互协调、相互消长、相互补充的过程中产生和谐,这个过程便是"融合、融通"的过程。在宏观层面,"和美语文"追求雅俗共赏的优课观、显隐结合的学习观、主客相生的师生观、言意相谐的性质观。这"共赏、结合、相生、相谐"之境,便是"两极融通"之果。在具体的课堂操作过程中,"和美语文"主张关注教学细节展开过程中诸多两极元素的融通,如"教与学、讲与练、读与写、入与出",在融通中求"和",生"美",在融通中生成理想课境。

语文课堂教什么,"和美语文"告诉我们:要依据课程标准,根据学生语文学习规律,深入研读教材,从编者意图、选文功能、文体特点、学生起点等把握教学的重点难点和语言运用点。

以《蒙娜丽莎之约》为例,盛老师以说导学,在引导学生体会名画魅力的同时扎实推进口语能力训练。

《蒙娜丽莎之约》有九百多字,篇幅较长,又是略读课文,一般只能用一课时来完成。课文内容涉及名家名画欣赏,与学生也有一定的距离。盛老师针对教材特点,采用了长文短教的策略,大胆取舍,删繁就简,设点拉线,紧扣关键,使全课呈现出一种简约之美。在导入揭题后,盛老师聚焦"蒙娜丽莎"这一画名,抓住其在文中三处不同的标点符号精心组织教学。其后,盛老师以名画为媒,以文本为基,运用多种方法层层深入,引导学生练习介绍名画。从捕捉信息,练习简要介绍,到围绕提纲,练习具体介绍,再到紧扣细节,练习生动介绍,三个梯度层层推进,由浅入深,由易到难,由仿到创,由简到丰,扎实进行口语交际训练,引导学生积累内化,及时将消极语言转换为积极语言,以说导学,以练促读,加深对名画艺术魅力的感悟品味。最后,再次引导学生体会带引号的"蒙娜丽莎"的三个句子,教师提问:"你现在对这名字上加双引号,有什么新的理解?"师生互动后教师小结:"这是美的象征,还是一种文化,还是一件伟大的艺术品、艺术珍品、艺术极品!"并把课始板书的问号改为感叹号。本课教学,紧扣一个词语、三个句子展开,化长为短,化繁为简,简约中透着韵味之美。

教学是一门艺术,而"艺术性的东西,就是把感情和技能以一种特殊的方式结合起来,使创造的成品赋有一种美"。教学艺术的特殊性就在于,这种艺术所创造的成果是下一代的灵魂。要使你所创造的灵魂"赋有一种美",就必须认真探讨、研究那种"把感情和技能"结合起来的"特殊方式",也就是我们的教学风格。盛老师的语文课堂不疾不徐,婉约生动,令人如坐碧水柳岸,和风送爽,暖阳照拂。和煦生辉,这就是一种思想的力量,风格的体现。作为一名语文教师,应该以这些富有思想内涵的特级教师为典范,博览群书,提升素养,并有计划有目的地在实践中磨炼自己的教学风格,让语文教学焕发艺术之美,人性之辉。

孩子，你慢慢来

浙江省建德市乾潭第二小学　马小燕

我，坐在斜阳浅照的台阶上，望着这个眼睛漂亮的小孩专心地做一件事；是的，我愿意等上一辈子的时间，让他从从容容地把这个蝴蝶结扎好，用他五岁的手指。

——龙应台

喜欢龙应台的《孩子，你慢慢来》，一如喜欢她的《中国人，你为什么不生气》。

初次接触龙应台，是她鞭辟入里、寒气逼人的犀利文风。但这不是她的全部。她有刚正凌厉之作，亦有绕指温柔之文。她既是快人快语的巾帼英雄，也是深情款款的温婉母亲。

作为母亲的龙应台与作为一个独立的人的龙应台有着激烈的内心冲突，而正是通过对这一冲突的诉说，绵绵密密地流淌出她内心深处的母爱。《孩子，你慢慢来》，不是对传统母爱的歌颂，而是对生命的实景写生，是对生命的本质和起点最深刻的思索和最朴实的热爱。只有真正懂得爱的作家才能写出如此纯真美好的生活散文。

本书的封面，是一个孩子低头走在落叶铺陈的路上。他多么小心，又多么专注，仿佛面前的每一片叶子都是世间最珍贵的宝贝。这就是孩子，用最新奇的目光打量世界的孩子。他们研究着身边的任何事物，包括身边的每一片叶子。对于他们来说，世界是一首奇妙的诗，他们要用自己的节奏、自己的思维去慢慢品读和欣赏。书中那一张张孩子的照片记载着一个个动人的故事，把我们带回人类的最初点，引领我们在漠漠穹苍和茫茫大地之间参与那石破天惊的"创世纪"。

这本美好的书，有一个沉重而温暖的开头。灰色的回忆里，交不起学费做不出数学题的王爱莲不堪忍受重压,带着弟弟、妹妹,三个人一起跳下了爱河。四个孩子的生命在那条名字美好水流肮脏的河里戛然而止。淡淡的斜阳下,作者静静地坐在石阶上,耐心地等待一个五岁的小男孩为花束扎蝴蝶结。"绳子穿来穿去,刚好可以拉的一刻,又松了开来,于是重新再来;小小的手慎重地捏着细细的草绳。"王爱莲的故事与作者温暖的等待交错在时空的影子里,让人备感这幅温馨画面的难能可贵。

是啊,孩子,你慢慢来,慢慢来。在你们稚嫩的生命面前,我们无法催促,更不能威逼。我们只有等待。这是人伦,更是常识。

但是当我这样想、这样写的时候,心情却是复杂的。的确,对于孩子来说,成长是一个循序渐进的过程。成人眼中自然而然的事情,孩子却需要时间去触摸,去学习,去掌握。我们不能代劳,不能责备,只能耐心等待,因为这是生命的自然过程。可我们所处的是一个紧锣密鼓的时代,人们的生活态度日益浮躁。不知谁高喊了一句:"不要让孩子输在起跑线上!"于是一呼而百应,千百万家长摩拳擦掌,千百万早教中心拔地而起。在这沉重的使命和希冀前,我们的孩子收拾起烂漫的童心,规规矩矩地坐在课桌前,汉语、外语、数学、乐器、舞蹈、书法 、绘画、围棋……如此种种,家长曾经想学的或认为孩子要学的课程充斥了孩子的童年。这种拔苗助长式的教育,是促使孩子提前学习更多,还是磨灭他们的好奇心让他们今后得到更少呢? 是能推动孩子更快成长,还是摧毁了他们的天真烂漫和天生的创造力呢? 面对现代社会残酷的竞争,我们以爱之名,干涉孩子的自由,剥夺孩子的快乐,做了残忍现实最忠诚的同谋或帮凶。

我们必须清楚,在孩子的世界里,快慢不是评判优劣的法则。他快,是因为他在体验生命飞翔的速度;他慢,是因为他在聆听心灵的回声。孩子的世界,干净,透明,独特,纯真,拒绝成人式的清晰推理和分析,拒绝功利的价值判断。对于童年,快乐才是最高的准则。我们应该尊重孩子的速度,尊重他们独特的世界,正如龙应台尊重一个五岁小男孩用笨拙的动作努力地扎一个蝴蝶结。鲁迅先生曾多次说,要顺应孩子的天性,这是教育的规律。是的,孩子的手还小,请别要求他做得很完美;孩子的腿还短,请走慢些,好让他能跟上你的步伐;孩子的眼睛还没有看到你所看到的世界,请让他自己慢慢观察。孩子是一个独立的人,所以我们要用对待人的方式去尊重他们；孩子又是一个还未发展成熟的人，所以我们又不能用对待成人的方式去对待他们。他们需要更多的爱心与耐心，更细致的体贴与呵护。

孩子的眼光是率真的，孩子的视角是独特的，我们何不放慢脚步，陪着孩子静静体味生活的滋味，倾听孩子内心的声音；我们何不像龙应台那样，从纷繁复杂的成人世界里探出头，细细欣赏生命中最初最美好的一面。

孩子，你慢慢来，慢慢来。

慢慢学,亲历吧!

浙江省建德市梅城中心小学 张 琪

按教导处的统一安排,我要上一节公开课。我当时很紧张,因为来听课的是杭州市的语文教研专家。在专家面前上课,心里一点底也没有。备课时,我几经思考,选择了上科普说明文《鲸》。选择这篇文章,一来是因为这篇文章内容丰富有趣,语言平实中又不乏生动,一定能激起学生的学习兴趣;二来这篇文章是说明文,我以前还没有上过说明文,所以也想尝试一下。

备课前,我思考通过这篇课文的学习,到底要给予学生什么?或者说学生们到底要习得什么?仅仅是书中所罗列的关于鲸的那些知识吗?可知识随着时间的推移,总是在不断地完善或更新。因此,知识的学习、内容的掌握,并不能成为课堂的唯一目标。结合一些培训活动和各类教研活动的学习,自己又认真阅读了沈大安《语文教学走向生本》、崔峦《告别烦琐内容分析 建设高效阅读教学》等文章,逐步认识到:作者怎样运用语言来表达内容,也即培养学生学习、掌握运用语言的能力,理应成为我们课堂的又一个主要的目标。

基于这样的理解,我在进行教学设计的时候,确定了两个基本的教学目标:第一,了解鲸的进化、种类和生活习性等方面的科普知识;第二,认识常见的说明方法,体会作者借助说明方法表达科普知识的方法,并初步学习使用说明方法。为了达成这两个目的,我把课堂教学聚焦于两处:一是抓住课文第一段的学习,理解作者怎么样用语言表达鲸大的特点,学习并初步掌握常用的说明方法;二是通过分层作业的练习,使学生学会简单运用常用的说明方法。

教学完成后,专家们对我的课进行了点评。他们以点带面,谈了很多关于如何更有效开展语文教学的思考。

专家首先肯定了我的课堂教学从内容分析转变到关注文章语言表达的努力,

并对我"展开学习的过程,让学生亲历学习"做了充分的肯定。我在初读感知全文后,教学过程组织如下:

1.用一个词概括每个自然段的段意,写在书本上,点名学生写在黑板上。

2.有不同意见的学生到黑板上补充书写。

3.组织学生辨析几种不同的意见,形成统一的意见。

这个教学的过程,面对三种不同的想法,我没有直接告诉学生记住"进化",而是让学生充分呈现不同的想法,然后在再次阅读的前提下提出观点,品读中知道用词的准确,也理解了"进化"一词的意思。以至于后来学生讨论"几种鲸与种类""鲸的食物"和"是胎生的"的想法时,学生很快地知道如何用概括的方法表达小节的意思这一语言学习方法。

专家的意见,体现了对踏实开展语言学习,让学生充分经历学习过程的呼唤;是在告诉我们,教育要"慢",要从容,要脚踏实地,不能急功近利。"展开学习过程",可以让学生学得更明白,也可以让更多学生参与到学习中来,看似学的时间长了,速度变慢了,效率变低了,实际上因为踏实,效率反而更高。

当然,专家也给我提出了很多的不足。

在教学《鲸》第一自然段表现鲸的"大"这一环节,我的设计是:

1. 自由读课文第一段,你认为哪句话最能体现出鲸的大这一特点?思考作者是怎么样写出鲸的大的?

2. 逐句理解:学生列举句子—学生谈感受(哪儿给我"大"的感觉)—作者是怎样写出鲸的大的?(使用了哪些说明方法)—朗读品味。

3. 全段朗读,品味鲸的"大"。

评课时,专家提出了自己的观点,男老师,教学设计完全可以更大气、开放,并提出了自己的设计建议:

1. 自由读课文第一段,你认为本段体现出鲸的什么特点?(鲸的"大")

2. 读一读,思考:三处地方都写了鲸的"大",它们有什么不同呢?(激发学生从角度不同、表达方式不同来区别)

3. 让我们再来读一读,感受作者同一个意思用不同的方式来表达的方法。

专家的建议,给我豁然开朗的感觉,是啊,这样的设计,课堂更显开放、大气,课堂的整体感更强,学生的思维整体性更强。学生主动学习的欲望更迫切,目标的达成更透彻。学习,不正应该是这样的吗? 在一种开放的环境中,学生们尽情、率性地求知、探索,在一次次的亲历中,让自己每课都有所得……

情味 品味 韵味
——读盛新凤老师《语文课堂：教学走向和美》所感

浙江省建德市梅城中心小学　张　琪

林海音在《城南旧事》中说："记住，人是吃饭长大的，也是读书长大的。"浅浅的语言，道出了读书的意义。暑期开展教师读好书活动，选书时，看见盛新凤老师的《语文课堂：教学走向和美》的书目，便毫不犹豫地选了它。

王羲之在《兰亭序》中说："仰观宇宙之大，俯察品类之盛，所以游目骋怀，极视听之娱，信可乐也。"的确，不仅是大宇宙，细小的事物也不可忽视。在《语文课堂：教学走向和美》中，我明白了语文课文，体裁多样，风格各异，盛新凤老师在教学里都尝试过；宏观的教育理论和微观的教学细节，盛新凤老师在教学里都琢磨过。在尝试后及时反思，在实践中细心归纳，反复实践，反复思考，心有所悟，"和美语文"，就应运而生了。我常想，盛新凤的语文教学不仅是美丽之花，而且是智慧之树，始终在生成、生长、发展、创新。读到这里，我情不自禁地想起了那次在湖州的浅浅相遇。

我以前从来没有听过盛新凤老师的课，也从没有见过她，只知道她是一位非常有涵养的特级教师，一年前傅登顺特级教师工作室组织全体学员去湖州，就是奔着她去的。她是个大忙人，那次的活动也是她在百忙之中抽出时间来参加的，大能力者自有大担当，这也没有出乎我们的意料。我们一行风尘仆仆地赶到湖州，下榻她事先联系好的宾馆内，稍事休息，受盛老师所托的孙老师就来到宾馆，接我们去用晚餐。晚饭后我们散着步就来到了毗邻的湖州古街，在领略江南水乡的人情美景之余，感受了湖州文化的悠久魅力。如此细心的安排，该会是怎样的一个人呢？还没有见面，盛老师已在我们的心中添上了美妙的一笔。

第二日，天公作美，天空飘起雨丝，似在为我们洗尘，实则为水乡抹上些神采灵韵。刚走进湖州市新风实验小学，只见两位女子笑着向我们走来，其中一位着红衣黑裤，眼神平和，黑框眼镜难掩智慧，披肩长发尽显优雅从容，毫无疑问，她就是盛新凤老师。几句寒暄,毫无做作,一下拉近了彼此的距离。她说话速度不快,语调也不高,像极了水乡慢悠悠的流水,慢条斯理的样子,却总能让你感受到她的热情和真诚,真是一位有情味的女子啊!

盛新凤老师是一位名师,她的"名"来自她的课堂和她的"和美教育"研究。我们一行上午听完两节课后,盛老师在下午给大家做了《以练导学 翻转课堂》《和美路上 记"一"犹新》两个报告,详细阐述了她的"和美"语文追求和名师工作室历程。周一贯先生曾这样评价盛老师:"语文教学是养心的艺术,以和相约,以美润泽,以爱期盼,以圆守候,以出世的眼光看语文,以入世的态度教语文,也许,这就是盛新凤的语文课堂教学走向和美之真谛所在。"具体来说,和美语文在宏观层面,追求雅俗共赏的优课观、显隐结合的学习观、主客相生的师生观、言意相谐的性质观。这"共赏、结合、相生、相谐"之境,便是"两极融通"之果。在具体的课堂操作过程中,和美语文主张关注教学细节展开过程中诸多两极元素的融通,如"教与学、讲与练、读与写、入与出"等等,在融通中求"和",生"美",在融通中生成理想课境。

在《语文课堂:教学走向和美》中,我发现盛老师对和美教育的追求,历经了"追求诗意之美—追求两极之美—追求和美之境"三个阶段。她一直锲而不舍地追逐着她的人生价值,为"和美语文"殚精竭虑,衣带渐宽终不悔,这份执着和责任,正体现了一位名师的担当。看了书后,我对"和美"语文有了更深入的理解。

盛老师的"名"为大多数人所知,缘于她的教学研讨课。《语文课堂:教学走向和美》中三堂她精心设计的教研课《乌塔》《蒙娜丽莎之约》《文成公主进藏》的设计意图、设计思路,在盛老师的笔下娓娓道来,不得不令人佩服她的高妙。

《乌塔》中,盛老师凭借高超的文本解读能力,发现了这篇人人唯恐避之不及的课文中独具的独白体、对白体、辩白体三种口语交际形式,挖掘其中的教学价值,训练学生的口语交际能力。在教学中独白、对白、辩白暗暗铺设,朗读、对话、练笔层层推进。极其普通的文本,开出了绚丽之花。一篇"无语言文学""无语言文章""无语言文化""无语言文字"的"四无"文章,就这样在盛老师的魔棒下完成了从丑小鸭到天鹅的华丽转身,被赖正清老师称为"一个伟大的发现"。

《蒙娜丽莎之约》中,"以两极融通之和,求雅俗共赏之美",从和谐融通中实现语文教学的生态美。盛老师伴着和美语文,带着孩子们一起走进美国纽约大都会博物馆,欣赏蒙娜丽莎之美,师生平等对话,课堂圆润融通。恍惚间,盛老师的微笑仿佛与蒙娜丽莎的微笑渐渐融为一体。

《文成公主进藏》中,盛老师带领学生们在文本中生生死死走一回,从"人→圣→神"三个维度分析文成公主这一伟大的人物,帮学生构建起了一位立体且丰满的人物形象,课堂教学既留下了语言,也留下了形象,更留下了精神。学生的这份收获,不正是"和美语文"的价值追求吗?

这样的思想,这样的课,也就成就了她有品位的人生!

一本好书加一段旅程,从书本、课堂到她的工作室,到生活点滴,和盛老师有了比较多的接触,对她也有了更多面的了解。她态度平和,待人真诚;她底蕴深厚,却从不恃才而骄;她颇有成就,还是虚怀若谷;与她交往,犹如和美春风拂面,满是舒适的感觉。这样的感觉,现在回味起来,应是她的情味、品味揉成的贯穿全身的另一份味道吧!这份味道应该叫作韵味吧!

感怀于盛新凤老师的"情味、品味、韵味",感怀于她对语文教学的执着追求,实在是无法忘却!

用心爱每一个孩子

浙江省建德市明珠小学　潘　君

时光回溯到六年前的那个九月,第一个来报到的是由父亲带着的一个可爱的男孩,在做过简短的自我介绍之后,父亲郑重地把儿子的手放进我的手心,用满怀信任的眼神对我说:"我把孩子交给你了!"临走还留下了张晓风的《我交给你们一个孩子》。那是我第一次感到肩头的责任重大,尽管那时我已经当了十年的班主任。

接着,我又看到了一个又一个同样的眼神,迎接了一张又一张可爱的笑脸……

报到后的那晚,我一遍又一遍地读《我交给你们一个孩子》,虽然我不是第一次读这篇文章,但我却被深深地震撼了,被男孩父亲信任的眼神震撼了,被男孩父亲留下文章的良苦用心震撼了。于是,我在我的班主任工作手册的扉页上写下了这样的誓言:你交给我一个孩子,我必全身心地去关爱。

六年,人生有几个六年,这六年我担任孩子们的班主任,我在他们的人生道路上亦师亦友,严慈相济,用我的热情去点燃孩子的热情,用我的真诚去换孩子的真诚,用我的爱去温暖每一个孩子。六年,太多的日日夜夜,我和孩子们朝夕相处,我和孩子们同喜同悲,关心他们,爱护他们俨然成了我的一种习惯。

在我们班,每一个孩子都是那么独特,每一个孩子的个性都是那么鲜活,每一个孩子身上都有许许多多感人的教育故事:

小凯,我们班最有正义感的男生。在他入学的那年,母亲与人私奔,父亲由于工作原因一直很少管他,于是他跟着爷爷奶奶生活。爷爷奶奶年纪大了,看着好好的一个家就这么散了,把所有的埋怨和仇恨都归结于小凯的妈妈。正是在这样的环境中,小凯学会了仇恨,有了过分的自我保护心理。在与同学相处的过程中表现得特别自我,总是无缘无故打人。一次,他又打同学了,我把他带进了办公室,告诉他小朋友是不能打人的,打人的人警察要抓的。一听到这儿,小凯两眼猩红,暴跳如雷，歇斯底里地说："你这个坏女人，我让警察抓你。"我震惊了，孩子这样过激的反应让我立刻清醒地认识到我不了解这个孩子，我的做法或许伤害了他某根脆弱的神经。我冷静下来，暂时没有去理会他，努力在思考该怎样走近这个孩子……那天傍晚，我就来到了小凯家，年迈的爷爷奶奶一直在向我抱怨小凯的妈妈如何如何狠心，我静静地听着，理解了小凯的所作所为，这样的一个孩子，我要在他的心田播满爱的种子。当然临别时我也不忘劝诫小凯的爷爷奶奶不要让孩子生活在埋怨和仇恨的环境里。

在接下来的日子里，我经常去发现小凯的优点，及时表扬他。当然小凯还是会经常犯错，每当他犯错的时候，我总会很耐心地找他谈话，让他学会爱同学，爱老师，让他学会换位思考，让他学会为班级服务……

写着写着，我突然发现小凯的故事实在是太多了，只怪我不够有心，平时没有把教育当中的点点滴滴记录下来。

小熙，二年级转入的插班生。刚转来时，语文、数学两门功课加起来也考不到100分，学习成绩一直拖班级后腿。我组织班队活动让孩子学会接纳新朋友，多少个傍晚我留下来一遍又一遍地给他补课，让他真正融入班级。

小航，学习成绩优秀，一直担任班长，是同学的榜样，老师的"宠儿"。可是，她不喜欢和成绩差的同学同桌，不喜欢和不爱干净的同学同桌，一次次的座位风波让我认识到了这个"优等生"身上的问题。我没有一味地去宠爱她，而是严肃地批评她，让她学会去发现每位同学身上的优点。因为我觉得赏识是一种爱，真诚的批评又何尝不是爱呢？毕业留言册上，她真心地写下了这样的话："感谢老师教我知识，更感谢老师教我做人的道理。"

……

六年，太多的故事，太多的真情，已无法用文字来书写；今年6月，孩子们已经毕业踏上新的征程，班主任手册扉页上的"你交给我一个孩子，我必全身心地关爱"深深地印在了我的心里。

我们做朋友

浙江省建德市明珠小学　潘　君

今年九月，我怀着一颗童心成了一名一年级的老师。习惯了带毕业班的我要和一群"小不点"打交道，我带着点小小的兴奋。新鲜感没过几天，我就被一天到晚到办公室打小报告的小家伙们吵得耳根不清净了。

开学的第一个月，几乎每天都有十来个小朋友来告诉我，说一个叫元元的小朋友打他或者推他。刚开始，我觉得小朋友之间打打闹闹总有的，并没有太在意。可是后来发现打小报告的小朋友越来越多了，而且都是指向元元小朋友，甚至有家长在微信群里也在询问这件事，我才意识到了问题的严重性。我开始每到下课就观察元元，那天一个叫妮妮的小朋友站在门口，元元正准备出去，他根本不管前面是否有人，横冲直撞地就跑过去了，加上个子大，差点把妮妮撞倒。我准备去扶，妮妮已经哭着鼻子说："元元推我！"

原来是这样，我找到元元，苦口婆心地讲了老半天，以为总可以平静几天了。可是，还是每天有小朋友来告状，有家长向我反映元元的问题。两个月下来，元元一直没有交到朋友，我开始担心。但我始终相信没有一个小朋友天生喜欢推人或打人的，或许是他与人交往的方式方法不对。

11月的一个中午，我正准备进教室，看到教室门口围满了小朋友，好像有人在哭。我赶紧加快脚步，已经有小朋友迎着我跑过来说："老师，元元又欺负小朋友了。"我当时真有些生气，远远地看那小朋友哭得很厉害的样子，会不会受伤了呀。我走过去一看，小雨一脸的梨花带雨，我初步判断没有受伤，气也就消了一半。旁边的小朋友七嘴八舌地说："元元拉小雨衣服""差点把小雨的衣服拉破""元元拉完就跑了"……的确，"肇事者"元元的影子都看不见，我估计他不知道又跑到哪里去玩了。

我看小雨哭得这么伤心,先询问她,有没有哪里不舒服,小雨哭着说:"元元拉我衣服。""他为什么拉你的衣服呀?""他想跟我玩!"听到这儿,我忍不住笑了,孩子的世界是童真的、简单的,真是一点儿也不假。

"元元想跟你玩,说明他喜欢你呀。也许是他还不知道怎么交朋友吧!谁能教元元怎么教朋友?"原来元元一直在以这样的方式交朋友呀,我终于有点理解元元了。

下午的口语交际课,我们刚好上《我们做朋友》一课,我就巧妙地运用了中午的教育资源,在课堂上即兴创设情境,让小朋友表演怎么交朋友。我特意请了元元和小雨表演,元元很有风度地走到小雨的座位上,有礼貌地说:"小雨,我叫元元,我想和你交朋友可以吗?"小雨则大方地拉起了元元的手。课堂上我才发现开学两个多月了,还有很多小朋友相互都叫不出名字呢,更谈何交朋友。于是我让每一个小朋友介绍自己,和同桌交朋友,找自己喜欢的小朋友交朋友。整个课堂小朋友特别开心,元元表现也特别好。更让我意外都是,找朋友环节,有一个小朋友跑到我身边向我介绍她自己,然后问我:"我可以和你交朋友吗?"我伸出手紧紧地握着,我赞赏她的勇敢,也为自己能有幸成为孩子的朋友而感到高兴。

从那以后,我发现小朋友之间相处比之前融洽多了,也很少有人再到办公室来打小报告了。看来很多时候小朋友之间的矛盾是因为他们还没有学会如何交朋友。为人师者,我觉得不光是交给孩子一些书本知识,和孩子成为朋友,让孩子学会交朋友也很重要哦!

请你——驯养我吧

浙江省建德市明镜小学 黄雪梅

看《小王子》,有人喜爱那个纯真的多愁善感的小王子,有人喜欢那枝等爱的娇气的玫瑰,可我最喜爱的就是那只等待驯养的小狐狸。

"如果你驯养了我,我的生活就完全不一样了,那该有多么快乐啊!在你没有到来的时候,我等待你,我会辨别人们的脚步声,听到其他的脚步声响,我会躲到洞里去;等到你的脚步声响起,那与众不同的,像音乐一样的脚步声召唤我从洞里跑出来,你看见那边的麦田了吗? ……认识了你就不一样了,因为你的头发是金黄色的,看见金黄的麦子,我就想起了你,这是多么美妙的事情啊,风吹麦浪沙沙的声响也会让我联想起你……"

因为被驯养,生活变得完全不同;因为被驯养,原本对自己而言毫无关系的事物从此变得异常美妙。

驯养——俘虏?征服?我试图寻找一个可以替代的词语,竟然发现没有哪一个词更能表达小狐狸所说的这个"驯养"。因为在小狐狸看来,所谓"驯养",是一个相当长的过程,"刚一开始的时候,你要坐在离我稍微远一点的草地上。我呢,站在远处,用眼角的余光偷偷打量你。你什么话也不要说,因为话语经常是误解的根源。这之后,你每天都来,每天坐得更靠近我一些……"无须语言的赘述,只需眼神的交流,慢慢地,一点一点地靠近,彼此感受到对方的接近,幸福感会在被驯养者心头萦绕。就像小狐狸所说"比如,你每天下午四点钟来,那么,从三点钟起,我就开始感到幸福将要降临的滋味。时间越是临近,我的幸福感就越强烈。到了四点钟的时候,我已经坐立不安,六神无主;那时候,我会感觉到幸福是多么珍贵啊!"所以,不论是俘虏抑或征服,都太过强硬,太过霸道,这中间,少了太多的温情与幸福,不像"驯养",用心用情,让你心甘情愿地沦陷。

不想去说恋人之间、朋友之间其实也应该是这样一个"驯养"的过程,等待爱,等待驯养,带着幸福走到一起,这是每一个心思敏锐的阅读者都能感受到的。我只想说在看到小狐狸说的这些话后,第一时间想到的是我即将面对的新的一批宝贝。

我幻想了一遍又一遍,这批宝贝该有怎样稚嫩的脸庞,该有怎样或灿烂或腼腆的微笑。在此之前,这些陌生的孩子就像世界上千千万万的孩子一样,只是一些孩子,对你们而言,我也只是一个老师,和这个世界上千千万万的其他老师一样。可是,你们一个一个走进我的教室,走到我的身边,用怯怯的眼神偷偷打量着我,而我呢,一天一天地走近你们,一天一天地在彼此之间播种下爱与信任的种子。慢慢地,我们彼此信任,彼此依赖,成了彼此不可缺少的一部分——我成了你们的老师,你们成了我的学生。从此,看到缺了门牙的孩子,我就会想起你们,听到尖着嗓子说话的孩子,我也会想起你们,这是多么美妙的事情啊!

小狐狸对小王子说:"请你——驯养我吧!"宝贝们,我很期待,很期待,请你们赶紧来驯养我吧!

回望，目送

浙江省建德市明镜小学 黄雪梅

所谓父女母子一场，只不过意味着，你和他的缘分就是今生今世不断地在目送他的背影渐行渐远。你站立在小路的这一端，看着他逐渐消失在小路转弯的地方，而且，他用背影默默告诉你：不必追。

——龙应台《目送》

邂逅，深深的感动

读书时期就喜欢龙应台，喜欢她的《野火集》，喜欢这样一个豪情万丈的女子，用无数的排比和无数的反问直面世间阴暗，质疑叩问，一句句，一声声，在我年轻的生命里燃起熊熊火焰。

也因为喜欢龙应台，所以2009年在书店邂逅《目送》时，自然就停住了脚步。整整一个下午，我沉浸在龙应台深邃、忧伤、美丽的文字中不能自拔。

《目送》是全书的首篇，描写的是自己一次次目送儿子华安离去的背影和父亲远去的背影，慢慢明白了父母子女之间的缘分就在这一次次的目送中渐行渐远；《雨儿》《胭脂》《散步》等写女儿看着患了老年痴呆的年迈母亲是怎样渐渐遗忘、渐渐老去的伤痛；《为谁》《母亲节》写儿子的成长与自己的分离；《山路》《海伦》《我村》写人生的感悟，写生命的意义……七十四篇散文，父亲的逝、母亲的老、儿子的离、朋友的牵挂、兄弟的携手共行，失败和脆弱、失落和放手、缠绵不舍和绝望的虚无。这本书中没有排比，没有反问，没有剑拔弩张的火药味，有的只是平实的叙述和淡淡深沉的哀伤，却让我深深地感动，感动于文字背后作者对亲情、对人生、对灵魂的感受。

那一天我想起了我的父母，想起了求学时期那一次次站台上的送别，想起了结婚那天我身披婚纱伏在爱人的肩上,看着父母渐渐远去的身影,心底最柔软的地方紧紧地揪着,揪着。

重逢,无尽的伤痛

如今我34岁,已是一个9岁孩子的母亲,经历了很多的生离死别,渐渐地明白人生有太多太多的无奈,太多太多的不可追。

放假前,先生从学校里带回了几本书,其中竟有《目送》。再次阅读,竟是满眼含泪,读读放放,唏嘘不已。

《缴械》一文,写的是八十岁的老父亲,每天开车出去买菜,看朋友,帮儿子跑腿,去邮局领包裹,常常嚷嚷着要开车带着母亲去环岛,动不动就说要开车来台北看女儿,结果一会儿撞了电线杆,车头撞扁修了八万块,一会儿因为紧急刹车,将母亲的手臂给扭断了。当儿女的不放心,一遍遍地要他交出车钥匙,即便他再不愿意,最终还是缴械投降把钥匙给了女儿。

文中对老父亲的描写极其简单,只有女儿去讨要钥匙时的一些动作描写。女儿第一遍要求爸爸把钥匙给他时,"他背对着你,好像没听见"。第二遍女儿要求"不要再开了吧?","他仍旧把背对着你",始终弯着身子在浇花。实在坚持不住了,"他坐在那片黄昏的阴影里,一言不发,先递过来汽车钥匙,然后把行车执照放在茶几上,你的面前"。女儿要求他以后出门就叫出租车,"他没有说话",再追问,他轻轻地说"好","缩进沙发里,不再作声"。

就这样近乎白描的方法,把一个那么热爱生活、热爱自由,却最终因为亲情而放弃身体的自由,向生活缴械的老头儿形象跃然纸上。所以文中写道"你不知道的是,一辈子节俭,舍不得叫出租车的他,从此不再出门"。人老了,就要向生活投降,人老了,最终还要向生命投降!

我想起我的爸爸,那个始终自信乐观的爸爸,那个有着坚定信仰的爸爸,那个即便在医院里仍然一遍一遍唱着歌,一遍一遍告诉我还要去趟北京的爸爸,最终没能逃过生老病死,永永远远地向生命投降了!

大恸!

铭记，永远的目送

"我慢慢地、慢慢地了解到，所谓父女母子一场，只不过意味着，你和他的缘分就是今生今世不断地在目送他的背影渐行渐远。你站立在小路的这一端，看着他逐渐消失在小路转弯的地方，而且，他用背影默默告诉你：不必追。"

不记得，也数不清，到底有多少次爸爸是看着我的背影离他远去的。只记得这两年他身体不好，去老家看他的时候，每次离开，他都坐在屋檐下的椅子上看着我们离开；去医院看他的时候，他一定微笑着目送我们离去。印象最深刻的一次，爸爸坚持送我到电梯口的过道上看着我离开。等电梯的时候我转头回望，来来往往的人从他身旁经过，他的目光穿过人群看向我，见我回头，更努力地微笑，嘴巴喃喃着，似乎在小声地说："回去吧，路上小心，车子开慢点！"瘦弱的爸爸，因病痛佝偻，被病痛折磨的爸爸，依然当我是那个需要他呵护，需要他时刻提醒的宝贝女儿。我转过头，走进电梯，泪水顺着脸颊滑落。

"火葬场的炉门前，棺木是一只巨大而沉重的抽屉，缓缓往前滑行。没有想到可以站得那么近，距离炉门也不过五米，雨丝被风吹斜，飘进长廊内。我掠开雨湿了前额的头发，深深、深深地凝望，希望记得这最后一次的目送。"这样的目送是何等的痛彻心扉，不曾经历过失去至亲的人无法从这些平实的语言中读出作者内心的剧痛。深深地凝望只为永远铭记，只是内心深处何尝不是想要躺在其中的父亲能够健健康康地坐起来，轻轻地呼唤一声："女儿！"

三十多年的养育不曾有太多的回报。此刻我的父亲，静静地躺在家乡的小山上，所谓父女的缘分，今生今世已是灰飞烟灭。再去看他，只能隔着永远不可触及的距离，在心底告诉他，在各自的世界里都要安好。

"你未看此花时，此花与汝同归于寂；你来看此花时，则此花颜色一时明白起来，便知此花不在你的心外。"花是如此，书亦如此。《目送》与我的心如此"明白"，何尝在我的"心外"。只是龙应台亦说，《目送》是一个人的事情，不能谈，不能说，那么此文就当作是我一个人的回望，只为这曾经最深情的目送！

握笔姿势训练方法之我见

浙江省建德市童家小学　王　华

学生进入第一学段学习,开始握笔写字,执笔是一个非常难的课题。首先要掌握正确的握笔方法。握笔的正确与否不仅关系到孩子写的字是否规范端正漂亮,还影响孩子的视力,骨骼发育,大脑的发育等。因为握笔不正确的孩子往往眼睛离本子很近,造成近视,头趴下去,脊背也随着弯曲,影响发育,后果是十分严重的。因此掌握正确的握笔姿势是我们必做的一件事,而且必须常抓不懈。

一、张贴正确握笔姿势图("三指虎口"执笔法)。让学生一提笔写字就看到这些图,从而提醒自己注意正确的握笔姿势。

二、教师对孩子们进行握笔指导,通过面对面的讲解、示范,长期监督指导,使学生的握笔姿势不断得到巩固。

三、掌握握笔三要素。笔握高:握笔太低是孩子们的通病,一定要握高一点,让眼睛能轻松看见笔尖。如果用握笔器的话,握笔器要套在铅笔削好的上方,然后手握在握笔器上有凹槽的地方。掌要竖:手掌要竖起来,不要趴下。很多孩子的手掌拿着笔都是趴下的,因为握笔太低了。腕朝外:很多孩子在写字的时候手腕朝里拐,正确的是手腕要打开,稍稍往外一点点,以免形成平常讲的"拐手"现象。

四、此外,在掌握了正确的握笔方法之后,还可以采取一系列的措施予以巩固:

1. 扎橡皮筋:用一根橡皮筋扎在铅笔上,距笔尖1.5厘米,让学生手执在橡皮筋上面,橡皮筋在铅笔上可以防止学生手下滑。为激发学生的兴趣,可扎彩色橡皮筋,以免学生视觉疲劳。这一方法简单易行,长期坚持,效果明显。

2. 套握笔器:现在市面上有一种与学生指形相近的握笔器,可套在铅笔上,可以帮助学生掌握正确的执笔方法,成本也低,值得推广。

3. 贴胶带条:钢笔可用医用胶带或其他胶带,在正确的高度处贴上,以提醒学生执笔时注意握笔高度。为防止学生大拇指与食指相挤，可在笔尖竖向方向贴条隔离带，还可在胶带上打上"严禁越位""狗熊出没处""红灯亮请刹车""快车道别驶入"等逗乐的小句子，来提醒学生正确的方式执笔。

便利贴,留下孩子成长的足迹

浙江省建德市童家小学　王　华

便利贴形状各异,色彩不一,深受孩子们的喜爱。便利贴携带方便,可以随时记录,随时粘贴。如果能在美好的事物上记下孩子们成长的美好瞬间,那一定是一件很有意义的事情。如何让小小的便利贴在班主任工作中发挥作用,我做了以下尝试:

一、便利贴,请家长记录

孩子们每天都在成长,或许成长故事稚嫩可笑,但对每一个孩子而言都是那么珍贵,那么与众不同。每个孩子的成长故事都值得留念。如果不及时记录,不经意间,孩子们成长的点滴就会销声匿迹,就会悄无声息地流逝在时间的大海里。对于孩子的成长故事,家长们是最清楚不过的。平时,请家长们根据孩子日常的学习、行为等各方面的表现情况,及时地实事求是地记录下孩子闪光之处。记录的内容,尽量做到不重复,努力察觉孩子身上的细微变化。

二、便利贴,让孩子张贴

每天利用晨读的时间,让孩子们上台大声朗读记录在便利贴上的点滴故事,用赞许的目光注视着孩子们。孩子们分享着自己和他人的成长故事,内心无比喜悦和激动。读完之后,由孩子张贴在班级醒目的位置。晨间活动课,孩子们聚集在便利贴旁读读说说,互相学习,互相称赞,别提有多开心了。孩子们美好的新的一天就在便利贴旁,欢呼雀跃地开始了。

三、便利贴，由组长收集

两周结束后，由学习组长收集每个孩子的便利贴，把每个孩子的便利贴用小夹子，保管好。每两周，班委会会根据孩子们在家和在校的综合表现，评比进步之星和综合表现优秀之星。评上的孩子可从我的小小心愿卡选择自己喜欢做的事情，自我给予奖励。一学期结束后，组长把便利贴归还给每个孩子。每个孩子的一叠便利贴纸上，记录的就是一个孩子一段时期的成长故事。

学校班主任工作事无巨细，烦琐，杂乱。班主任的每一个细微举动，每一句柔声细语，都将对班上的孩子带来不小的影响。低段的孩子们喜欢新鲜的事物，喜欢花样百出的做法。只要是能促进孩子成长的，我们都可大胆尝试，勇于创新。

立足生本课堂 走向言语习得

——人教版一(下)《小蝌蚪找妈妈》教学随笔及反思

浙江省建德市新安江第一小学　蒋雅斐

一、初试莺啼,却疑是山重水复

《小蝌蚪找妈妈》是一篇传统的童话故事,其思路清晰,主线分明,一条"找"线、一条"变"线贯穿全文。文章语言优美,画面形象,故事内容生动有趣,又巧妙融入科学知识,因而深受低年级学生喜爱。经历教材数次变动、几次删改,这篇课文却依然得以留存于小学语文课本至今。我很爱这篇文章,所以选择了这堂课作为公开课。从教多年,几乎很长一段时间里,我都在低年段语文教学中摸爬滚打,《小蝌蚪找妈妈》一文已是第五次执教。所以一开始,凭着自己对低年段语文课堂教学的把握,在查阅了许多教学资料并结合过往的教学经验,并考虑了教材的特点和一年级儿童身心及学习特点后,我力主抓住"读""趣""演",来完成《小蝌蚪找妈妈》第二课时的第一次教学设计。

这次设计,我把教学目标定位在图文结合,理解课文内容,了解小蝌蚪生长过程和青蛙的外形,并增强学生对科学和童话的兴趣上,而教学重点则放在有感情地朗读课文,了解蝌蚪生长过程。教学过程的设计则是一板一眼:

第一步从词语着手复习旧知识,注意轻声、翘舌音、后鼻音。

第二步诵读课文2—6自然段,整体感知主要内容。

第三步分段细读课文,每段的学习流程基本一致,即从图入手,引出故事,再朗读小蝌蚪和鲤鱼、乌龟的对话,最后分角色表演。

第四步是写字指导。

设计一完成便匆匆进行第一次试教,在试教过程中,我已全力将教学内容、时间都做紧凑安排,但还是没完成教学任务,不仅如此,因设计上的求全和课堂上的求快,导致每个板块的学习都只蜻蜓点水般,完全流于形式,学生学习积极性也不高。记得那个下午,春日暖融融,本该如此有童趣的课堂上,有学生甚至听得昏昏欲睡,实在使人大受打击。

二、再探教法,始觉功夫需磨砺

试教时,谢老师和教导处徐老师均认真聆听了我的课,课后又耐心与我商讨本节课的问题症结所在。在商讨之后,可以统一的看法是:

第一,低年段的教学激趣的确是重要的,童话课如能引导孩子在情境中学习故事感受语言当然是再好不过了,可为什么我在课堂中无法激发学生的积极性,无法引领孩子到故事情境中去呢? 因为我的设计基本是从内容分析入手,琐琐碎碎,零零散散,为学故事而学故事,为读课文而读课文,每一自然段均用千篇一律的学习方法,孩子们早在小蝌蚪还没找到妈妈之前便已厌弃了。

第二,我在设计上存在最大的问题是忽视了本篇课文优美并有特色的语言,比如第一段中描写小蝌蚪的模样"大大的,灰灰的",运用这些叠词把小蝌蚪的模样描绘得可爱至极,再如课文最后一句"荷叶上蹲着一只大青蛙,披着碧绿的衣裳,露着雪白的肚皮,鼓着一对大眼睛",这句话可探究学习的语言点更多了,描写颜色的"雪白的,碧绿的",描写动作的"蹲着、披着、露着、鼓着",这是非常适合用来让低段学生感受语言优美,品味用词精确的好例子,而我却生生忽略了。

第三,低年段的课堂根据孩子自身特点和文本特点,如何在情境中兴趣盎然地读故事,又如何在兴趣盎然读故事中感知、品味、揣摩甚至迁移运用优美的语言,如果能将两者不留痕迹、又天衣无缝、完美无瑕地融合在一起,这样的课堂熔人文与工具,形式与内容于一炉,文意兼得,语味浓浓,才是真正的语文优质课。

研讨后,我将教学设计邮送给谢老师,她很快就给了我回复。打开时,我着实被那满篇密密麻麻的红色批注镇住了,心里实在汗颜不已。谢老师不仅在大方向上帮我把了舵,防止我走歪路,更在许多小细节上阐述了自己的意见,但又都留有我自己考虑的余地。我给出的是一份粗糙的教案,收回的却是满凝专家智慧和思想结晶的文稿。这种认真细致的工作作风提醒了我,在剩下的日子里是该发奋思考,摒弃一切杂念,这节课每一个教学点的设计上要多花点心思了。

于是,抱着这样的决心,在几个工作日后,终于拿出一份自己比较满意的教案。这次的设计我大刀阔斧地删改了一些地方,注重学生的语言发展,总算把以往那种求全求满、眉毛胡子一把抓的问题给解决了。整体过程如下:

(一)复习词语,导入新课

在学完词语后,请小朋友用屏幕上的词语来介绍小蝌蚪的模样。
(设计思路:这样既复习了第一段的内容,又让学生有学会运用、组织语言的机会)

(二)诵读课文,整体感知

认真地读一读课文的2—6自然段,读完后想一想小蝌蚪的妈妈跟小蝌蚪长得像吗? 它的妈妈到底长什么样子?
(设计思路:这里废弃以往的"说说小蝌蚪遇到了谁,结果怎么样",变孩子在读文时就去关注描写青蛙的句子,既突出了教学重点又避免了内容分析式的讲解)

(三)细读课文,深入探究

1. 学习第四段描写青蛙的句子
(1)自由练读,读正确,读流利,指导朗读。
(2)从哪些词语感受到它的神气和可爱劲儿? 引导关注描写颜色的词和动词,表演朗读。
(3)迁移运用"雪白的""碧绿的"说话。
(设计思路:将学习描写青蛙句提前,是这次设计很重要的删改部分,我考虑再三,虽然低年段语文课多是重情节、按课文顺序学的多,但这一课中这种变化顺序的设计有更多好处:首先,对比更鲜明了。让学生通过对比的方法感知二者外形的不同特征,找出不同点,从而自觉质疑,小蝌蚪是怎么变成青蛙的。再次,重点更突出了。鲤鱼妈妈及乌龟帮助小蝌蚪这一内容仅仅是故事情节发展的需要,但在全文中不是重点内容,放置在次要部分教学,使全文教学重点突出。最后,线索更明晰了。一篇文章犹如一棵枝繁叶茂的大树,教师处理教材的过程就是删繁就简的过程,突出主干,以便让学生更清楚地看到全文的线索)

2.学习第二、第三自然段

(1)关注小蝌蚪的身体变化句子。

(2)关注小蝌蚪和鲤鱼及乌龟的对话。

(3)多种形式朗读:个人分角色读,小组分角色读,带头饰表演读。

(4)用"先,再,然后"说话。

(四)指导写字"变"

紧接着的第二次试教,虽然总体状况比第一次有了长进,大板块暂且过关了,学生兴趣来了,教学重点也突出了,但新的问题还是不可避免地出现了。如第一板块介绍蝌蚪时,一屏幕的词语让一年级的孩子无所适从,没有给出明确的指引,对孩子来说终是太难了。第三板块用"雪白的"这些词迁移说话,脱离了文本,孩子运用时亦不得其法。而后的两段课义的学习更是又重蹈第一次试教的覆辙,过多的内容分析,学生翻来覆去地读也甚是无味。最重要的是,整整四十分钟的教学时间还是远远不够,最后的写字环节还是无法完成。

三、潜心会文,才看得柳暗花明

试教后,我们坐下来研讨,问题我也算心知肚明,所有人更是看得到,一堂低年段的课容量太大,枝枝蔓蔓还要精简,而在每一个环节内目标指向要更明确,引领学生要更精准,要更清晰,所以怎样抓住重点进行课堂教学,怎样环环相扣,重点环节做精做细做出精彩点,都是我要竭力思考的。

在得到专家的指引后,我又重新将每个板块内容进行了彻底的清理。

第一板块中,原来出示的词语太多太杂,便删减成三组词组,"大大的脑袋,黑灰色的身子,甩着长长的尾巴"这样的词语复习便有针对性了,并且为后一环节介绍小蝌蚪的模样提供了短语的选择。

第二板块中,描写青蛙句子的学习步骤也一层层来:先自由练读、关注特点;再分别关注动词和形容词,进行有感情朗读练习;随后用书本上的词语来介绍青蛙妈妈的样子,同时积累这些词语。

第三板块则做了大的整改,不再是原来的随文学习故事,而是改为写字环节。

导语衔接前两个板块,进行自然过渡,"小蝌蚪和青蛙长得真是不一样,他要长成一只小青蛙还要经过很多很多的变化,接下来我们就来学习写这个变化的'变'字"。这样既突出了写字教学在一年级具有的举足轻重的地位,又让经历前面两个比较费力费神的语文学习板块的他们,稍做休息调整。

第四板块学习课文的第2、第3段,不再像以前的设计那么繁复,只用朗读表演的方法,而理解"迎上去"和"追上去"这两个词成了重点。"迎"和"追"的词语理解,对于一年级的孩子来说,让他直接说意思那肯定是行不通的,于是,我想到了先表演,在表演中发现问题后,再次表演,让学生从演中悟,不为表演而表演,而是将演与语言学习紧密地结合在一起。细节如下("迎"的学习):

师:老师来当鲤鱼妈妈,谁来当小蝌蚪,跟老师合作表演。

师故意未面对着小蝌蚪,问:刚才我和这只小蝌蚪的表演和书上的描写一样吗? 点红句子,放大"迎"字。小蝌蚪是迎上去和妈妈说话的,想一想她刚才有迎上去吗?

讨论后,请小朋友再来演一演。

第五板块设定为课外语文实践活动,让学生回家把这个有趣的故事边演边讲给爸爸妈妈听。这样既复习了故事,又积累了语言,比之前的一些空洞乏味的总结做法要实用很多。

就这样,我又进行了数次试教,一次次试教,一次次不断在细节上进行琢磨、修改,严格规范自己的课堂教学语言,并从仪态到声音都做了一些自我提醒。每次试教,很多老师给我支持鼓励,给我提点指正,让我深深感动。

四、几番求索,终知此事要躬行

几次三番的试教、探究后,我终于明确并牢牢把握住了前进的方向。不管是什么年段的语文课堂都应力求体现语文性。就算是教学《小蝌蚪找妈妈》这样充满人文情趣的科学童话故事时,我们也要考虑如何凸显课堂的语文性、情趣性、科学性。本课教学力求以情感朗读、人物介绍、情景表演等方式,来落实低年级学生的语言习得,培养学生的语文能力,努力让每一个孩子能"写好每一个字,读好每一课书,说好每一句话"。

最后成稿，我和可爱的孩子们终于一起兴味盎然地走近小蝌蚪的故事，了解它的寻母历程，感受课文语言文字的优美，从语言的认知到理解再到积累再到迁移，虽然是一年级的孩子，但稳扎稳打、步步推进的设计还是引导孩子们很好地完成了教学目标及教学重难点。即：

1. 通过观察、朗读和说话练习，积累"碧绿的、雪白的、蹲着、披着、露着、鼓着"等词语，并能运用这些词语有序介绍青蛙的样子。

2. 品读对话、情景表演，辨析短语"迎上去、追上去"的意思，了解青蛙成长过程中的变化，感受童话故事的情趣，增强对科学童话的兴趣。

3. 学习正确工整地书写生字"变"和"条"。

而教学重点则是运用课文中的词语简单介绍蝌蚪和青蛙的样子，理解"迎上去、追上去"的意思。

那次赛课已时过境迁，但回忆起来却仍历历在目，并非记忆力太好，而是一个从"不通"到"通"的磨砺过程实在深刻。自此后，以生为本，立足课文语言，展开教学，让语文课成为儿童实实在在习得语言之所，成为我语文课堂教学生涯的重要指向性目标。

《珍珠鸟》带来的和谐世界

浙江省建德市新安江第一小学 蒋雅斐

五(上)第四单元的最后一课《珍珠鸟》是我国著名作家冯骥才先生的作品,也是我非常喜欢的作品。喜爱它不仅源于对作家冯骥才文风的偏爱,也源于课文中塑造的一个动物与人类和谐相处的美好世界。一间静谧的书房,一只呆呆笨笨又可爱的小鸟和一个胸怀广阔对万事通透的大作家,没有一句语言的交流,却异常温馨。

这天,在融洽和谐的课堂氛围中,我和五(3)班的孩子们一起学习了《珍珠鸟》一课,这节课的教学给我留下了深刻的印象,也给孩子们带来很多快乐。

一、在幽默愉快的语境中,巧妙激趣

课堂上,我通过创设生动、幽默的语言情境,极大地激发了学生的兴趣,使学生主动地投入课堂学习中,从而调动了学生的积极性。例如:在揭示课题"珍珠鸟"后,询问:"你们见过珍珠鸟吗?"同学们都摇头。老师便顺势激趣,制造悬念,学生要了解珍珠鸟的欲望高涨。当老师出示珍珠鸟的图片时,学生观察得十分仔细,都能把珍珠鸟的外貌特征讲清楚。在初读课文时,学生也能顺利地找到描写珍珠鸟外貌的句子。最重要的是在学习珍珠鸟学飞的过程里,幽默、激励性的评价语言在课堂中是不可或缺的,给课堂带来了许多活跃的生机。

二、在品读悟情中,享受意境美

在学生通读课文后,要求学生找出文中有关在我的照顾下,珍珠鸟胆子发生变化的词句,然后通过朗读、感受,感悟出因为我的关爱而使小鸟对我由疏远到亲近再到信赖的过程。让学生在品读悟情中,享受到"信赖,往往能创造出美好的境界"

这一美妙的意境。

《珍珠鸟》是一篇非常精美的散文,美文要美读。正如朱自清先生所说"对于写在纸上的死的语言,可以从声音里得其意味,变成活的语气"。而朗读正是对课文语言及课文内容最直接、真切的感知。在这个环节中,我主要采用师生引读的方法,把珍珠鸟胆子变大的词语串联起来。在这过程中,我不忘引导学生关注冯骥才爷爷对小鸟的喜爱,朗读指导细腻无痕。例如:在指导学生齐读第3段时,导读:"这是一只胆小的珍珠鸟,你们可得小心翼翼,别把它吓跑了。"在品读后,不忘小结:"冯骥才爷爷不仅用吊兰的垂蔓保护着小鸟,也用自己的爱心保护着小鸟。"在指导读第6段中的句子,老师重点指导读好:"呦,雏儿! 真是这小家伙!"从朗读技巧儿化音"雏儿"的指导,两个感叹号的强调到品味"小家伙"背后隐藏着喜爱之情的。学生逐步把冯骥才爷爷对小鸟的喜爱读得入情入境。通过揣摩品味,指导学生反复朗读,让学生的心灵和情感逐步被打动,从而更深刻地感受到作品的意蕴。

三、在移情入境中,感受表达美

语文课承载的主要任务之一就是发展学生的语言,从而提高学生的语文素养。在这一点上,执教时我很注重培养学生运用语言的能力和创新能力。让学生发挥想象,此时,睡梦中的珍珠鸟会想些什么呢? 珍珠鸟咂咂嘴巴又会说些什么呢? 让学生在悠扬的乐曲中进行想象补白。角色互换,很好地引导学生运用自己的情智和心灵去感受、抒发他们心中一曲曲美好的歌。

在教学中,我想,追求这一种基于平等基础上的合作、沟通,并努力使学生真正得到发展,很值得我借鉴、学习。

我想,让语文课成为学生生命世界中的一片绿洲,心灵世界里的一股甘泉,真正享受语文带来的快乐,是我们每个语文老师努力的方向和不懈的追求。

后记

这边风景独好

——"傅登顺特级教师工作室"三年工作总结与回顾

"傅登顺特级教师工作室"在教育局的深切关怀下,成立于2013年12月12日。在成立会上教育局以文件的形式明确了工作室的职责和义务,以及经费保障和对学员的要求。

特级教师工作室采用的是传统的"工作坊"和"现代学徒制"相结合的结对带徒的培养模式,是通过特级教师的专业修养、人格魅力等,手把手、面对面地向学员传授一些只能意会、不能言传的隐性知识和技能技巧,弥补常规培训的不足,促进学员个性成长,培养"智慧型"教师。三年来我工作室奉行"强化学习、开阔视野、历练风格、服务基础"的工作思路。

一、强化学习

工作室当初选定的九名学员皆是建德市小学语文界的年轻骨干,城区、农村小学各占一半。他们无论在教学上还是在教学研究上都积淀了一定的基础,有了一定的知名度,但同时也要看到他们容易满足于所取得的成绩,步入成长的高原区而停滞不前。为此,工作室把"改善学习悟性,学会知识管理"作为第一要务,强化学员的学习。三年来为每位学员提供了二十本经典著作:《语文课堂"学情视角"重构》《写作教学内容新论》《语文教学:学科逻辑与心理逻辑》《语文教育心理学》《见证小学语文教学——名师、名课、名主张》《王荣生教授评课》《孙绍振解读经典散文》等。

著作选择做到以语文学科为主,兼顾教育理念、教学评价和通识知识和前沿研究成果,为的是完善学员的知识结构;指定《语文教学通讯(C)》《小学语文教学》为学习的配套杂志,目的是及时掌握教改新动向;阅读方法上导师与学员共读,每次集中学习首项任务是读书交流，共享收获，努力把阅读推向深化；在阅读响应中做到学以致用，阅读中撷取的新理论、新观点、好方法及时运用到教学实践中，每次组织教研活动（包括支教），无论公开课、课题研究和论文撰写都要求学员说出设计的理念或依据。三年来有效改善了学员自学习惯和阅读悟性，学员们尝到了"问渠那得清如许，为有源头活水来"的滋味。

二、开阔视野

智慧型教师与普通教师的最大不同是智慧型教师视野开阔、敬畏学术、善于吸收、富有创新。要实现从普通教师向智慧型教师的转变，开阔视野，接受高人指点，聆听专家教海，领略"陌生化"的思维碰撞极其重要。

三年中工作室很有针对性地组织了六次学员外出学习交流活动。第一次赴绍兴柯桥区实验小学，拜访金明东特级教师，并学习了全国顶级小学语文专家周一贯老先生的专题讲座，我们称这是"拜见大仙，沾大师的仙气"。第二次赴湖州盛新凤特级教师工作室，盛新凤被称为"李清照式"全国著名特级教师，学员们从她身上汲取语文教师的温文尔雅之气。第三次赴江苏句容参加"写作知识教学"全国网络看课活动，顺便赴唐婉特级教师工作室互动交流，为"习作知识教学"专题研究奠定理论和实践基础。第四次赴江苏吴江区盛泽实验小学薛发根特级教师工作室，薛发根被称为"魏书生式"的全国著名特级教师，他成长于基层，扎根于基层，研究于基层。他在不影响其他工作前提下，一天分三段为我们做讲座、介绍，他的那种朴实的敬业精神、敏锐的专业视角深深印在学员的脑海中，成为学员崇拜的偶像。第五次赴宁波海曙区张敏华特级教师工作室，参与其"思维导图"专题研究成果的汇报交流，其给予学员新视野、新思路。回程顺道参观了被称为"北有南开，南有春晖"的上虞春晖中学，参观了李叔同、朱自清、叶圣陶、夏丏尊、丰子恺、杨贤江等老一辈教育家的故居或办公室场所、学校，学员们被"大师"们的学识、人格、爱国精神，奉献教育、朴素生活的品质所深深折服。第六次带领学员赴我国改革开放的最前沿广东省广州市、东莞市和深圳市，拜访杨俏彦名师工作室、易志军东莞市名师工作室和屈卫峰名师工作室，进行了语文教学和学校管理交流。学员们领略到了改革开放前沿的岭南教育教学特色和学校管理的风貌，开阔了眼界。

不是有人说:"听听的忘了,看看的懂了,做做的就会了",实践证明走出去开阔视野对促进学员成长至关重要。除此之外,我还千方百计为学员提供其他一些资源。如组织邀请了浙江省首届"京苏粤浙"卓越班学员10人,分别赴大慈岩中心小学、新安江第一小学为我市语文教师代表上课、讲座、评课、议课,工作室成员有机会和他们进行深入交流。我还借助分管教师培训的便利,被邀请的著名特级教师除了完成规定的培训教师的任务外,还有一项额外任务,就是与我们的学员交流。如江苏省扬州市特级教师李吉银、泰州市的冷玉斌,省内的金明东、张敏华、莫国夫、黄吉鸿、郑亚君、施燕红、徐秀春、徐如松、王莺、王雷英、王红、倪宗红、李武南等,使每位学员有更多的机会与名师接触。

三、历练风格

历练风格是工作室学员的又一重要目标,更是学员成长的标志。只有把学员潜能挖掘出来,沉睡的风格明晰起来,才会让他们发现自己的特点、长处,并选定努力方向。实践证明,专题研究是一个非常有效的载体。工作室从开始就确立了"主题领携、整体推进、提炼风格,发挥示范"专题研究思路,把研究的目标和经历聚焦到专题上来。

三年中确立了"语用"和"习作知识教学"两大研究专题,并分两阶段推进。2014年1月至2015年5月重点聚焦于"语用"专题研究,整个过程从理论学习到实践探索的螺旋式推进,要求每位学员上两次公开课,写好两篇研究论文,写好一篇研究历程心得。在此研究过程中有6人优质课获建德市一等奖,有二十余篇论文获杭州市或建德市一、二、三等奖,其中5篇文章获省或市一、二、三等奖,有4篇文章在杂志上发表,实现了发表论文的零突破。其间,余晓玮老师被评为建德市有史以来第二位浙江省教坛新秀,并有一篇论文被人民大学复印报刊资料全文转载。工作室把"语用"的阅读教学研究推向了一个新高潮,在很大程度上带动了我市的语文教学改革。

2015年5月之后,工作室又确定了处于研究空白的"习作知识教学"研究专题。整个研究过程以专业书籍为先导、专家指导为启示,课堂实践为平台、逐项突破为途径、组织活动为载体,成果推广为契机,展开了"习作知识教学"的系列研究和推广活动。该项研究目前已积累了"习作知识教学"优质课堂5例,研究论文30余篇,其中发表21篇,被人民大学复印报刊资料全文转载的有3篇。课例和研究成果推广到省内外,如江苏的扬州、吴江,广东的广州、东莞、深圳,省内的青田、乐清、海曙、婺城、衢州、富阳、桐庐、淳安等地,并取得了一致好评。据专家说,工作室的"习作知识教学"研究成果已在全国产生一定影响。作文教学一直是语文教学的难题,通过"习作知识教学"专题研究获得一些成果,确实给人一种"众里寻他千百度,蓦然回首,那人却在灯火阑珊处"的惊喜之感。

四、服务基层

"一枝独放不是春,百花齐放春满园。"工作室除了做好自身研究和学员成长外,还把服务基层,成果推广,指导学校教育教学为己任,贯彻"一位学员就是一面旗帜"的工作思路。一是要求每位学员立足岗位。明确规定每位学员至少担任一个班的语文课程,在本单位发挥好领携、示范、指导作用,同时要求组建团队,除发挥岗位作用外,努力向外延伸,服务一个片,影响全市。

二是努力做好对外服务工作。三年来工作室学员先后奔赴我市上马小学、李家中心小学、大同第一小学、大同第二小学、大慈岩小学、乾潭第二小学、寿昌第一小学、寿昌第二小学等学校送教;学员为我市教师专业发展培训上公开课、示范课;我两次带领学员参加由省教育厅组织的"百人千场"支教活动,分别赴金华市婺城区塔山小学、温州市乐清育英外国语学校上课、讲座,并取得了一致好评。

三是要求每位学员一人带一队,承担青年教师的培养工作,采用二度结对的方式培养年轻教师,这样可以把工作室的一些好做法、新成果及时传递到教师与基层。同时工作室成员每年还接受不少于三十人次的论文、职评、入职、公开课的咨询、辅导和帮助,取得了比较好的社会声誉。

五、互助成长

工作室自组建以来,激发了导师和学员的积极性,促进了互助成长。工作室的学员除了重视研究成果外,还重视培养"小学语文人",树立学员为语文教学奉献一辈子的理想。这当中导师的影响力很重要,如刻苦钻研、工作勤奋、为人低调、顾全大局、无私奉献等。目前9位工作室成员中,其中4名为校级领导,除了做好繁重的学校管理任务外兼顾语文教学与研究。在工作室同仁的努力下,取得了不少教育教学研究成果,有4人次的科研成果获得省市一、二等奖,有30余篇论文获省市县级一、二、三等奖,有6人次获得优质课省、市、县级一等奖。所有学员皆是省市教坛新秀,还获得不少其他的综合或单项荣誉。两年中有6名教师被评为中学高级教师,占学员总数的三分之二。

在我影响学员的同时,学员对我的鞭策也是很大的。人都是有惰性的,有了这个平台我也不敢偷懒。要让学员心服口服,听从召唤,自己就要有"硬招""实招",成为"高手"。主持工作室三年来,我在省级以上杂志发表论文42篇,50%以上属全国核心期刊,其中5篇被人民大学复印报刊资料全文转载,尤其是"语用"和"习作知识教学"研究成果在省内外享有一定知名度;三年中还先后被聘为浙江省首届"名师成长"导师,浙江师范大学硕士生导师,"京苏粤浙"小学语文卓越教师,被评为浙江省师干训先进个人,浙江省"百名优秀培训教师",浙江省教师培训精品项目获得者。三年来为省内外培训机构和兄弟单位讲座200场,并得到一致好评。

傅登顺

2017年10月17日